국가
생존
기술

국가

국가생존
기술연구회
23인의
연구자

생존

기술

동아일보사

Prologue

國家와 國民,
사느냐 사라지느냐

이일수 국가생존기술연구회 회장

2010년 세계 소식통은 '중동의 봄' '아랍의 봄'을 노래했다. 장기집권을 하던 독재자들은 사망하거나 사임 또는 망명했다. 그 후 7년여의 세월이 흘렀지만 북아프리카를 포함한 중동에는 아직도 봄이 오지 않았다. 국가라는 조직은 일순간 아주 작은 일을 계기로 위기에 봉착할 수 있다. 하지만 국가의 역할을 충실히 수행하고자 다시 일어서는 일은 쉽지 않다.

메소포타미아 문명의 발상지이면서 '비옥한 초승달 지대'라 일컬어지던 이 지역에 무슨 일이 일어난 것일까. 아랍권의 민주화 운동은 아주 작은 일로 촉발했다. 튀니지 '재스민혁명'은 한 사람의 분신자살로 시작됐다. 혁명의 기운은 이웃나라로 전파됐고 리비아와 예멘 등이 국민의 힘으로 정권을 교체하면서 '아랍의 봄'이 오는 듯했다. 하지만 아직도 중동의 많은 나라에서는 내전이 계속되고 있다. 내전은 생활 근거지를 파괴하고 국민을 국제난민으로 만든다. 시리아 국민 약 2300만 명 중 70% 이상이 난민 상태다. 국민 10명 중 1명은 사망했고, 5명은 고향을 떠나 떠도는 신세가 됐으며, 2명은 외국으로 피신했다.

국가는 국민을 보호하고자 존재한다. 국민이 국가를 믿지 못하면 국가는 존재할 가치가 없다. 따라서 국가와 국민은 서로의 생존을 위해 노력해야 한다.

과학기술자들이 모여 국가생존에 꼭 필요한 기술은 무엇일까 생각하는 자리를 마련한 지도 3년이 흘렀다. 그동안 논의한 내용을 정리해 한 권의 책으로 엮었다. 이는 대한민국이 한 걸음 더 나아가는 방향을 잡기 위함이다.

물, 식량, 에너지, 자원, 국방과 안보, 인구와 질병, 재해 대응과 안전 등 국가생존과 직결되는 문제를 우리는 '국가생존기술'이라 부른다. 국가생존기술을 확보해야 국가적 헤게모니를 유지할 수 있으며, 나아가 유사시 홀로서기를 할 수 있다. 그러므로 국가생존기술에 대한 전 사회적 합의가 필요하며 이를 준비하고 미래 방향을 제시해야 한다.

이 책은 국가생존기술의 정확한 정의와 기술의 방향을 제시한다. 더불어 인간의 삶에 직접 적용되고 영향을 주는 기술적 내용을 설명함으로써 과학기술에 대한 이해를 높이고자 했다. 각 전문가가 주제별로 서술하지만 이 책 전체를 관통하는 관점은 '국가생존기술에서 '생존'이란 '살아남음'에서 끝나는 것이 아니라 '존립存立의 의미까지 포함한다'는 것이다.

사회문제의 중심에 과학이 있다

우리나라의 과학기술은 국가와 국민을 보호하기 위해 어떠한 역할을 하고 있는가. 그간의 과학기술은 단지 경제발전의 도구라는 인식에서만 추구돼온 것은 아닐까. 우리 정부가 지원한 과학기술이 실제 국민의 삶에 어떤 긍정적 영향을 미쳐왔는가.

이러한 의미에서 연구개발 자체에만 집중된 현재의 과학기술은 국민 생활과 더욱 밀착돼야 하며 국민이 피부로 느낄 수 있는 성과를 내놓아야 한다. 국민의 세금으로 지원되는 정부의 과학기술은 국민의 안녕과 행복, 지속가능한 국가의 발전과 존립에 기여해야 한다.

우리는 국가와 과학, 그리고 국민의 유기적 관계를 알고 있지만 미처 깨닫지 못하는 모순된 자세를 취해왔다. 이는 사이버 안보, 저출산, 저성장 등 경제·사회문제가 과학과 동떨어져 있다고 생각해왔기 때문일 것이다. 하지만 이러한 사회문제를 내밀하게 들여다보면 그 중심에 과학이 있음을 알 수 있다.

우리는 과학기술계의 일반적 의견이나 광범위한 기술 분야를 나열하고자 하는 것이 아니다. '국가생존' 그리고 '기술'이란 대주제를 놓고 연구회를 설립했고 많은 시간 논의해왔다. 기본 목적에 부합하는 관점에서 사회 전 분야를 아우르는 논의를 하고 그 내용을 발표하는 자리를 만들고자 한다.

'퍼펙트 스톰Perfect Storm'은 위력이 크지 않은 태풍이 다른 자연현상과 동시에 발생하면서 엄청난 파괴력을 갖게 된다는 뜻의 기상용어지만 요즘은 오히려 경제용어로 자주 쓰이고 있다. 지금 국내외는 복합적으로 위기가 닥쳐오는 퍼펙트 스톰 시대를 맞이하고 있다. 저출산, 고령화, 저고용, 저성장 등의 문제는 경제, 사회, 문화, 기술 등의 사안이 복합적으로 작용한 결과다.

　위기는 복합적으로 오는데 단편적으로 대응한다면 문제를 해결할 수 없다. 이 책에 '국가생존기술연구회' 회원들이 그간 고민하고 논의한 결과를 담았다. 특히 기술적 요소를 감안한 융·복합을 통해 국가적 문제를 해결하는 데 회원들의 지혜를 나눌 수 있길 바란다. 그리고 많은 사람이 국가생존기술의 개념을 알고 국가 정책에 왜 과학기술의 적용이 필요한가를 이해하는 데 이 책이 조금이나마 도움이 됐으면 한다.

Contents

추천사
미래지구를 위한 진정한 가치를 찾다

염재호 _{고려대 총장}

　　자유, 평등, 박애, 민주, 정의, 진리 등은 인류가 보편적으로 추구해야 할 소중한 가치다. 하지만 개인의 삶에서 가장 기본적인 가치는 '쾌적하고 안전하게 살 수 있는 권리'다. 이 때문에 우리 헌법은 '행복추구권'을 규정하고 있다.

　　그렇다면 과학기술의 역할도 국가와 국민의 생존과 안전, 지속가능한 발전에서 찾을 수 있지 않을까. 그간 우리나라는 경제 발전의 도구로서만 혹은 과학을 위한 과학에만 집중해왔기 때문에 국민의 세금으로 이루어지는 정부 연구개발의 본질적 가치를 상대적으로 소홀히 해왔다. 그러한 반성에서 출발해 학계, 연구계, 산업계의 과학기술자와 정책전문가가 모여 '국가생존기술연구회'를 결성하고 국가생존을 위한 여러 주제에 대해 토론하고 대안을 제시하고자 한 점은 매우 의미가 크다. 이 책『국가생존기술』은 그러한 노력의 첫 결실로 탄생했다.

　　국가와 국민의 안전과 번영, 지속가능성을 위해 주목해야 할 주제로 연구회가 제시한 물, 식량, 에너지, 자원, 재난, 안보, 인구는 그야말로 '국가생존'을 위한 가장 기본적이고 필수적인 분야라 할 수 있다. 이 책은 국가생존을 위한 7대 분야를 국민의 '안전', 국가의 '번영', 국가의 '파워'와 국민의 '긍지'라는 4가지 키워드로 묶었는데, 이는 매우 독특하면서도 적절한 시도라고 생각된다. 과학기술이 제공하는 국가 발전을 위한 물적 토대뿐 아니라 정신적 기반으로서 과학기술의 역할에 대해 주목하고 있기 때문이다. 이뿐만 아니라 국가 과학기술 연구의 최대 지원자이자 든든한 후원자인 국민에게 과학기술 연구의 과실을 함께 향유하게 하는 접근 방법이기도 하다. 국가 과학기술 정책을 수립하고, 연구개발의 우선순위를 설정하는 정부 관계자들과 관련 전문가들이 참고할 만한 접근법이 아닌가 한다.

최근 '미래지구Future Earth'와 같이 글로벌 이슈를 해결하고, 지구라는 인류생존의 터전을 지키며, 더 가꾸려는 공동의 노력이 점점 강해지고 있다. 이것은 지금 이 행성에서 숨 쉬고 있는 수많은 생명뿐 아니라 미래세대를 위한 중요한 가치다. 국가생존기술연구회의 활동이 더욱 활발해져 이러한 국제적 논의를 이끌 수 있길 기대한다. 연구회 회원들이 새벽잠을 쫓아가면서 아침 포럼을 통해 만든 『국가생존기술』이 시리즈로 이어져 우리 사회에 절실한 국가생존기술이 무엇이며, 우리가 직면한 문제를 어떻게 해결할 것인지에 대한 대안을 계속 제시해주길 바란다.

추천사

각자도생에서 협력과 배려의 문화로 전환해야 할 시점

김도연 포항공과대POSTECH 총장

　요즘 우리 사회에서 가장 많이 사용하는 용어 중 하나가 '4차 산업혁명'일 것이다. 과학기술의 발전이 인류의 삶을 혁명적으로 바꿀 것이니 이를 준비하자는 취지로 2016년 세계경제포럼 다보스포럼에서 의제로 다룬 것인데, 이세돌 9단과 인공지능AI 알파고의 대국을 지켜보면서 우리나라가 다른 어느 나라보다도 큰 관심을 갖게 된 것 같다. '4차산업혁명위원회'를 정부의 공조직으로 발족한 것도 우리나라가 처음이다. 금융, 의료, 서비스, 교육 등 사회 전반에 디지털 전환이든, 인더스트리 4.0이든, 명칭이 무엇이든 간에 인공지능이 다양한 분야로 확산되고 로봇이 본격적으로 도입되면 혁명적이라 할 수 있는 변화가 생길 것이다. 변화의 미래를 제대로 준비하기 위해서는 현재 상황을 냉정하게 진단할 필요가 있다.

　지난 50년간 전 세계 국내총생산GDP은 7배 성장했지만 우리나라는 36배의 성장을 이루며 기적이라 불릴 정도로 급속한 발전을 이루었다. 최근 성장정체로 위기론이 확산되고 있는 것은 우리나라가 변곡점에 놓였기 때문이라 볼 수 있다. 반세기 만에 빠른 성장을 이룬 만큼 우리 사회에 갈등과 혼란이 생겨나는 것은 어찌 보면 자연스러운 일이다. 성장의 과정은 각자도생과 각개약진이었다고 믿는다. 즉 우리는 각자가 스스로 길을 찾아 최대한 노력한 결과 성장을 이루었지만, 그 과정에서 우리 사회의 공동체 의식은 약해지고 말았다. 이러한 각자도생의 문화를 협력과 배려의 문화로 바꾸는 문제가 시급하고 절실하다. 문화를 바꾸지 않으면 우리 사회가 위기를 넘어 한계에 부딪힐지도 모르기 때문이다.

지금까지는 선진국을 빠르게 따라갔지만, 이제는 '퍼스트 무버First Mover'로 방향을 전환해야 할 필요가 있다. 하지만 변화를 외치는 목소리의 크기에 비해 구동력이 약한 것은 문제다. 변화의 필요성에는 동의하면서 아무도 자신은 손해 보지 않으려 하니 갈등이 생기는 것이다. 지금과 같은 시스템으로는 4차 산업혁명 시대를 이끌어갈 수 없다. 창의성, 도전정신을 중심으로 과거와 다르게 접근하지 않으면 돌파구를 찾기 어렵다.

이러한 시점에 정책 개발의 필요성에 뜻을 함께하는 과학기술계 인사들이 '국가생존기술연구회'를 구성하고 공동체의 큰 틀인 국가 존립과 직결된 과학기술 분야의 이슈에 대한 방안을 제시하고자 노력한 결실을 내놓았다. 연구회가 구체화한 7대 분야는 앞서 말한 것처럼 각자도생으로 다루어질 수 있는 문제가 아니라 협력의 차원에서 강조돼야 할 과제다. 국가생존과 지속가능한 발전을 위한 과학기술의 다양한 이슈에 대한 중·장기적 예측과 전망을 포함한 이 책은 우리에게 닥친 문제를 해결하는 긍정적인 사고와 역량을 기르는 데 도움이 될 것이다.

'사람 인人'자에는 두 사람의 모습이 담겨 있다. 서로 기대기도 하고 받쳐주기도 하는 것이 사람이다. 서로 협력하고 배려하는 대한민국을 만들기 위해 모든 분께 일독을 권한다.

추천사

국가생존기술 확보가 국가적 주도권 좌우한다

문길주 과학기술연합대학원대UST 총장

우리나라의 과학기술은 그동안 경제성장의 도구로 경제발전에 지대한 공헌을 해왔다. 이제는 국가와 국민을 위해 과학기술의 역할을 재정립하고 실천할 때가 됐다. 국민의 세금으로 지원된 과학기술이 국민의 삶을 행복하게 해야 할 뿐 아니라 우리의 미래를 위협하고 생존 위기를 초래하는 것을 해결할 수 있어야 한다. 이를 위해 과학기술이 앞으로 어떤 모습을 보여주고 어떤 역할을 담당해야 할 것인가를 고민해야 하는 중요한 시점에 '국가생존기술연구회'에서 이 책을 통해 매우 유익한 관심사를 다루어준 것에 먼저 감사의 인사를 드린다.

우리가 연구하고 추진하는 모든 일은 '급한 것'과 '중요한 것'으로 나눌 수 있다. 이 책에서 다루는 의제들은 '중요한 것'에 대한 이야기를 '국가생존기술'로 정의했는데 이 또한 시기적으로 매우 적절하다고 생각된다.

이 책을 집필한 23명의 저자는 물, 식량, 에너지, 자원, 국방과 안보, 인구와 질병, 재해 대응과 안전 등 국가생존과 직결되는 문제를 국가생존기술이라 정의하면서, 국가생존기술을 확보해야 국가적 주도권을 가질 수 있고 홀로서기를 할 수 있다고 주장한다.

대한민국은 전쟁의 폐허 속에서도 국민 모두가 피땀 흘려 노력한 결과 산업화와 민주화를 동시에 이루어낸 전 세계가 부러워하는 나라다. 이제 우리는 우리만의 독특한 전략과 발전 모델, 세계를 선도하는 정신세계와 비전을 구축하면서 선진화를 이루어내야 한다.

이 책의 저자들은 산업계, 학계, 연구계 등 과학기술 각 분야에서 경험 많은 전문가다. 저자들이 국가생존기술을 정의하고 이들 기술의 개념화와 구체성을 제시하고자 많은 노력을 기울인 것에 감사드린다. 국가생존기술의 중요성에 대해서는 사회적 합의가 필요하며 이를 준비하고 미래의 방향을 제시하기 위해서는 더욱 많은 연구가 진행돼야 할 것이다.

이 책은 과학기술의 미래 문제에 관심을 가진 국민, 대기업·중소기업 경영자, 과학기술 혁신 정책으로 난제를 풀고자 하는 정부·정치권의 지도자와 공무원, 국제협력과 지구의 미래에 관심 있는 분들, 그리고 미래 대한민국의 주인공이 될 젊은 인재와 학생들에게 매우 유익한 도서가 될 것이라 믿어 의심치 않는다.

제1부

국가생존기술의 의의와 과학기술혁신의 방향

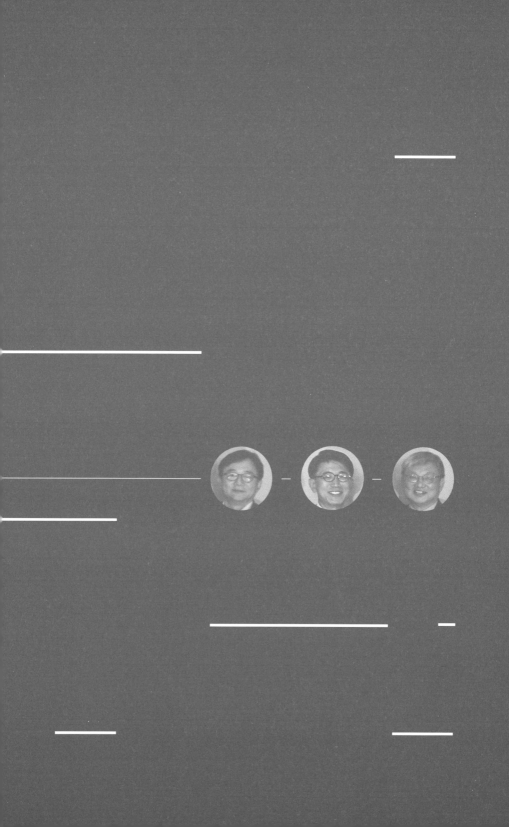

"국가를 위해 국민이
있는 것이 아니라
국민을 위해 국가가
존재하는 것이다."

_알베르트 아인슈타인

1.1

국가생존기술이란 무엇인가

오동훈 혁신공학연구소 대표

국가 존속을 위한 기본 기술

프랑스 국왕 루이 14세가 "짐이 곧 국가다"라고 말했다지만, 우리 헌법이 규정한 국가권력의 원천은 국민이다. 즉 국민이 곧 국가다. 국민으로부터 공권력 집행과 국가 자원 사용을 위임받은 정부의 가장 기본적인 임무는 바로 국민의 생명과 재산을 보호하고, 일자리 마련 등 국민의 행복추구권을 보장하는 것이다. 국가생존기술에 대한 연구가 필요한 근본적 이유다.

국가생존기술은 '국가 존속을 위한 기본 기술'로 정의할 수 있다. 단순히 국가가 생존하는 데 필요한 기술을 넘어 지속가능한 발전과 존속하는 데 가장 뼈대가 되는 기술이 바로 국가생존기술이다. 즉 국가가 주권자인 국민에게 제공해야 할 가장 기본적인 기술 서비스다.

국민의 집합체로서 국가가 존속하기 위해 가장 중요한 가치는 무엇일까. **첫째,** 국민의 안전과 건강으로 표상되는 안녕^{Well-being}이다. **둘째,** 건강과 행복의 물질적 토대를 제공할 경제적 번영이다. **셋째,** 외국의 적으로부터 국가 안위를 지킬 수 있는 군사적 위력이다. **넷째,** 국가를 구성하는 국민으로서의 자긍심이다. 결국 국가생존기술은 국가와 국민의 안녕, 경제적 번영, 국가 안위, 국민으로서의 자긍심을 고취할 수 있는 기술이다.

국가생존을 위한 4가지 가치를 지켜내기 위해 과학기술 영역에서 국가가 중점적으로 다뤄야 할 것은 무엇일까. 인공지능^{AI}, 드론, 사물인터넷^{IoT} 같은 이른바 4차 산업혁명에서 회자되는 기술이나 반도체, 자동차, 석유화학 등 우리나라의 주력 산업과 관련된 기술일 수도 있다. 아니면 우주 비밀을 캐는 과학기술일 수도 있다.

전 지구적 문제와 우리나라 상황에 비춰볼 때 물, 에너지, 자원, 인구, 안보, 재난, 식량 등 7개 키워드를 근본적인 국가생존기술 분야로 꼽는다. 이것은 모든 국민이 겪을 수밖에 없는 공통 문제이자 해결을 위한 공동 노력이 요구되는 분야인 동시에 가장 기본적인 분야이기 때문이다.

국가생존에 필요한 키워드 7
물
물 문제는 지구온난화와 함께 가장 중요한 글로벌 이슈다. 인간의 의식주 변화와 산업의 가속화로 더 많은 물이 필요하게 됐고 그에 따라 물

그림1_ 식량을 얻기 위해 필요한 물의 양

사과 1개	쇠고기 150g	채소 100g	식빵 1조각
70리터	**2025**리터	**20**리터	**40**리터

출처 World Water Development, 2014

은 지속적으로 오염돼왔다. 예를 들어 사과 1개를 키우는 데 약 70리터, 쇠고기 150g을 얻는 데 약 2톤의 물이 필요하다.⟨그림1⟩ 만약 지속적으로 신선한 물이 공급되지 않으면 2050년 무렵 인간은 초식동물이 돼야 할지도 모른다. 매년 약 15억~18억m³의 신선한 물이 화석연료에 의해 오염되고 있다. 산업 부문에서는 매년 300~400메가톤ᴹᵗ 규모의 오염물질을 배출한다. 농업에서 비료로 쓰는 질산염은 전 세계 지하 대수층帶水層·물을 보유하고 있는 지층을 오염시키는 가장 흔한 물질이다.

그간의 인프라 투자 덕에 물이 부족하지 않은 것으로 착각하기 쉽지만 우리나라는 물 부족 국가다. 우리나라 연평균 강수량은 1978~2007년 기준 1277.4mm로 세계 평균 807mm의 약 1.6배이나, 1인당 연 강수총량은 2629mm로 세계 평균 1만6427mm의 6분의 1에 불과하다. 또한 지역 및 유역별 편차가 심하고 우기가 여름과 가을에 편중돼 이 시기 댐 등에 물을 저장하지 못하면 갈수기인 겨울과 봄에는 물 공급에 곤란을 겪는다. 해마다 녹조 현상으로 몸살을 앓고 있고 연안 바닷물의 오염도 점차 심각해지고 있다. 따라서 중장기적으로 물을 다스려 재해를 예방하고 치수, 깨끗한 물을 공급해 국민이 안전하게 이용할 수 있게 하는 용수 기술 확보가 무엇보다 중요하다.

에너지

공기와 물 다음으로 국가생존을 위해 절실한 것이 에너지다. 우리나라는 에너지의 대부분을 수입에 의존하고 있기 때문에 국제적 가격 변동이나 수급 변화에 취약하다. 문제는 개발도상국 경제가 점차 발전함에 따라 에너지 확보를 위한 국가 간 경쟁이 심화될 수밖에 없다는 데 있다. 국제에너지기구IEA에 따르면 세계 에너지 소비량은 2035년 약 50%가 증가할 전망이다. 중국, 인도, 브라질 등 신흥성장국의 에너지 소비량은 40년 뒤 두 배 늘어날 것으로 분석된다.

화석연료 수입 의존도가 큰 우리나라의 특성을 고려할 때 수입처 다변화 및 화석연료 의존도를 낮추기 위한 기술 개발의 필요성이 크게 대두되는 이유다. 또한 셰일가스 탄화수소가 풍부한 셰일층에서 생산하는 천연가스, 타이트오일 셰일가스가 매장된 퇴적암 층에서 시추하는 원유 등 비전통 에너지원 개발이 에너지 시장의 판도를 바꿀 것으로 전망되는 가운데, 2035년까지 가스 생산량 증가의 48%를 비전통 가스가 차지할 것으로 예상된다. 이에 따라 천연가스 시장 주도권이 전통가스 수출 주도국 중동, 러시아에서 셰일가스 보유국 미국, 중국, 유럽등으로 이동할 것으로 보인다.

우리나라는 석유뿐 아니라 셰일가스 같은 비전통 화석연료도 없기 때문에 결국 수입에 의존할 수밖에 없다. 만약 화석연료 수입이 어렵거나 불가능해진다면 어떻게 해야 할까. 기존 에너지의 효율성을 높이고 신재생에너지 관련 기술을 개발하는 것 외에는 장기적 측면에서 대안이 없다.

해마다 여름이면 블랙아웃대규모 정전 사태에 처하는 전력의 경우 산업체 수요 관리, 절약 문화 확산, 개별시설의 발전기 가동 등을 통해 수급 위기를 극복하고 있으나 더 근본적인 대책이 요구된다. 게다가 2011년 후쿠시마 원자력발전소 사고 이후 원전 안전에 대한 국민적 우려가 커지면서 신규 원전 건설 사업이 유보된 상태다. 경남 밀양 사태에서 보듯 초고압 송전탑 건설에 대한 지역 주민들의 반발이 커지면서 중앙집중식 전력 시스템도 한계에 봉착했다. 2020년 온실가스 배출 전망치BAU 대비 30% 감축이라는 정책 목표도 신재생에너지 기술 개발의 필요성을 더한다. 결국 에너지 생존권 확보와 온실가스 감축이라는 글로벌 어젠다를 해결하려면 장기적 관점에서 에너지 효율성 제고와 새로운 에너지원에 대한 꾸준한 투자 외에는 대안이 없다.

자원

매장량이 한정된 천연자원의 특성상 부가가치가 높은 천연자원을 확보하려는 '자원전쟁'이 전 세계적으로 펼쳐지고 있다. 미국, 유럽연합

EU은 정치·경제적 영향력 확대 및 메이저 기업을 통해 공격적인 투자를 지속적으로 추진하고 있으며, 일본은 공적개발원조ODA 등을 통해 자원 보유국과 경제협력을 확대하는 전략을 취하고 있다. 인도는 자원부국의 정상급 인사를 초청하고 국영기업에서 광구 및 기업 인수를 활발히 추진하고 있다.

자원보유국의 불확실성 증대로 자원 확보의 시급성도 점차 높아지고 있다. 글로벌 경기침체로 축소 경향을 보였던 자원 민족주의가 최근 러시아, 남미 등을 중심으로 다시 부각되면서 자원보유국의 불확실성이 커지고 자원 확보의 안정성이 저하되고 있는 것이다. 중동, 아프리카 등 주요 자원보유국은 지정학적으로, 국내 정치적으로 매우 불안정한 상황이다.

희토류 생산량 1위 국가인 중국은 2010년 하반기 수출 물량 감축을 선언해 희토류 가격이 7배가량 오르기도 했다. 희토류는 반도체, 태양광전지, 액정표시장치LCD 등의 생산에 필요한 원재료로 '줄기금속'이라고도 불린다. 따라서 중국이 희토류를 전략적으로 비축할 경우 '희토류의 무기화'라는 위험한 상황이 발생할 수 있다. 2014년 미국, 일본, EU가 세계무역기구WTO에 제소해 승리함으로써 중국의 희토류 사태는 안정을 찾았으나 향후 희토류를 포함해 다양한 자원을 무기화하는 현상이 언제든지 발생할 수 있음을 보여주었다. 따라서 이에 대응하려면 해외 자원 탐사기술, 망간 같은 희귀금속의 심해저 채굴기술, 인공합성기술 등 다양한 자원기술에 장기적으로 투자할 필요가 있다.

안보

현재 전 세계가 테러로 몸살을 앓고 있다. 이슬람 극단주의 무장단체 이슬람국가^{IS}는 종교 수호라는 명분 아래 각종 테러를 저지르며 전 세계 시민의 안전을 위협하고 있다. 우리나라는 세계적 테러리즘의 위협뿐 아니라 북한의 핵 및 사이버 공격이라는 안보위협에도 시달리고 있어 더 적극적으로 대응해야 하는 절박한 상황이다.

북한은 핵탄두 소형화를 위한 핵실험을 지속적으로 강행하고 있고, 대륙간탄도미사일^{ICBM}, 잠수함발사탄도미사일^{SLBM} 등 다양한 핵탄두 운반수단을 개발하는 데 매달리고 있다. 남한의 자주국방 의지를 꺾고 미국과 일본의 한반도 전시 개입 저지를 위한 수단으로 핵 미사일 개발에 몰두하고 있는 것이다.

사이버 안보도 중요하다. 우리의 일상생활은 인터넷망에 연결돼 있고 전자제어 방식으로 움직이고 있다. 실제로 2013년 디도스^{Ddos} 공격, 금융전산망 공격 등 북한은 사이버 공격을 지속적으로 자행해왔다. 그뿐 아니라 핵무기 폭발 시 발생하는 엄청난 위력의 전자기파를 활용한 EMP탄을 통해 우리나라 전산망을 무력화하는 능력도 갖춘 것으로 추정된다. 러시아, 중국 등도 우리 정보나 시설에 대한 사이버 공격을 감행함으로써 안보를 위협할 수 있다. 이와 같은 다양한 위협에 대응하려면 무기 개발, 우리 병력의 방호력 증강, 사이버 공격을 막아내거나 적국에 사이버 공격을 할 수 있는 기술 개발 등 다양한 형태의 안보기술을 확보해야 한다.

인구

인구 문제는 곧 저출산·고령화 문제다. 저출산은 기술 문제라기보다 사회제도와 양육환경, 인식의 변화가 더 중요한 문제다. 반면 고령화는 제도 문제인 동시에 기술 문제이기도 하다. 고령화는 인류가 지금껏 경험하지 못한 매우 심각한 문제를 안겨주고 있다. 인간은 도대체 언제까지 일을 해야 하는가, 사회적 삶이 크게 바뀌는 은퇴 후 수십 년 동안 어떻게 노후소득을 유지할 것인가, 생명체로서 신체·정신적 건강을 어떻게 유지할 것인가 등이 그것이다.

주요국은 고령인구가 처한 사회·경제적 문제를 다양한 정책을 통해 해결하고 있다. 호주는 퇴직연금급여에 대한 세금 면제, 고령자 재고용을 위한 전략 수립 등을 추진하고 있다. 또 65세 이상 인구의 87%가 일반 의사 방문 시 본인 부담이 없는 의료서비스와 장기요양서비스를 제공받고 있다. 스웨덴은 보증연금, 소득비례연금, 수익연금 등의 재정정책을 통해 고령자에게 의료 관련 보호서비스를 제공함으로써 신체·정신적 삶의 질 향상을 도모하고 있다.

우리나라도 고령화의 가속화에 대응하고자 다양한 정책을 추진하고 예산 편성도 늘리는 추세다. 예를 들어 안정된 노후소득 보장을 위해 국민연금, 퇴직연금, 개인연금 등으로 이뤄진 다층 노후소득 보장 체계, 소득 보장 사각지대 해소, 자산시장 대응기반 마련 등을 추진하고 있다.

그럼에도 우리나라는 경제협력개발기구OECD 회원국 중 노인빈곤 문제가 가장 심각하고 노인 자살률도 높다. 게다가 생애 마지막 10년은 일생 전체 의료비의 절반을 사용할 만큼 건강 상태도 심각하다. 즉 은퇴 후 노인들이 무료하지 않게 시간을 보낼 수 있는 여가기술, 병수발이나 말동무가 돼줄 비서로봇, 치매 극복을 위한 뇌연구, 허약한 신체를 강화시켜줄 수 있는 보조도구 등 다양한 형태의 고령화 대비 기술이 필요하다. 우리나라는 지금까지 축적된 사회적 부와 기반시설이 부족하고 은퇴세대에 대한 사회보장제도도 미비하기 때문에 고령사회 진입은 가장 심각한 국가적 문제가 될 것이며, 그만큼 고령화에 대응하는 생존기술의 개발이 시급하고 절실하다.

재난

재난재해에 대비할 수 있는 기술력 확보도 국가생존기술의 중요한 분야다. 특히 기후변화 등으로 자연재해의 불확실성이 증가하면서 엄청난 인명 및 경제적 피해를 가져온다는 점에서 장기적 대응을 해야 한다. 예를 들어 2013년 재해보험 손해액을 살펴보면 유럽, 중동, 아프리카는 약 20%, 아시아, 오세아니아는 약 14% 증가했다. 우리나라는 세월호 참사 같은 인재, 경주 지진이나 쓰나미, 화산, 대형산불 같은 자연재난에 대한 대처 능력이 주요 선진국에 비해 턱없이 부족하다.

따라서 재난 예방과 함께 이미 발생한 재난에 대응하고 복구하는 기술의 중요성이 크다. 특히 현대인의 삶이 대부분 대형화된 복합구조물에서 이루어지고 있기 때문에 국민 안전을 위해 거대 인공구조물의 사고 예측과 예방, 복구와 생존자 구조 등이 매우 중요한 이슈가 될 것이다.

식량

　많은 현대인이 영양과잉으로 오히려 다이어트에 신경 써야 할 시기에 무슨 식량 문제인가라고 반문할 수도 있겠지만 식량도 국가가 소홀히 해서는 안 되는 분야다. 지금 세계 여러 나라는 식량 부족으로 신음하고 있다. 세계 영양결핍 인구는 1995~97년 8억 명에서 2010년 9억 2500명으로 증가했다. 당장 이 문제를 해결한다 해도 인류는 2050년이면 90억 명까지 늘어날 세계 인구에 안정적으로 식량을 공급해야 하는 장기적 도전과제에 직면해 있다.

　특히 세계적 이상기후로 곡물 생산량이 감소하고 있는 반면 바이오에너지 생산을 위해 곡물 수요는 오히려 늘어나고 있다. 중국, 인도 등 신흥경제국이 성장하면서 식량과 사료 수요 증가로 수급 불균형이 빈번하게 발생하고 있다.

　우리나라는 주요 곡물의 해외 의존도가 매우 높다. 사료용을 포함한 국내 곡물자급률은 22%에 불과하며 주요 곡물인 옥수수, 밀의 자급률은 각각 0.8%, 1.1%로 사실상 국내 자급 기반을 상실한 상태다. 콩 역시 자급률이 6.4%로 일부 식용을 제외하면 거의 수입에 의존하고 있다.

　따라서 세계 곡물시장의 불안정 속에서 곡물의 국내 생산과 공급을 확대하기 위한 정책·기술적 대응이 필요하다. 예를 들어 식량자급률 등 국내 식량안보 요소에 대응하려면 '개방화 대응 및 수출 확대' '농업재해 대응력 강화' '국제적 농업 협력 및 해외 농업 개발 확대' 등의 정책이 필요하다. 또한 유전자변형식품GMO, 구제역, 조류인플루엔자AI 예방과 치료 분야에서 새로운 돌파구를 마련하지 않으면 안 된다.

문제해결 위해 정부 차원의 통합적 접근 필요

국가생존기술 분야로 제시한 7개의 키워드는 서로 관련성이 깊으며 대부분 복합적인 성격을 띠고 있다.〈그림2〉 예를 들어 사이버테러에 따른 대형구조물 오작동이나 화재 발생은 재난이자 안보 문제이기도 하다. 수자원 부족 위기는 에너지 및 식량 위기와 연결된다. 수자원 관리의 미숙으로 홍수, 가뭄 등의 재해가 발생할 수 있다.

그림2_ **7대 국가생존기술**

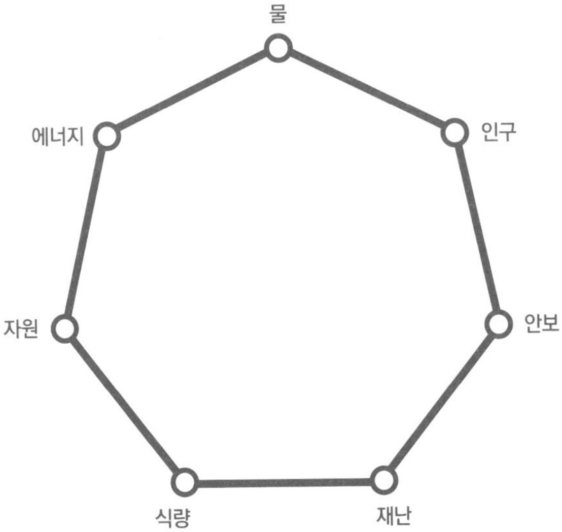

따라서 이러한 문제를 해결하려면 범정부 차원에서 통합적 접근이 필요하며 동시에 제도 개혁과 기술 개발을 동시에 추구하는 정책 혼합 Policy Mix이 강력하게 요구된다. 국가생존과 국민 안녕을 위한 총체적 노력은 우리 정부가 담당해야 할 으뜸 책무인 것이다.

오동훈

고려대에서 물리학을, 서울대에서 과학기술사를 공부했다. 2000년부터 한국과학기술기획평가원KISTEP에서 근무했으며 평가분석본부장, 정책기획본부장 등을 역임했다. 2003~2004년 미국 스탠퍼드연구소 International Fellow, 2006~2008년 OECD 컨설턴트로 활동했으며, 현재 ㈜테크노베이션파트너스에서 파트너로서 연구개발R&D 전략 수립과 관련한 지식 창출에 힘쓰고 있다.
2017년부터 지식 전파와 사업화를 위해 설립한 혁신공학연구소의 대표 '혁신공'으로도 일하고 있다. 그간 『사회 속의 과학, 과학 속의 사회』공저, 『우리과학 100년』공저, 『전후 일본의 과학기술』역서 'A Dynamic History of Korean Science and Technology' 등 여러 권의 저서와 보고서를 출간했다. 최근 가장 관심 있는 주제는 '혁신'과 '창업'으로 혁신 사례와 원천, 방법론 등에 대해 꾸준히 연구할 계획이다. 또한 대학, 연구소 등 지식창출자들의 창업을 돕고 아시아지역에 우리 기술을 전파하는 데 노력하고 있다.

"사람들은 혁신을 창의적인
아이디어를 갖는 것으로
생각하지만, 혁신은
빠르게 실행하고 많은 것을
시도하는 것이다."

_마크 저커버그(페이스북 최고경영자)

1.2

기술 융합 통한 혁신이 답이다

박구선 한국과학기술기획평가원 선임연구위원

인류 역사에서 진화를 촉진하는 융합

현대 사회는 역동적이면서 급격한 속도로 변화하고 있다. 지금까지 경험하지 못한 새로운 메타기술이 엄청난 속도로 다가오고 있는 것이다. 사물인터넷IoT, CoEConvergence of Everything와 빅데이터, 인공지능AI, 정밀의료, 플랫폼과 블록체인Blockchain, 드론, 3D 프린팅 등이 증기와 전기, 컴퓨터와 인터넷을 넘어서는 새로운 산업혁명의 동력으로 하나하나 현실화되고 있다. 이를 '4차 산업혁명'이라 부르며 전 세계가 이 치열한 경쟁에 합류하고 있다.

가장 혁신적으로 받아들여지는 이러한 기술들은 특정 기술의 변화라기보다 서로 연결된 포괄적 기술로 새로운 가치창출을 촉진하는 개방형 기반기술이다. 또한 이 기술들은 서로 연결됐을 때 더 큰 가치를 만드는데 이것이 곧 융합이다.

최근 뜨거운 화두로 등장하고 있는 융합은 영어로 'Fusion' 'Convergence' 'Consilience'로 표기할 수 있다. 융합은 인류의 역사에 서로 영역을 교차하며 진화를 촉진한 큰 흐름이었다. 이러한 관점에서 보면 융합은 새로운 개념이 아니라 인류 깊숙이 자리 잡은 변화와 생존의 습관이다. 문명이 기원한 5000여 년 전부터, 아니 그보다 먼저 인류가 지구에 등장한 200만 년 전부터 인류는 융합을 통해 생존하고 경쟁하며 지속가능성을 확보해왔다.

식량을 채집하며 유목하던 구석기에서 식량 생산자로 정착생활을 하는 신석기 시대를 열면서 인류는 농업을 통한 사회적 융합을 이루었다. 이후 청동기, 철기 시대를 거치면서 기술·자원적 융합과 동시에 용, 인어, 스핑크스, 해태 등 상상의 생물학적 융합물을 만들어냈다. 그리고 이를 토대로 관개기술과 고밀도 농업기술이 급속히 발달하며 메소포타미아, 이집트, 인더스, 황허 등을 중심으로 인류문명이 등장한다.

이어지는 역사 발전에서 혁신적 농업혁명으로 식량의 잉여가 발생하면서 천문학을 전환점으로 하는 과학혁명의 불이 댕겨졌고, 인쇄술의 발명으로 소통의 혁명까지 일어나 과학과 예술, 상상이 융합해 체계화되는 르네상스가 태동했다. 농업을 근간으로 한 석기, 철기 시대를 거쳐 르네상스 시대에 이르러 도약한 과학의 발견은 기술과 접목해 근대 산업혁명에 영향을 미치고, 1차에서 3차 산업혁명으로 이어지며 가속화된다.

인류와 국가의 경쟁력은 세계사 흐름을 동양에서 서양 중심으로 바꾸는 전환점이 된 르네상스와 산업혁명이라는 대전환기를 거치며 오늘날에 이르렀다. 새로운 과학과 기술의 융합은 사회문제의 해결고리이면서 경제의 경쟁력이자 정치에 영향력을 미치는 국가 동력으로 작용했고, 바로 여기에 국가생존기술 간 상호연결과 융합의 중요성과 의미가 있다.〈그림1〉

그림1_ 인류의 발전과 융합을 통한 혁신 과정

융합 통해 새로운 가치창출을 하는 기업들

이제 우리는 4차 산업혁명에 직면해 있다. 노동을 대체하고 기계적 대량생산을 기반으로 한 1·2차 산업혁명, 첨단기술과 컴퓨터, ICT정보통신기술 기반의 자동생산을 동력으로 하는 3차 산업혁명을 넘어 4차 산업혁명은 초연결성과 빅데이터, 인공지능 등을 바탕으로 사람 중심의 맞춤형 대량생산으로 진화하고 있다.

산업혁명을 이끈 동력들은 하나하나의 단위기술로 보이지만 그 결괴물은 당대 최고 기술의 총합적인 결정체로 봐야 한다. 어느 날 갑자기 미래기술이 현신된 것처럼 여겨지지만 알고 보면 새로운 시대를 만들어 낸 것은 모든 것의 융합이란 틀에서 이루어진 혁신이다.

2016년 이세돌 9단과의 대국으로 온 세상을 떠들썩하게 했던 인공지능 '알파고AlphaGo'를 제작한 딥마인드는 구글의 자회사다. 구글은 인터넷과 이를 사용하는 다양한 정보기기에서 수집한 데이터를 기반으로 구글 플랫폼을 구축해 자율형 무인자동차 등 구글 '프로젝트 X'를 추진하면서 융합을 통한 새로운 가치를 창출하고 있다.

전 세계 14억9000만 명 이상이 사용하는 페이스북은 소셜네트워크서비스SNS에 기반을 둔 서비스 확장을 목표로 기업 인수를 통해 가상현실과 동영상, 메신저, 사진 등 사람들이 민감하게 반응하는 시청각 데이터에 대한 실시간 서비스 시장을 선점하고 있다. 전혀 다른 업종 간 이종異種 융합이 아닌 데이터의 사용성, 편리성을 증가시키는 방향에서 동질적인 분야의 동종同種 융합을 이뤄 오감 공유가 가능한 신규 시장을 창출하기 위한 점진적 변화와 통합을 추진 중이다.

세계 최대 온라인쇼핑 중개자인 아마존Amazon은 무인항공기 배송시스템인 아마존 프라임에어Prime Air를 개발해 특허 공개를 하는 등 더 큰 혁신을 위해 공격적인 개방형 전략으로 시장 지배력을 키우고 있다. 향후 아마존은 실시간 배송의 물류 총아로 대두되는 드론과 제조업을 아웃소싱으로 활용하는 새로운 시장을 만들어갈 것으로 기대된다.

이렇듯 융합은 멀리 개념으로 존재하는 것이 아니라 이미 우리 실생활에 영향을 미치며 산재해 있다. 얼마 전까지만 해도 꿈이나 공상으로 여겨지던 미래가 현실에서 구현되고 있는 것이다. 국가 간 장벽은 초연결성으로 무너지고, 70억 명 인구가 실시간으로 정보를 공유하고 있다. 개발된 기술이 1년도 채 안 돼 무용지물이 되기도 하는 환경 속에서 개인적 차원을 넘어 국가생존이란 과연 무엇인가 깊이 고민하지 않을 수 없다.

선도형으로 기술 개발 전략 전환해야

국가가 있어야 국민은 행복과 안전을 추구할 수 있다는 명제에 동의하지 않을 사람이 있을까. 하지만 오늘날 국제정세에서 국가는 하루아침에 위기를 맞을 수 있는 환경에 처해 있다.

이러한 때 국가생존은 순간순간을 극복하는 단순한 '생존Survival'에서 나아가 안정적인 지속가능성까지 포함하는 의미가 돼야 한다. 국가생존기술이란 국가 위기를 그때그때 치료하는 것이 아니라 오히려 위기가 오지 않도록 사전 예방하고, 위기상황에 대응하며, 지속가능한 발전을 위해 필요한 과학기술이어야 한다. 즉 새로운 것을 발견하는 과학적 탐색과 새롭게 하는 기술 발명의 측면에서 국가생존을 위한 현안을 어떻게 접근하고 풀어나가느냐에 초점을 맞춰야 한다.

지금까지 우리나라는 산업경쟁력을 갖추고 강화하기 위한 개별 기술 개발 전략을 펼쳐왔고, 국가연구 개발 사업은 추격형 전략을 추구해왔다. 선진국 사례를 따라가기에 바빴다는 이야기다. 이제 1인당 국민소득 2만 달러의 덫과 경쟁의 한계를 벗어나려면 '추격형'이 아닌 '선도형'의 새로운 기술 개발 전략으로 전환해야 한다. 4차 산업혁명이라는 위기를 기회로 삼는 것이다. 선도형으로 시스템 혁신을 이루려면 지금까지 쌓아온 기술·산업 중심의 성공미담을 과감히 버리고 새로운 혁신모델을 찾아야 한다. 이제까지와는 전혀 다른 대비가 필요하다. 여태까지 성장동력으로 활약한 산업들도 연결을 통한 융합을 이루지 못하면 결국 도태된다. 국가생존기술은 국가 연구개발 혁신전략의 패러다임을 바꾸고자 하는 노력의 일환이다.

물, 에너지, 자원, 식량, 안보, 인구, 재난의 국가생존기술 7대 분야는 하나의 가치사슬상에 위치한다. 각각의 분야가 서로 연결됐기에 직면한 위기나 문제를 단독 해결하는 것이 불가능하므로 모든 분야를 아우르고 받쳐줄 공통기술이 필요하다. 국가생존기술은 생존을 위한 7대 필수조건(수요)과 함께 이들 간 혁신고리를 연결하고 해결해야 할 선도기술(공급) 개발을 모두 포함하는 포괄적 개념이다. 국가생존기술을 확보한다는 것은 사회·경제·과학기술적 문제를 함께 풀어나간다는 뜻이다.

모두가 기술의 혜택 받는 시대

곧 도래할 '스마트한 미래Smart Future'에는 무한청정 친환경에너지와 실시간 충전 활용이 매우 중요하다. 에너지 분야에서 새로운 가능성을 부여하는데, '에너넷Enernet·Energy+Internet'이 그것이다. 에너지가 인터넷처럼 분산화하고 소규모로 스마트해지는 것이 에너넷이다. 에너지는 장소를 기반으로 집중되기 때문에 에너지가 미치는 범위까지 사람들이 모여들 수 밖에 없다. 인구문제나 이로 인한 사회문제는 이에 영향을 받았다. 그러나 에너넷은 지금까지와 달리 개인이 독립적인 에너지 기반에서 생활을 영위할 수 있는 환경이 구축된다는 것을 의미한다.

이는 곧 새로운 산업혁명이 지향하고 있는 '맞춤형 기술Personal Technology' 개념과도 통한다. 맞춤형 기술은 단순히 '자동'으로 상징되는 기술적 편의에서 한 걸음 더 앞서 있다. 보건의료 분야에서 '정밀의료 Precision Medicine'가 좋은 사례다. 여태까지 우리가 경험해온 일반의료란 특정한 약으로 동일한 질병을 가진 모든 사람을 치료하는 것이었다면, 정밀의료는 특정 질환과 질병을 가진 특정 개인에게 맞춘 예방적 진단과 치료를 목표로 한다. 이러한 변화를 통해 특정 기술이 소수의 전유물이 되거나 모든 것을 지배하는 것이 아니라 기술의 혜택이 모두에게 돌아갈 수 있는 시대로 바뀌고 있다.

이러한 변화에 대응하려면 다양한 혁신 주체 간 전문적 식견과 능력을 통합하고 조정하는 기능이 강화돼야 한다. 이는 곧 모든 분야의 과학과 산업이 연결되는 연구개발Connect and Solution Development·C&SD이 추구돼야 하는 이유이기도 하다. 국가생존기술의 발전을 위한 정책은 하향식Top-Down도, 상향식Bottom - Up도 아닌 미들업다운Middle-Up-down 방식으로 이루어져야 하며, 기획은 가치사슬이 체계적으로 분석되고 상호 체크되는 시스템 Cross Check System이 돼야 한다. 미들업다운은 연구자, 학회 등의 기술수요가 반영돼 연구자가 창의적으로 연구할 수 있는 방향으로, 정부가 연구 분야와 목표를 제시하면 연구자가 구체적인 방법을 제안하는 방식이다.

　이러한 미들업다운 방식의 기술 개발은 수평적으로는 사회·경제·과학기술적 영향도 함께 고려해야 한다. 이는 국가생존기술을 견인할 국가정책이 '과학기술자의, 과학기술자에 의한, 과학기술자를 위한' 정책이 아니라 '국가의, 과학기술자에 의한, 국민을 위한' 정책혁신을 의미하며, 이를 위한 기반기술을 확보하자는 것으로 해석할 수 있다. 국가는 기술 정책을 수립하고 과학기술자는 대책을 마련하며 국민은 이를 바라만 보는 악순환이 아니라, 정책과 성과가 국부와 국격을 높이고 그 혜택은 국민에게 돌아가는 선순환을 만들자는 것이다. 이러한 측면에서 국가생존기술 전략은 한국형 선진 과학기술 행정으로의 대개혁이라는 명제도 포함하고 있다.

　국가의 지속가능한 발전과 존속을 위해 필요한 7개 분야의 공통기반기술을 선도적으로 확보함으로써 국가의 지속가능성 문제를 해결하고 과학기술적 성과 창출이라는 두 마리 토끼를 잡는 연구개발 전략으로 혁신적인 전환을 해야 한다. 이것이 선진기술 수용자에서 선도기술 공급자로 체질을 개선하는 중요한 모멘텀을 제공할 것이다.

　국내외에 산적한 고령화, 저출산, 저고용, 저성장 등 뉴노멀New Normal의 경제위기와 사회문제는 경제, 사회, 문화, 기술 등 사회 전반의 사안이 복합적으로 작용한 결과다. 이렇게 위기조차 융합적으로 발생하는데 여기에 단편적으로 대응한다면 도저히 문제를 해결할 수 없다. 융합을 통한 혁신이 요구되는 시점이다. 이러한 변화가 위기로 작용할지, 아니

그림2_ **7대 국가생존기술과 5개 공통기술**

면 기회로 작용할지 알 수 없으나 이것을 위기로 생각한다면 어떻게 기회로 만들 수 있을지 깊이 고민해야 하며 또한 함께 풀어나가야 할 것이다. 이것이 국가생존기술연구회의 방향이며 융합의 필요성이다.

　7개 분야의 국가생존기술 각각은 기술적 문제가 아니라 바로 이러한 사회의 근본적 이슈의 문제와 직접적으로 닿아 있다. 국가생존기술은 연결과 융합을 통해 다시 공통기술로 모아지고 이는 시너지 효과를 창출할 수 있다.⟨그림2⟩ 융합은 역사에서 보아왔듯 필수조건이자 충분조건이다. 국가생존기술이 융합돼 사회적으로는 양극화를 해소하고 하나 된 모습으로 지속가능성을 확보해 현재의 거대한 변화에 맞서는 이니셔티브Initiative를 갖는 날, 우리나라는 더 이상 추격 위치가 아닌 선도 위치에

설 수 있을 것이다. 나아가 이러한 국가적 결단은 인류를 아우르는 도전이 될 것이며 이 도전의 결실은 전 지구에 기여하는 거대한 가치로 이어질 것이다.

사람 중심 맞춤형 혁신 4.0의 세상

2006년 세계 10대 기업은 자동차, 조선 등 제조업과 금융업이 지배했다. 하지만 10년이 지난 2016년에는 ICT와 디지털, SNS 기반을 융합한 거대기업 구글과 페이스북, 애플 등이 주도권을 잡았다. 매일 수억 명이 스마트기기를 이용해 접속하는 인터넷 플랫폼은 재화와 서비스를 제작하고 소비하는 방식을 완전히 바꿔놓았다. 그리고 이를 기반으로 하는 공유경제Sharing Economy, 수요 기반 경제On Demand Economy 등의 경제 대변환도 융합이 기반으로 작용했다.

이제 사회와 경제를 이끄는 모든 선도기업의 결정체는 융합을 통해 새로운 가치를 만들어간다는 공통분모를 갖게 됐다. 자동차가 없는 택시회사 우버Uber, 부동산이 없는 임대업자 에어비앤비Airbnb, 제조업체가 없는 만물상 아마존Amazon과 알리바바Alibaba, 파괴적 혁신의 아이콘 샤오미Xiaomi, 센슬러의 가상 간호사 몰리Molly와 IBM의 인공지능 닥터 왓슨Watson, 스마트 계약으로 세상을 바꿀 블록체인Blockchain·모든 비트코인 거래 내용이 기록된 공개 장부, 160년 역사의 포드Ford 가치를 단숨에 뛰어넘은 전기자동차업체 테슬라Tesla 등이 그것이다.

사람과 자산, 데이터를 한데 모은 무한가치는 10년 단위로 세상의 가치를 변화시키고 있다. 빅데이터 기반 혁신의 오픈 데이터Open Data 플랫폼, 시스템 기반 혁신의 OSOpen Operating System 플랫폼, 3CConvenience·Convergence·Collaboration 기반 혁신의 개방형 혁신Open Innovation 플랫폼이 융합을 촉진할 것이다. 이렇게 융합을 통해 수확체증의 법칙과 한계비용 제로의 초연결사회를 기반으로 한 대변화가 일어나고, 10년 후 물리와 디지털, 생물학이 융합해 디지털의 가능성을 뛰어넘는 사람 중심 맞춤형 혁신 4.0의 세상이 열릴 것이다.

융합은 과학기술과 문화, 인문, 예술 등이 모여 혁신의 가치를 만들어가는 것이다. ICT 강국 대한민국에 4차 산업혁명은 기회이고, 융합은 수단이며, 국가생존기술은 정책의 방향이다. 이는 미래를 위한 준비가 아니고 현안이고 당면과제다.

박구선

고려대 경영대학원에서 경영학 석사학위를, 대전대 법경대학에서 기술경영학 박사학위를 받았다. 한중과학기술협력센터KOSTEC 베이징사무소장, 한국과학기술기획평가원KISTEP 부원장, 국가과학기술위원회NSTC 성과평가국장, 한국과학기술연구원KIST 기술정책연구소 정책연구위원 등을 역임한 바 있다.
현재 오송첨단의료산업진흥재단KbioHEALTH 전략기획본부장 겸 미래발전추진단장을 맡아 재단 발전 중장기 계획과 자립화 실행 계획을 마련하고 있다. 이와 함께 사회공헌을 위한 (사)국가생존기술연구회 운영위원장비상근과 (주)케이바이오스타트KbioSTART 이사비상근로도 활동 중이며, 보건복지부 보건의료정책심의위원회 위원과 보건산업진흥원 보건의료R&D미래발전단, 중장기R&D 전략단 위원, 극지연구소 소장 자문위원, 융합연구정책센터 운영위원장 등 다수의 과학기술과 보건, 의료정책 관련 위원회에 참여하고 있다.

"편안한 때일수록
오히려 위태로운 것을
잊지 않고 경계함은
나라를 위하는
도리다. _安不忘危 爲國之道_"

_세종대왕

1.3

국가생존기술의 혁신을 위한 준비과제

박영일 _{이화여대 교수}

국가적 과제 국가생존기술

우리는 지금 인류의 터전인 지구의 지속가능한 생존과 발전이라는 절체절명의 과제를 마주하고 있다. 2012년 발족한 '지속가능 발전 해법 네트워크_{Sustainable Development Solution Network·SDSN}'는 그러한 노력의 일환이다. SDSN은 지속가능 발전 목표_{Sustainable Development Goals·SDGs}를 설정하고 이를 달성하고자 만들어진 전 지구적 네트워크다. 실질적이고도 가시적이며 광범위한 노력 없이는 어느 나라도 미래 지구의 생존과 발전을 보장하기 어렵다는 인식을 공유한 결과이기도 하다. 우리나라는 2013년 '한국 SDSN'을 발족하며 이러한 노력에 동참하고 있다.

이처럼 지구의 생존과 발전을 위한 전 지구적 노력에 발맞춰 과연 우리는 개별 국가 차원에서 국가생존과 번영을 위한 지속 발전 과제를 어떻게 인식하고 있으며 얼마나 적극적으로 다루고 있는지 살펴볼 필요가 있다.

물, 식량, 에너지, 자원, 국방과 안보, 인구와 질병, 재해 대응과 안전은 우리가 너무 잘 알고 있고 또 이제까지 각 분야에서 계속 다뤄왔던 국가생존 과제다. 그 중요성과 심각성에도 우리는 SDSN처럼 체계적으로 대응하지 못하고 있다.

오늘날 국제정세는 각국의 생존과 발전 전략에 따라 적과 동지가 수시로 바뀌어 이제는 그런 구분조차 의미 없을 정도다. 특히 강대국에 둘러싸인 우리의 지정학적 위치로 볼 때 국가생존기술은 국가적 헤게모니 확보, 나아가 유사시 홀로서기의 역량을 키우는 데 반드시 확보해야 할 기술이다. 근대화 과정에서 우리는 번영 중심의 발전 전략에 집중하다 보니 상대적으로 국가생존을 위한 기반기술의 체계적 확보와 발전에 소홀했던 것도 사실이다. 그러나 이제 국가생존기술의 기반을 마련하지 못하면 지속적인 발전에 걸림돌이 될 가능성이 크다. 단적으로 에너지와 자원 문제를 꼽는다면 부연설명이 필요 없을 것이다.

한편 최근 가장 중요하게 대두되고 있는 국민적 관심사는 무엇일까. 고용창출과 양극화 해소라는 경제·사회적 이슈와 함께 안전과 생명보전이라는 국민적 욕구야말로 이 시대의 가장 강력한 관심사이자 해결과제이며, 이에 대한 국가적 책무가 요구되고 있다. 즉 이제 정부가 나서야 한다는 요구에 응답이 필요한 시점이며, 그것이 바로 국가생존기술에 대한 체계적인 대응과 혁신이라 하겠다.

국가생존기술 혁신에서의 고려사항

그렇다면 현안 과제인 국가생존기술의 확보, 혁신, 그리고 그 혁신 성과의 확산을 위해 우리는 무엇을 준비해야 하는가. 다음의 5가지 과제를 제시하고자 한다.

첫째, 국가생존기술의 혁신에 관한 정부의 역할과 한계를 분명히 설정해야 한다. 통상적으로 국가의 정책 방향이 정해지고 이를 위한 기술혁신이 요구되면 해당 기술 분야의 고도화를 위한 연구개발에 모든 관심과 역량이 투입된다. 관련 연구개발이 본격화되면 산업화 또는 실용화에 대한 우려, 투자 효율성 문제, 혁신 성과의 확산에 대한 논의가 따로따로 이어진다. 따라서 연구개발을 위한 연구개발이라는 비판, 시장과 괴리된 연구개발의 실효성 논란, 중복 또는 무차별적인 연구개발에 대한 반성 등이 반복되지 않도록 혁신의 방향을 설정하는 단계부터 이 문제가 충분히 검토돼야 한다. 국가생존기술의 혁신 방향 역시 이러한 가장 기본적인 질문에 대한 해소부터 시작돼야 한다.

혁신 성과에 대한 실효성을 확보하려면 국가가 집중적으로 연구개발해야 할 기반기술에 대한 철저한 한계 설정과 목표지향적 관리, 그리고 혁신 성과를 제대로 발현하기 위한 효과적인 혁신 정책 수단에 대한 고려가 무엇보다 중요하다.

특히 전자와 관련해 일본의 '국가 미니멀Minimal 기술'에 대한 정부의 역할 설정 사례를 참고할 필요가 있다. 꼭 필요한 최소 범주에서의 기반기술에 한정해 '국가생존 미니멀 기술'의 범주를 설정하는 것이 연구개발 투자의 효율성을 높이는 전제조건이다.

또 혁신 정책 수단에서 자칫 간과하기 쉬운 표준과 공공구매의 역할을 검토해야 한다. 글로벌 기준과 상치되거나 부조화가 될 가능성에 유의하면서, 국가생존이라는 목표를 슬기롭게 달성할 수 있는 방안을 강구해야만 혁신 성과가 성공적으로 활용·확산될 것이기 때문이다.

둘째, 국가생존기술의 혁신은 혁신의 전 주기에 대한 시스템적 접근이 필요하다. 적용을 통한 국가생존 확보라는 목표를 고려할 때, 혁신의 전 주기를 하나로 묶어 종합적으로 접근하고 검토해야 한다. 기술의 확보 단계에서는 기술의 자체 개발과 획득을 어떻게 조합하는 것이 최적의 선택인지 판단해야 한다.

국가생존이라는 본질을 염두에 둘 때 기술의 자체 확보, 최첨단보다는 실용성이 높고 검증된 기술의 최적 조합이 더 중요할 수 있다. 결론적으로 한정된 자원의 효율적 활용과 기술 확보의 필요 시기, 대외경쟁력 등을 종합적으로 고려한 전략적 접근을 해야 한다.

또한 기술의 개발 과정에서는 시스템 혁신의 성격을 고려해 기술 분야 간 경계를 허무는 융·복합의 효과적 실천 방법, 혁신 성과 극대화를 위한 주체 간 긴밀한 협력채널 확보 방안 등이 중요하게 검토돼야 한다. 혁신 성과의 활용·확산을 위해서는 플랫폼에 대한 중요성 인식과 체계적 접근, 그리고 공공 대형투자 계획의 사전적 검토 등이 필요하다. 또한 시스템 혁신 성과의 확산을 위해 혁신 과정에서 나타날 산물들, 즉 부가적 산물의 분할과 파생, 학습효과의 확산 등에 대한 고려가 병행돼야 한다.

셋째, 국가생존기술의 혁신은 국민의 참여를 전제로 하며 일반 산업 기술의 혁신과 다른 특성을 가진다. 즉 혁신 성과의 직접적 수요처가 바로 국민이라는 특성이 있기 때문에 1차 수요자이자 최종 수요자인 국민이 혁신 과정에 참여하고 지속적으로 관심을 가져야 한다. 혁신 계획 수립에서 혁신의 수행 과정, 모니터링과 평가·환류에 이르기까지 전 과정에 국민의 의견 수렴과 참여, 만족도가 체화돼야 한다.

국가생존기술의 혁신 성과가 우리 사회에 도입·적용될 때의 부정적 영향에 대한 사전 평가와 대응도 필요하다. 따라서 이를 고려한 '리빙랩 Living Labs·사용자 중심의 개방형 혁신모델' 방식을 도입한 혁신과 철저한 프로젝트 관리 기법 적용 등이 요구된다. 아울러 전략적 기획가Strategic Planner, 기술적 전문가Technical Expert, 기술정보통Gatekeeper, 동기부여자Exciter와 열성적 추진자 Champion, 나아가 대외적 홍보자Ambassador 역할을 모두 겸할 수 있는 유능한 프로젝트 리더를 선정하는 것이 중요하다. 더 나아가 오픈 스페이스 테크놀로지Open Space Technology 방식의 개방된 사고, 중요 자원의 공유Sharing와 네트워킹Networking 중시 풍토가 조성돼야 한다.

넷째, 국가생존기술의 혁신을 위해서는 생존기술 차원에서의 국제적 공헌에 대한 심도 있는 고려를 해야 한다. 물론 과학기술의 혁신 전반에 걸쳐 국경을 초월한 인류 공헌이나 공유성의 개념이 중요하게 자리 잡고 있지만, 한 나라의 생존을 책임질 기술이 국제적으로 확산돼야 할 당위성과 범주에 대한 진지한 검토가 있어야 한다. 분명히 한 국가의 생존에 직결되는 기술이므로 기술 자체는 폐쇄형으로 보호하는 것이 당연하지만 그 혁신 성과를 다른 나라, 다른 민족과 나누는 것은 다른 차원의 문제다. 특히 이러한 생존기술을 자체적으로 확보할 역량이 부족한 국가에 대한 배려나 인류공영의 차원에서 접근하는 것은, 단순히 국가 위상 문제나 수출 확대의 차원을 넘어선다. 국제사회에 대한 한국의 기여라는 측면에서 반드시 중요하게 검토돼야 할 사안인 것이다. 따라서 우리가 개발·확보·활용한 생존기술에 대한 국제적 기술이전·확산 등에 대한 효과적인 방안을 마련하고, 특히 취약지역이나 국가에 대한 국제 공헌 프로그램을 강구해야 한다.

　　<u>마지막으로,</u> 국가생존기술 혁신의 중심에는 투명성이 자리 잡아야 한다. 투명성 있게 모니터링·관리할 수 있는 체제, 투명한 절차를 거쳐 이룬 합의Rule of Game 등이 바로 국가생존기술 혁신의 신뢰성과 대형 공공 투자에 대한 국민적 지지를 담보해줄 것이다.

과학기술 역량을 국가생존기술에 집중해야
　국가생존기술은 이 시대, 특히 선진국으로서 위상을 군건히 해야 할 이 시점에 정부 차원에서 관심을 갖고 확보해야만 하는 당위성 있는 분야다. 이러한 국가생존기술의 혁신에 그동안 축적된 우리의 과학기술 개발 역량과 혁신 시스템을 체계적으로 동원·결집해야 한다.〈그림1〉

그림1_ **국가생존기술 혁신의 환경 개념도**

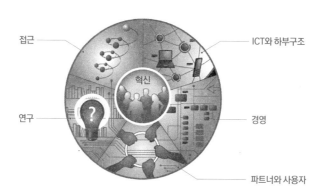

접근
ICT와 하부구조
혁신
연구
경영
파트너와 사용자

　　이를 위해 무엇보다 국가적인 리더십의 확립이 중요하다. 특히 국가 최고의사결정권자와 여론지도층의 투명하고도 일관된 지지와 관심이 요구된다. 그러한 기반 위에 전문가 집단의 지속적인 연구 검토와 이슈 공론화, 수혜자인 국민과 구매자인 공공부문, 그리고 공급자인 민간과 과학기술계의 적극적인 공동설계, 공동실행, 공동평가가 중요하다.

박영일

서울대에서 경영학을 공부한 후 한국과학기술원KAIST에서 경영과학공학 석사학위와 산업경영공학 박사학위를 취득했다. 과학기술부에서 과학기술 정책, 국가연구개발 사업 기획관리 분야에 종사했으며 과학기술부 차관을 끝으로 2007년 공직에서 물러나 이화여대에서 과학기술경영, 미디어R&D 관리, 미래학 입문 등을 가르치고 있다. 한국공학한림원정회원, 기술경영경제학회22대 회장, (사)국가생존기술연구회초대회장, 한국과학기술단체총연합회부회장 등 과학기술 관련 활동을 활발히 하고 있다. 번역서로 『일본 과학기술의 사회사』『실천 R&D 매니지먼트』가 있다.

제2부

국민 안전을 위한
생존기술

"멀리 내다보지 않으면
반드시 가까운 곳에
근심이 있다. 人無遠慮 必有近憂"

_공자

2.1

바이오테러를 막아라

장규태 한국생명공학연구원 원장

핵폭탄보다 더 위협적인 바이오테러

전 세계적으로 신·변종 전염병이 유행하면서 세균 또는 바이러스를 이용한 바이오테러 발생 가능성도 증대되고 있다. 미래학자들은 인류 대재앙의 주요 원인으로 고병원성 병원균에 의한 유행병 확산과 바이오 테러를 지목했으며, 향후 10년 내 바이오테러 위협이 정점에 이를 것으로 예측한다. 2017년 2월 17일 개막한 뮌헨안보회의MSC에서 빌 게이츠 마이크로소프트 창업자는 글로벌 전염병이 핵폭탄이나 기후변화보다 훨씬 위험할 수 있다는 경고와 함께 바이오테러에 대한 대비가 충분치 않다고 지적했다.

특히 분단국인 우리나라는 북한의 대남 테러 및 생물무기 위협에 상시 노출돼 있다. 일례로 2013~2014년 정체를 알 수 없는 무인항공기가 삼척, 파주, 백령도에 추락하는 사건이 발생했다. 무인항공기는 기존

레이더로 탐지가 어렵고 5kg 정도의 폭탄을 탑재할 수 있어 대규모 바이오테러에 이용될 가능성이 있다. 미국 국토안보부에 따르면 북한은 세계 3위 생화학무기 보유국으로 5000톤 이상을 가지고 있으며, 40여 종의 생물무기용 병원체와 화학작용제를 보유하고 있는 것으로 조사됐다.

　　만약 바이오테러가 발생할 경우 불특정 다수의 민간인이 죽거나 다치고, 막대한 사회·경제적 피해를 초래할 수 있다. 2001년 미국에서 발생한 탄저균 우편물 테러의 경우 22명이 감염돼 이 가운데 5명이 사망했다. 이로 인해 같은 해 미국 국내총생산의 5%가 하락하는 경제적 손실이 발생했다. 만약 북한이 탄저균 10kg을 서울 상공에서 살포하면 3만~60만 명, 포격으로 공격하면 2만~25만 명이 감염될 수 있다.

　　이처럼 국가와 국민 안전을 위협하는 바이오테러 가능성이 날로 증가하는 가운데 이에 대한 우리나라의 대응 현황을 살펴보고 과학기술적 측면에서 국가생존을 위한 바이오테러 대응 전략을 제언하고자 한다.

극미량으로 치명적 피해 야기

바이오테러^{생물테러}란 '잠재적으로 사회 붕괴를 의도하고 바이러스, 세균, 곰팡이, 독소 등을 이용해 살상하거나 사람, 동물 또는 식물에 질병을 일으킴으로써 사회 혼란 야기 및 먹거리에 대한 불안 공포를 조장하는 행위'를 말한다. 이러한 바이오테러에 이용된 병원체에 의해 발생된 감염병을 바이오테러 감염병^{법률용어로 '생물테러 감염병'}이라고 한다. 우리나라는 감염병 예방 및 관리에 관한 기본계획2013~2017에 따라 탄저, 페스트, 바이러스성 출혈열에볼라바이러스. 마버그바이러스. 라싸열, 두창, 보툴리눔 독소증, 야토병을 관리 대상 전염병 및 병원체로 지정해 관리하고 있다.

바이오테러에 사용되는 무기인 병원체는 단순한 시설에서 쉽게 균주를 배양, 살포할 수 있으며 운반이 용이하다는 특징이 있다. 또한 기존 재래식 무기와 달리 값이 싸고, 비밀리에 살포가 가능하며, 살포한 후 인명의 손상이 나타나기까지 시간적 차이가 있어 초기에 감지하기 어렵고, 극미량으로도 치사가 가능하며, 한번 오염되면 스스로 번식 확산한다.

화학무기는 피폭된 당사자에 한해 피해가 발생하고 오염된 지역에 단기간의 피해를 초래하지만, 바이오무기는 보이지도 않고 즉각 반응을 나타내지도 않아 오염지역을 확인하기 어렵다.

또한 자연발생적인 것인지, 인위적인 것인지 구분이 어려워 누구의 소행인지 알아내는 것은 더욱 힘들다. 따라서 바이오테러에 대한 위협만으로도 대중적 불안과 공황상태를 조장해 사회적 대혼란을 초래할 수 있고, 사회의 안정성이 심각하게 교란돼 붕괴현상으로까지 몰고 갈 수 있다.

일례로 도심 1km²를 파괴하는 데 전통적인 무기는 2000달러, 핵무기는 800달러가 드는 데 비해 바이오무기는 단 1달러면 가능하다. 즉 탄저균 6.5kg이면 232km² 안에 있는 인구의 50%를 살상할 수 있다. 같은 피해를 입히려면 핵무기는 1메가톤급의 폭발, 화학무기는 650톤

이 필요하다.[1)]

1960년부터 1999년까지 전 세계적으로 총 66건의 바이오무기 관련 범죄와 55건의 바이오테러가 발생했으며, 최근 그 규모가 급증하고 있다. 대표적인 예로 미국 도시 기능을 마비시켜 정부의 무능을 입증하고자 상수에 바이오무기 유포 계획을 세운 미국의 극좌테러 조직 '웨더 언더그라운드[Weather Underground]'가 있다. 또한 1970년대 남아프리카공화국 CBW[생물화학전 무기]의 공격용 프로그램으로 콜레라, 탄저균을 이용한 바이오테러가 이루어져 수천 명이 발병하고 82명이 사망한 바 있다. 지리

표1_ 전 세계 바이오테러 발생 사례

Weather Underground[1970] 미국 도시 기능을 마비시켜 정부의 무능을 입증하고자 바이오무기 사용
R.I.S.E.[1972] 장티푸스, 디프테리아, 이질, 수막염균을 공기분사, 도시 상수 오염 등 계획
Sverdlovsk, City of Soviet[Ekaterinburg, 1979] 구 소련군 생물무기 시설에서 공기 전파로 탄저균 누출
남아프리카공화국 CBW의 공격용 프로그램[1970년대] 불임 독[Infertility Toxin]을 초콜릿, 담배 등에 숨겨 섭취
남아프리카공화국 CBW의 공격용 프로그램[1979] 콜레라, 탄저균에 수천 명 감염, 82명 사망
Rajneeshee Cult[1984] 댈러스, 와스코카운티, 오리건 거주자 대상으로 식당의 샐러드바 오염 도모
Red Army Faction[1986] 독일 분단 시기 동독이 서독 관료와 기업가에게 대항할 목적으로 파리에서 보툴리눔 독소 배양
Gulf War[1990] 탄저균, 보툴리눔 독소, 아플라톡신을 이용해 전쟁에 참가한 군인 살상
Minnesota Patriots Council[1991] 우편 주문한 피마자씨에서 추출한 리신을 이용해 바이오테러 계획
Aum Shinrikyo[1995] 일본 정부를 장악하고자 탄저균, 보툴리눔 독소, Q열, 에볼라바이러스, 사린가스 이용
Larry Wayne Harris[1998] 농약 공중살포 등의 방법으로 페스트, 탄저균[백신스트레인] 등 세균 이용
탄저균 우편물 배달 사건[2001] 탄저균이 들어 있는 우편물로 미국 시민 22명 감염, 5명 사망

출처 질병관리본부 홈페이지

적으로 가까운 사례로는 1995년 일본의 옴진리교에서 에어로졸 형태의 탄저균과 사린가스 등을 살포해 1000여 명의 사상자가 발생했다. 가장 최근 사건으로는 2001년 미국에서 탄저균 우편물이 배달돼 5명이 사망한 일도 있다. ^(표1)

40여 종 바이오무기 보유한 북한

2017년 2월 13일 말레이시아 쿠알라룸푸르국제공항에서 김정남이 독극물로 피살되면서 북한의 대량살상무기 보유에 대한 관심이 다시 집중되고 있다. 또한 최근 북한의 빈번한 미사일 시험발사와 앞서 언급한 무인항공기 사건 등을 고려할 때 새로운 방법을 이용한 바이오테러가 일어날 가능성이 고조되고 있다고 할 수 있다.

미국 국토안보부에 따르면 북한은 1980년 당 중앙군사위원회에서 김일성이 "독가스 및 세균무기를 생산해 전투에 사용하는 것이 효과적"이라고 지시함에 따라 관련 무기 개발을 추진해 현재 40여 종의 생물무기를 보유한 것으로 알려져 있다. 또한 2015년 김정은이 살충제 생산시설을 방문하는 사진이 북한 언론매체에 실렸는데, 분석 결과 탄저균 같은 생물무기 생산이 가능한 연구원인 것으로 드러났다.²⁾ 전문가들은 핵

1) 정육상, 2010, '생물테러 대응체제의 문제점과 개선방안 연구'
2) 국군화생방방호사령부, 화생방기술정보지(2015), 제58호, 양은주, 생물테러감염병 응급실 증후군 감시체계 운영현황 및 강화

주요 바이오무기의 특징

바이오무기(예시)	주요 특징
탄저균 독소 Bacillus Anthracis	·간단한 배양시설에서 대량 배양으로 백색가루 제조 가능 ·인수 공통 전염병이며 탄저균은 흙속에서 10년가량 생존 ·이라크전 당시 8000리터의 포자Spore 생산을 탐지한 바 있음 ·전 세계 미군은 탄저병 예방 접종을 받음
보툴리눔 독소포자 Clostidium Botulinum	·Clostidium Botulinum 세균에 의해 생산 ·단백질 분해효소에 의해 분해되지 않음 ·신경마비에 의한 사망, 생물무기 사용 가능 ·오염된 식품이나 눈, 점막, 호흡기, 피부를 통해 흡수

이나 미사일보다 생화학무기가 더 위협적이라고 지적하고 있는데, 북한이 보유한 생물무기 중 무기화했을 때 가장 파괴력이 높을 것으로 예상되는 것은 탄저, 두창, 콜레라, 유행성출혈열, 보툴리눔 독소 등 5종이다.

만약 바이오테러가 겨울철 대도시서울, 부산 등의 인구밀집지역에서 일어난다면, 북서풍 등 계절성 기후의 영향으로 빠른 속도로 광범위한 피해가 발생해 천문학적 복구비용이 소요될 것으로 예상된다. 특히 야간침투가 가능하고 식별이 어려운 소형 무인항공기를 이용한 바이오테러가 일어나면 교통, 통신, 의료 등 사회 모든 기능이 마비될 우려가 있다.

또한 바이오테러의 타깃이 가축일 경우 구제역, AI처럼 한번 발생하면 천문학적 규모의 피해가 발생하는 것은 물론, 살처분과 토양수 오염 등으로 장기간 피해를 입을 수 있다. 한편 우리나라는 농작물을 집약적으로 재배하기 때문에 각종 작물에 대해 특정 병원균으로 공격하면 국민 먹거리 확보에 치명적 문제를 일으킬 수 있다.

시나리오별 바이오테러 피해 규모

분류	피해 규모
액화 탄저균 살포	·상황: 3개 도시에 차량 이용 탄저균 분무, 동시에 3개 도시 게릴라성 추가 공격 ·피해: 1만3000명 사망(수백억 달러)
전염성 폐렴균 살포	·상황: 전염균을 주요 도시 공항, 역 등 공공시설에 살포, 확산 ·피해: 2500명 사망, 7000명 부상(수천만 달러)
음식물 오염	·상황: 액상 탄저균을 식육류나 오렌지주스 가공시설에 살포 ·피해: 300명 사망, 400명 입원(수천만 달러)
구제역	·상황: 몇몇 농장의 동물들에 구제역 살포, 각지로 전파 ·피해: 가축 대량피해(수십억 달러)

출처 미국 국토안보부

국가적 방역 시스템과 대응체계 정비해야

미국에서 2001년 탄저균을 이용한 바이오테러 사망자가 발생하면서 선진국은 생물방어Bio Defense의 중요성을 인식하고 관련 치료제 개발, 백신 비축, 대응체계 정비, 연구 등에 필요한 예산을 확대했다. 미국은 탄저균 테러 이후 생물방어 관련 연구개발 예산을 20배 늘렸고, 바이오실드Bio-Shield 프로젝트에 10년간 56억 달러를 투자했다. 특히 2002년 '공중보건 및 생물테러 대응법'을 제정해 바이오테러에 대한 대응 능력을 높이고, 2004년 '생물병원체방어법'을 제정해 바이오테러 발생 시 의약품 사용, 비축물자의 범위와 예산을 명시함으로써 실질적인 대응체계를 갖췄다.

또한 2012년에는 '국가 생물감시 전략National Strategy for Biosurveillance·인간과 동

식물, 건강에 영향을 끼치는 모든 위협 및 질병 활동과 관련된 필수 정보를 수집, 통합, 해석, 소통하는 과정'을 수립해 생물감시 산업 역량을 강화하는 정부의 정책 및 기능에 대해 설명하고, 시의적절한 의사결정을 위한 필수 정보 제공 및 위험요소 관리를 위한 원칙을 정했다.

우리나라는 2001년 보건복지부가 생물테러 주관부처로 지정되면서 생물테러 종합대책과 세부 실행계획을 수립하고, 생물테러 대비·대응 체계의 근간을 구축하고 있다. '감염병의 예방 및 관리에 관한 법률'을 제정해 생물테러 감염병을 정의하고, 보건복지부 장관이 책임자가 돼 감염병에 대비한 의약품 및 장비 비축, 의약품 공급 우선순위 등 배분 기준 결정, 강제처분 수행 등을 법적으로 명시했다.

'화학무기·생물무기의 금지와 특정 화학물질 및 생물작용제 등의 제조·수출입 규제 등에 관한 법률'에서는 생물무기와 생물작용제를 정의하고, 생물무기의 제조 금지, 이에 이용될 수 있는 생물작용제의 제조·수출입 규제에 필요한 사항을 규정하고 있다. 최근에는 '감염병의 예방 및 관리에 관한 기본계획'2013~2017을 수립해 감염병별 맞춤형 대응체계를 구축하기 위한 방향을 설정했다.

기본계획에는 필수물자 비축량 부족, 조기 감시 인프라 강화 필요, 역할 분담 훈련의 한계를 지적하고, 이에 대응하기 위한 필수의약품 비축 계획 수립, 그리고 생물테러 병원체 조기인지를 위한 감시 시스템 구축Bio-watch System·대기 중 생물테러 병원체 누출·살포 감시 시스템, 생물안전 특수복합시설BL4 건립 및 치료제 개발 등이 포함돼 있다.

또한 바이오테러 상황의 심각성 및 시급성, 확산 가능성, 전개 속도, 지속기간, 파급효과, 정부 대응능력 등을 복합적으로 고려해 위기경보 수준을 관심, 주의, 경계, 심각으로 구분하고 있다. 전국의 응급실을 기반으로 바이오테러 증후군 감시를 위해 130개 의료기관을 지정^{2015년 12월}_{기준}해 각 병원에서 환자 발생 시 보건소를 통해 시·도청으로 상황을 알리고, 지방자치단체에서는 질병관리본부에 보고하는 체계를 갖추고 있다.

다만, 최근의 메르스^{MERS·중동호흡기증후군}사태와 구제역, AI의 전국적 확산 등을 볼 때 국가적 방역 시스템과 대응체계에 미흡한 점이 드러나고 있어 자연발생적 감염병에 비해 한순간에 빠르게 전파되는 바이오테러가 발생할 경우를 대비하여 대응 역량을 제고할 필요가 있다.

바이오테러에 대응하는 과학기술적 전략

바이오테러에 효율적으로 대처하기 위해서는 예방을 위한 사전 대비와 신속한 복구를 위한 사후 대응이 필요하다. 무엇보다 우리나라가 자체적으로 문제를 해결할 수 있는 역량을 갖춰나가야 하며 이를 위해 과학기술 분야의 연구개발이 필수적이다. 바이오테러 대응을 위한 과학기술적 전략으로 다음의 3가지를 제안한다.

조기 감시 시스템 구축

바이오테러 병원체가 살포될 경우 예방과 조기탐지가 가능한 가장 적절한 시간은 6시간 이내다. 병원체를 즉시 탐지할 경우 감염 회피율이 86%에 이르지만, 하루가 경과하면 회피율은 59%로 감소한다.[3] 따라서 조기감지를 위한 신고·보고체계를 강화해야 한다. 바이오테러 의심환자 발생 시 신속하게 원인 병원체를 분리하고 병원체의 특성을 파악하기 위한 전문가 네트워크가 구축돼 있어야 한다. 또한 주요 지역별로 극소량 병원체 탐지가 가능한 조기 감시 시스템을 운영해야 한다. 이러한 감시 시스템은 바이오테러뿐 아니라 각종 전염병의 확산을 방지하는 데도 유용하게 활용될 수 있다.

바이오테러에 대비해 예방백신, 신속탐지·진단, 치료제 등 대응수단 개발을 위한 생물방어 연구역량을 강화해야 한다. 북한이 보유한 병원체를 중심으로 병원체에 대한 자원 확보 및 병원성 기전 연구, DNA 백신[4] 개발 연구, 바이오테러의 작용제 탐지 및 식별 연구, 감염 환자 진단을 위한 인식물질 등의 연구개발로 사전적 대응 역량을 강화해나갈 수 있다. 이와 함께 장내 미생물 환경을 조절하는 선천적 면역 증강기술을 개발하면 일상적으로 생체의 방어능력이 향상돼 각종 감염병 위협에 효과적으로 대응할 수 있다.〈그림1〉

---

3) 질병관리본부[2014], 병원체 대기 감시시스템의 국내 도입 필요성
4) 유전자 전달기술Electroporation을 이용한 생물학적 대응기술(미국 국방부(감염질환의학연구소)에서도 해당 분야 연구개발 추진 중)

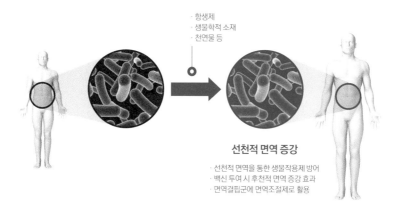

그림1_ **선천적 면역 증강기술**

백신 및 치료제 개발

일단 바이오테러가 발생하면 치료제를 투입해야 하는데, 신속하게 대응하기 위해서는 즉효성 응급백신과 범용백신Universal Vaccines이 필요하다. 즉효성 응급백신은 생물테러 발생 시 접종하면 감염방어 효과가 즉시 나타나는 것으로, 이 백신이 있으면 테러 위험이 없는 상황에서 발생하지도 않은 희귀 감염병 예방백신을 미리 접종받을 필요가 없다. 이는 일반 예방백신과 달리 감염 초기 병원체에 대항하는 선천적 면역을 강하게 자극해 공통적인 방어효과가 나타나도록 하는 면역증강제Ajuvant를 적용한 것이다. 이러한 신개념 즉효성 응급백신 개발과 함께 관련 생산설비를 구축해 유사시 대비해야 한다.

또한 시판 백신을 무력화하는 변종 또는 신종 감염병 원인체의 출현에 대한 대응책으로 여러 아종의 병원체에 광범위하게 적용할 수 있는 범용백신의 개발도 필수적이다. 특히 변이가 심한 RNA 바이러스^{인플루엔자}에 대처하려면 인플루엔자 바이러스의 여러 아형에 공통적인 HA2 항원을 이용한 범용백신을 개발해야 한다.

백신 및 치료제 개발과 병행돼야 하는 것이 효능평가 플랫폼 구축이다. 미국 등 선진국에서는 영장류 감염질환 모델을 개발해 신규 진단기술, 해독제, 백신 및 치료제 등에 대한 효능평가 플랫폼을 구축하고 있다. 이러한 플랫폼은 인체와 가장 유사한 반응을 보이는 영장류를 이용해 수월성 높은 연구개발은 물론, 구제역과 AI 등 동물에 대한 바이오테러도 대비할 수 있다.

개인·병사용 복합 보호구 개발

공기 중으로 바이러스가 살포될 경우를 대비해 나노 크기의 바이러스 입자뿐 아니라 미세먼지 등 오염된 공기를 흡착·정화할 수 있는 개인 휴대용 호흡 보호구를 개발하고 생산 시스템을 구축할 필요가 있다.

또한 바이오테러 발생 시 전투 현장에 투입되는 병사를 위한 방호센서도 개발해야 한다. 바이오테러의 위협에 직접적으로 노출되는 병사들의 생체신호를 모니터링해 생물학적 작용제에 대한 노출 여부를 판단하고 현장에서 바로 응급처치를 할 수 있는 약물전달기술을 개발하여 전투력을 보존할 필요가 있다. 이를 위해 미래 병사용 방호장비를 선제적으로 개발해야 한다.

바이오테러는 실험실이 아닌 현장에서 일어나는 사건이다. 따라서 국가적으로 신속 대응체계 및 사전 훈련 프로세스를 확실히 구축해야 한다. 과학기술의 개발은 현장에서 신속하게 대응하고 확산을 방지할 수 있는 최소한의 방어책이다. 국가적 차원에서의 충분한 투자를 통해 바이오테러 대응 역량을 강화해야 할 시기인 것이다.

장규태

경상대에서 동물번식생리학(석사학위)을, 도쿄대에서 수의생리학(박사학위)을 공부했다. 2000년부터 한국생명공학연구원에서 근무했으며 국가영장류센터 센터장, 미래연구정책본부 본부장, 부원장을 역임하고 현재 원장으로서 바이오 분야를 4차 산업혁명 시대의 핵심 산업으로 이끄는 데 힘쓰고 있다. 과학기술출연기관장협의회 회장, 대통령 직속 국가과학기술자문회의 자문위원, 국가과학기술심의회 바이오특별위원회 민간위원직을 맡아 거시적 차원의 과학기술 정책 발전에도 관심을 쏟고 있다. 특히 과학기술의 중심에 사람이 있어야 한다는 굳은 신념으로 치매 국제학술지 『Journal of Alzheimer's Disease』 부편집장으로 활동하고 있으며 바이오테러, 신·변종 전염병, 고령화, 난치질환 등 사회문제 해결을 위한 연구개발을 집중 추진하고 있다. 『포유류의 생식생물학』 등 저서 및 다수의 논문 외 '우리 안의 상생 DNA' '인공장기 3D 프린팅, 규제 풀어야 속도 낸다' 등의 기고문을 통해 대중과 소통하는 과학기술인이 되고자 한다.

"계획이란 미래에 대한
현재의 결정이다."

_피터 드러커(미국의 경영학자)

2.2

물 환경 변화에 어떻게 대응할까

권형준 한국수자원공사 고양권관리단장

도시화가 가져다 준 물 부족 시대

흔히 미래는 'FEW가 few'한 시대라 한다. 즉 식량Food, 에너지Energy, 물Water이 부족한 시대라는 것이다. 식량, 에너지, 물이 삼각관계Nexus를 맺고 있는 이유는 이들이 상호의존적이기 때문이다. 미래에는 지구온난화 방지를 위해 이산화탄소 발생을 감소시키고자 에너지의 상당 부분을 화석연료가 아닌 바이오에너지나 셰일가스에 의존하게 될 텐데, 이들을 얻으려면 엄청난 양의 물이 필요하다. 바이오에너지는 옥수수, 고구마 같은 식량을 에너지 원료로 대체한다는 점에서 에너지를 많이 쓴다는 것은 결국 식량과 물을 많이 쓴다는 의미다.

식량 역시 물과 불가분의 관계다. 개발도상국을 중심으로 급격한 인구 증가가 예상되면서 식량 수요 증가는 불가피하다. 특히 개발도상국의 경제성장이 가속화되면서 식량 소비가 전반적으로 늘어나며, 생활수준 향상으로 육류 소비도 함께 증가한다. 육류는 식물보다 훨씬 많은 양의 물을 소비해 얻어지고, 가축의 배설물을 처리하는 데도 다량의 물이 사용되기에 식량 문제는 곧 물 문제로 귀결된다.

모든 상품 생산에도 물이 필요하기 때문에 전 세계의 경제 발전과 현대화는 더 많은 물을 사용하도록 한다. 아울러 생활수준 향상으로 가속화되는 도시화 역시 물 수요를 증가시킨다.

국내외 주요 전문기관이 예측한 미래의 메가트렌드는 인구구조 및 사회 환경 변화, 과학기술 발전, 기술 융·복합, 글로벌 경제사회, 지구온난화 및 기후변화, 에너지 자원 부족, 안보 및 안전 등 7개 분야로 압축된다. 이러한 메가트렌드는 물 환경의 변화를 가져오며 이에 적응하는 기술 개발 및 향상이 불가피하다.

특히 우리나라는 삶의 질 향상을 위한 환경 개선 욕구 증대와 도시화 현상 지속, 남북관계 불확실성 등으로 미래의 물 관리 환경을 더욱 예측하기 어렵다. 이 때문에 적용 가능한 미래 물 관리기술 확보와 적정한 실행이 매우 중요하다.

물 순환 전 과정에서 다양한 기술 필요

물은 강수降水 → 하천河 또는 지하수 → 상수도 → 하수도 → 재이용 → 바다 → 증발 과정으로 순환하므로, 물 관리는 '물 순환Water Cycle' 과정의 전체 영역에서 지상, 지하, 하늘, 바다와 관련한 모든 기술과 연계돼 있다.

예를 들어 홍수를 방지하려면 향후 강수량이 어느 정도일지 예측해 미리 댐을 비워놓았다가 집중호우가 올 때 이를 저장해야 한다. 그런데 강수량을 알려면 기상 상황을 예측해야 한다. 이를 위해서는 인공위성을 이용해 시시각각 변하는 구름의 분포나 이동 패턴, 해양의 변화 등 정보를 취득하고 의사결정을 할 수 있는 기술력이 필요하다. 아울러 대규모 댐을 건설하려면 넓은 지역에 걸쳐 기반을 다져야 한다.

지하에 매장된 골동품이나 저수지에 수장된 역사 현장을 발굴해 보존하거나 이동시키는 기술 역시 물 관리와 연결돼 있다. 또한 깨끗하고 위생적이며 안전한 물을 공급하는 데는 화학·생물학·보건학적 과학기술이 필요하다. 그뿐 아니라 물 관련 인프라 구축을 위한 토목, 환경, 기계, 전기, 전자, 통신, 시스템 등 기술 전 분야가 물 관리와 연계돼 있다. 기상 정보를 얻고자 위성을 활용하거나 심지어 인공강우를 만드는 데 군사학 기술까지 이용된다는 점에서 물 관리는 기술의 모든 영역과 직·간접적으로 연결돼 있다고 할 수 있다.

물 확보에서 물 경작으로 바뀌어야

미래에 예상되는 물 환경으로는 기후변화를 들 수 있다. 아울러 도시화의 가속으로 재해에 취약해지기 때문에 상하수도시설 등 물 관련 인프라를 추가로 구축해야 한다. 우리나라는 향후 남북통일과 연계돼 발생할 수 있는 변화가 물 환경의 주요 변수가 될 수 있다. 또한 노령화와 인구 감소 및 농업의 둔화 등 농업 여건의 변화로 기존 수도시설이나 물

관리시설을 효율적으로 재정비하는 것도 미래 물 환경에 속한다.

　물 환경을 자연 상태로 복원하고자 하는 요구가 증가하면서 댐, 저수지 등 노후화된 수리水理 구조물을 재개발하거나 불필요한 시설을 해체해야 하는 상황도 벌어진다. 미래는 각 분야의 기술이 첨단화되고 융·복합되지만 물은 대체재가 없다는 점에서 깨끗하고 풍족하며 안전한 물 관리에 대한 요구는 여전하다.

　미래 물 관리 방향은 **첫째**, 기후변화에 대응하는 것이다. 기후변화로 인한 홍수 및 가뭄 증가, 지표의 건조화로 인한 하천 건천화와 이에 따른 생태계의 불균형, 생활수준 향상으로 인한 물 소비 증가 및 각종 쓰레기 처리시설 확충 등 물 오염 요소들의 지속적인 확대 등도 예상된다. 물의 양적 문제를 해결하기 위한 물 그릇 확보나 지하수의 지속성을 위한 지하수 충전, 그리고 인공강우 같은 대체 수자원도 개발해야 한다.

　둘째, 물 순환 전 과정을 관리하는 '통합물관리Integrated Water Resources Management·IWRM'가 불가피하다. 통합물관리란 물이 빗물 같은 강수 형태로 떨어지는 순간부터 증발돼 하늘로 올라갈 때까지의 '물 순환' 전 과정에 걸쳐 모든 지표수와 지하수를 실시간으로 모니터링, 분석, 제어할 수 있는 일관되고 체계적인 물 관리 기법을 말한다. 과거에는 어려웠던 통합물관리가 가능해진 것은 정보통신기술ICT의 발전 덕분이다. 인공위성을 이용한 물 기상정보, 모니터링과 감시제어, 지하수 분포 등에 대한 정보는 지속가능한 최적의 물 관리를 지향하게 한다.

　　셋째, 도시화 확장에 따라 물과 도시계획을 연계해야 한다. 근본적으로 물이 없는 도시가 기능을 확장하려면 물을 멀리서 끌어다 쓰고 오염된 하·오수를 처리해야 하는 한계가 있다. 스마트한 도시 기능을 위해 상하수도시설 등 물 관련 시설물의 지하화도 필요하다.

　　넷째, 물 재해로부터 안전한 사회를 유지하기 위한 다양한 정책이 마련돼야 한다. 댐, 저수지 같은 수자원시설과 상하수도시설의 통합 및 복합 기능화도 물 재해관리와 관련된다.

　　다섯째, 인류가 직면한 3대 위기가 물, 에너지, 식량이라는 점에서 미래에는 이들의 상호관계를 고려한 물 관리가 이루어져야 하며 다양한 과학기술을 융합한 새로운 물 관리 패러다임이 요구된다. 또한 단순한 물 공급을 넘어 인체에 건강한 물 공급에 대한 요구가 점차 증가하고 있다는 점에서 의료, 보건, 식품 요소가 포함된 영역에의 접목도 미래의 물 관리 방향의 한 축이다.

　　마지막으로, 시설별 분산관리에서 종합관리 개념의 '통합 물 문제 해결' 방식이 필요하다. 물과 관련된 산업의 트렌드는 한정된 물을 효율적으로 활용하기 위해 중앙집중형의 '물 확보^{Water Hunting}'에서 물 이용의 다원화 등 '물 경작Water Cultivation'으로 변화되며 수자원, 상수, 하수, 지하수, 폐수 등을 각각 관리하는 분절적인 관리 개념에서 탈피해야 하는 것이다.

　또한 기술의 급속한 발달과 빅데이터 및 융·복합기술이 대두되면서 미래도시는 교통, 문화, 물 공급, 재해 안전, 에너지, 대기 등 다양한 인프라가 융합되고 최적화된 스마트 시티Smart City로 변화될 전망이다. 기존 물 관리에서 벗어나 IT, GIS지리정보시스템, 수문, 기상, 환경, 나노 융·복합기술을 기반으로 하천유역 및 물 확보, 처리, 공급, 배분, 관리 등 물 순환 전 과정을 통합 관리하는 지능형 물 관리를 지향하게 된다. 특히 기업들이 제조업과 ICT를 융합해 작업 경쟁력을 높이는 4차 산업혁명으로 물 관리 패러다임의 변화가 불가피하다. 물 관리에서 물의 생산과 공급보다 소비와 분배가 궁극적인 현안인 것이다.

인류 최고의 리스크가 된 물

세계경제포럼World Economic Forum·다보스포럼은 물과 관련된 3개의 어젠다개발도상국의 환경오염, 심각한 기후변화 및 물 부족 심화를 글로벌 10대 어젠다에 포함시켰으며, '글로벌 리스크Global Risks 2015'는 영향력을 기준으로 물 위기를 가장 큰 리스크로 선정했다.

　이와 관련한 물 관련 미래 전망과 물 관리기술 키워드를 도출해보면 다음과 같다. 기후변화 대응 및 적응을 위한 물 관련 기술, 도시의 건전한 물 순환 및 지속가능한 에너지체계 구축, 도시 홍수 저감, 3D 프린팅을 이용한 물 관련 설비 제조, 스마트 기반의 물 관련 기술 융합, 빅데이터 기술의 물 관리 연계, 고도 정수처리의 막膜·Membrane 소재 개발이다.

　또 인공지능AI을 활용한 물 관리 의사결정, 해양 개발 및 이용, 녹조 등 조류藻類 저감 및 바이오 에너지원으로 전환, 저수지 등 수상水上을 이용한 태양광 발전, 물 관련 시설의 에너지 최적화, 상하수도시설 등 물 관련 시설의 지하화 및 집적화, 통합물관리, 지하수 거동擧動 분석 및 지하 탐사, 인공강우·댐 등 수리시설물의 노후화에 따른 해체 및 재개발, 사물인터넷IoT 등 사이버 물리 시스템Cyber Physical System을 이용한 최적화된 물 관리기술 등이다.

해양심층수 개발과 연관 기술의 발달

　해양심층수는 태양광이 도달하지 않는 수심 200m 이하의 심해에 위치한 바닷물이다. 해양심층수는 저온성, 청정성, 부영양성, 숙성성, 안정성 등의 자원적 특성을 갖고 있어 의료, 미용, 보건, 식용, 희소물질 등 다양한 산업 분야에서 활용이 기대된다. 우리나라 동해안은 수심이 깊고, 오호츠크해의 차가운 해수가 유입되며, 동해 내부의 고유수固有水가 순환하고 있어 해양심층수 개발의 적지로 분류된다.

　해양심층수 자원을 산업적으로 이용하려면 물 처리와 관련된 고도의 핵심부품 및 시스템 개발 기술이 필요하다. 해양심층수 개발 연관기술로는 해양심층에 CO_2를 포집捕集해 분리·저장하는 것으로 오랫동안 대기와 격리하는 CO_2 포집·분리·저장기술이 있다. 특히 수심 3000m

이하 심해나 수백m 퇴사층에 CO_2를 저장하는 것이 안전하다는 측면에서 관심을 모으고 있다. CO_2 포집·분리·저장기술은 단순히 CO_2 포집·저장이라는 목적을 넘어 해양심층수 개발이나 해양광물 채취라는 목적과 연계될 때 시너지를 얻을 수 있다는 점에서 일본, 영국을 비롯한 선진국이 관심을 기울이고 있다.

정보통신기술과 융합하는 스마트 워터 그리드

물의 생산-공급-소비 전 과정을 ICT와 융합하는 '스마트 워터 그리드Smart Water Grid·SWG'는 스마트 시티 건설에 필수불가결한 요소다. SWG는 '통합물관리'와 연계해 실행되는데 '통합물관리'를 실현하기 위한 기초 인프라다. SWG는 <u>첫째,</u> 시·공간적으로 물을 안정적으로 확보·분배하는 기술, <u>둘째,</u> 지역 간 물 수지水支 평가와 관리기술, <u>셋째,</u> 양방향 및 실시간 최적 운영기술을 확보하고 '통합물관리' 기술을 구현하는 정보통신 융합기술로 구분할 수 있다.

이러한 기술은 물 플랫폼Water Platform을 활용한 저에너지 고효율, 대체 수자원 확보기술, 스마트 조합공정 운영 및 의사결정 시스템, 멀티루프Multi-loop 물 배분·공급 및 제어기술, 물 수급 자동화 설계 및 운영기술, 특정 수질항목 인지 센서 개발기술 및 지능형 검침 인프라 구축기술 등으로 세분화할 수 있다.

위성 이용한 물 관리

최근 물 관련 재해로 인한 피해도 점차 대형화되고 광범위해지면서 이러한 재해를 신속·정확하게 파악하는 데 위성이 활용되고 있다. 미국, 유럽 등 선진국에서는 이미 위성을 토대로 영상자료와 모델링을 직접 연계해 물 관리에 활용하고 있으며, 수자원 환경 및 기상연구, 각종 재난 등에도 대응하고 있다. 선진국은 정지궤도와 저궤도 기상위성을 상호보완적으로 동시 운영하고 있으며, 예보 적중률 향상과 기후변화 감시 능력 강화를 위해 수자원 전용 위성까지 개발해 활용 중이다.

우리나라에서도 홍수, 가뭄 같은 물 관련 재해가 심각해지면서 현재 물 자원 및 물 재해 감시 목적의 수자원위성 개발을 통한 광역 관측 시스템 구축을 추진하고 있다. 수자원위성은 수문*¤ 순환, 토양 수분, 지하수 변동, 저수용량, 식생지수, 증·발산량 등 물 관리에 필요한 수자원 기초 자료 및 수문인자를 관측하고 산출하는 센서를 탑재한 위성이다. 우선적으로 물 관리에 필요한 수문인자와 관련 정보를 제공하려면 홍수, 가뭄 등을 집중 감시할 수 있는 탑재체 개발이 선행돼야 하며 이후 고정밀 기후변화 모니터링, 지표수위 등 수자원 변동 관측이 가능한 탑재체 개발이 추가돼야 한다.

물 관리 정보는 지상과 공간뿐 아니라 지하의 물 환경에 대한 탐사 정보도 포함된다. 결국 미래의 물 관리는 수자원위성을 활용해 자연재해를 예측하고 피해를 줄일 수 있는데, 이는 결과적으로 위성 관련 분야의 기술 발달을 향상시킨다.

해수담수화 및 희소금속 회수기술

해수담수화는 생활용수나 공업용수로 직접 이용하기 곤란한 바닷물에서 염분을 포함한 유기물 같은 용존물질을 제거해 음용수나 생활용수 등을 얻어내는 일련의 과정이다. 현재 해수담수화기술은 열원熱源으로 바닷물을 가열한 뒤 발생한 증기를 응축해 담수를 얻는 '증발법'과, 삼투滲透현상을 역逆으로 이용해 바닷물을 반투과성 분리막으로 통과시켜 담수를 얻는 '역삼투압법'에 의존하고 있다.

그러나 이들 해수담수화 공정은 많은 양의 에너지가 필요하며 전처리공정이 반드시 필요하다. 따라서 에너지 소비량이 적은 전기적 흡착기술(축전식 탈염기술로 기존의 흡착과 이온교환 기구에 전기적인 구동력이 부가된 기술)이 미래의 담수화기술로 기대되는데, 부가기술인 전기화학적으로 안정된 탄소전극 개발 기술의 상용화 정도는 미래 담수화 공정의 핵심 요소가 될 것이다.

아울러 해수담수화기술은 해수담수화 과정에서 발생하는 농축수濃縮*로부터 리튬Li, 스트론튬Sr, 루비듐Rb, 세슘Cs, 우라늄U 등 희소금속을 회수하는 기술과도 연계된다. 희소금속은 미래 성장동력이다. 이 때문에 전 세계적으로 희소금속 확보에 사활을 걸고 있다는 점에서 의미 있는 기술이다. 아울러 농축수에 용해된 희소금속을 회수하면 농축수의 해양 방류에 따른 환경오염을 줄일 수 있다는 점에서 해수담수화 공정의 경제성을 향상시킬 수 있다.

지하탐사 및 지하수 거동 분석기술

민물의 대부분이 지하에 부존돼 있고 수맥을 따라 흐르지만 지하에서 일어나고 있는 자연현상에 대한 과학적 지식과 기술 부족으로 특히 지하 깊숙이 있는 대수층帶水層의 움직임이나 분포 상태 등 지하수의 거동을 정확히 파악하기 어렵다. 이로 인해 가뭄 때 지하수를 활용하는 것이 쉽지 않다. 현재 전자파에 의존하는 지하탐사기술은 수많은 간섭물전선, 가스관, 상하수도관 등 때문에 유효한 데이터를 얻는 데 애로가 있어 탐사신호를 제대로 처리하기 어렵다. 이로 인해 지하수의 분포나 움직임을 정확히 판단하기 힘들어 결과적으로 지하수 자원을 효율적으로 이용하지 못하고 있다.

더구나 싱크홀Sink Hole의 주요 원인 중 하나인 상하수도관 파손이나 이격離隔·사이가 갈라짐으로 인한 누수 등 관 주변의 토사가 유실되면 집합건물 주변에 동공洞空이 생기면서 대규모 재난사고로 이어질 수 있다. 따라서 지하 매설물과 지하 구조의 안전성을 확보하는 데도 이 기술은 매우 유용하다. 아울러 지하 탐사기술이나 지하수 거동 분석기술은 더욱 효율적으로 지하 구조물을 설치할 수 있게 한다.

하수도망 등 지하 구조물 설치 효율화기술

미래의 물 환경은 지상에서 지하로의 대전환을 앞두고 있다. 최근 각 지방자치단체에서 물 재생공장하수처리장이나 홍수 방지를 위한 대규모 저류지의 지하화를 시도하고 있으며, 가압장이나 정수장 같은 상수도시설의 상당 부분이 지하에 설치되고 지상은 다른 용도의 공간으로 활용하는 사례가 증가하고 있다. 이와 관련한 지하 시설물은 규모가 작아야 하며 에너지 사용도 최적화돼야 한다.

쾌적한 환경과 에너지의 최적화를 지향하는 스마트 시티를 건설하려면 물 환경이 건전하고 상하수도의 조화로운 계획이 가장 중요하다. 환경적으로 건전한 하·오수 처리가 요구되며 특히 물 환경을 저해하는 주요 요소인 음식물의 지속가능한 처리를 위한 체계적인 인프라가 중요한데 이는 상하수도망과 깊이 연계돼 있다. 미래에는 주방에서 디스포저Disposer로 음식물 잔반을 분쇄하고 하수도관은 하·오수뿐 아니라 음식 폐기물까지 전달하고 처리하는 역할을 하게 된다. 현재의 좁고 합류식으로 설치된 하·오수관은 미래에는 분류식의 대구경 하·오수관으로 바뀔 것이다.

이렇게 되면 외국처럼 빗물을 배제하는 기능을 하면서 음식 폐기물을 처리하는 다목적 하수도관이 일반화될 것이다. 이를 위해선 지하 깊은 곳에 관을 설치하는 대신도 터널이 불가피하며, 이는 터널 기술 관련 시장의 확장에 기여할 수 있다. 특히 환경 훼손을 최소화하면서 필요한 물이나 하·오수, 분쇄물의 이동을 위해서는 기존 도수로導水路 건설방식이 터널공법 위주로 전환될 수 있다.

지능형 상하수도관 개발기술

인공지능과 사물인터넷을 탑재한 스마트 수도관Smart Water Pipe도 미래에 선보일 주요 물 관리기술이다. 스마트 수도관은 지능형 수도관으로 관로의 노후^{老朽} 정도, 관에 가해지는 수압이나 관에 흐르는 물의 양, 수질 등 실시간으로 측정한 정보를 전송해 관로 사고를 미연에 방지하고 안정적인 물 공급 및 수질관리를 할 수 있도록 한다. 지능형 수도관은 실시간으로 물의 물리적 흐름에 대한 정보를 제공하고 최적의 에너지 효율을 높인 물 관리가 가능토록 하는 데 기여한다.

아울러 관에 흐르는 물의 질을 실시간으로 파악해 수질 향상을 위한 추가 조치를 할 수 있다. 특히 지능형 수도관은 단수나 사고를 예방하는 데도 큰 역할을 하는데, 대부분 도로 밑에 설치된 관로管路가 차량통행이나 굴착공사 등 외부 충격으로 파손되는 것을 사전에 인지할 수 있도록 관 상태에 대한 정보를 제공하며, 이로 인해 노후관을 적기에 교체할 수 있도록 한다. 지능형 수도관은 '스마트 워터 그리드'와 '통합물관리'를 촉진하는 매개체로 미래 물 관리를 실질적으로 체험할 수 있는 기술의 결과물이 될 것이다.

미래 물 관리는 정책과 기술의 조화가 핵심

미래의 물 환경은 인구변화, 도시화, 기후변화, 생활패턴 변화, 재난, 기술 발전, 글로벌 체제 등 다양한 요소와 연계돼 있다. 물 관리는 인간과 환경의 조화를 찾으면서 지속가능해야 한다. 물 관련 각 부문과 연계된 수많은 과학기술이 접목돼 사용되고 있으며 다른 분야의 과학기술 발전은 그 자체로 물 분야의 기술 발전과 궤를 같이한다.

물 분야는 다른 분야와 상호 연계돼야 한다. 즉 물 문제는 식량 문제이고 에너지 문제다. 국민의 건강과도 직결되며 도시든 농어촌이든 우리의 일상생활과 밀접하게 관련돼 있다. 대부분 과학기술이 물 관리와 연계돼 있는 만큼 이러한 기술의 융합은 불가피하다. 아울러 미래의 우리나라 물 관리는 북한과의 협력 수준과도 연계돼 있다. 특히 한강유역의 절반가량이 북한 쪽에 위치해 있다는 것은 물 안보 측면에서 심각한 위험요소다.

미래기술이 혁신적이고 뛰어나다 해도 적정기술이 되려면 경제성이나 지속성이 필요하고 관련 기술 생태계가 잘 갖춰져야 하며, 기술 이외의 정책과 조화롭게 융합해야 한다. 아무리 맛있는 재료로 음식을 만들었다 해도 간을 맞춰야 비로소 맛을 낼 수 있는 것처럼 말이다.

기후변화 등 미래 물 환경 변화에 대응하고 적정한 미래 물 관리기술을 확보하려면 수자원 분야와 상하수도 분야의 통합, 수량과 수질관리의 통합, 생활용수와 농업용수를 포괄하는 관리 등 통합관리 정책과 통합기술이 요구된다. 미래 물 관리기술은 지상, 지하, 공간, 도시, 에너지, 재해, 환경, 양과 질, 안보 등 많은 분야를 포괄하면서 물 분야에 적용되는 융합적 기술이라는 점에서 통섭Consilience을 통한 학제 간 융·복합 등 다양한 지식의 결합으로 발전돼야 한다.

물 관리에는 기술적 요소 외에 감성·심리적 요소도 포함하고 있어

과학기술과 인문학의 조화가 불가피하다. 비록 과학·기술적으로는 안전한 물이라 할지라도 물 환경에 부조화가 있거나 위생적이지 않다면 심리적으로 불안하기 때문에 주변 물 환경의 안전성을 확보하도록 노력해야 한다. 물 환경과 관련한 정부 정책이나 제도 등에 대한 체계적 정비도 필요하고 올바른 물 교육도 이루어져야 기술 발전과 병행할 수 있다. 왜냐하면 물 환경에 대한 오해는 비효율적이며 적용하기 어려운 기술과 결과를 낳을 수 있기 때문이다.

권형준

충남대 경제학과를 졸업하고 영국 브래드퍼드대에서 자원환경경제학 박사학위를 받았다. 1987년부터 한국수자원공사ᴷ⁻ʷᵃᵗᵉʳ에 근무하면서 주로 물 가격·물 산업 등 물 정책 수립 및 기획, 물 정책경제 연구, 물 교육업무 등에 종사했고 현재는 고양, 김포, 파주지역의 물 공급업무를 총괄하고 있다. 대외적으로는 대통령 직속 지속가능발전위원회 전문위원, 국회 입법조사지원 위원, 국회 환경포럼 자문위원, 충남대 경제학과 겸임교수 등을 역임했다. 물과 관련된 기술정책에 대한 이해가 깊은 물 정책 전문가로 현재 자원경제학회, 환경정책학회, 환경경제학회 이사 등으로 활동하고 있다. 주요 저서로는 한국의 물 정책을 소개하는 「Water Resources Management」ᵀʰᵉ ᴾʳⁱᵐᵉʳ ᵒⁿ ᴷᵒʳᵉᵃⁿ ᴾˡᵃⁿⁿⁱⁿᵍ ᵃⁿᵈ ᴾᵒˡⁱᶜʸ 국토연구원가 있으며 『물 수요 예측』 공동번역 및 다수의 국가 연구과제에 참여했다.

"좋은 날에만 걷는다면
목적지까지 도달하지
못할 것이다."

_파울로 코엘료(브라질 출신의 세계적 작가)

2.3

재난복원력이 높은 사회

윤윤진 한국과학기술원 건설 및 환경공학과 조교수

재난에 복습이 필요한 이유

"예습할 수 없다면 복습이라도 해라." 학창 시절 선생님께 한 번쯤 들어봤음 직한 충고일 것이다. 이상적인 공부 습관이라 함은 예습을 통해 앞으로 배울 내용을 미리 읽어보고, 학습 범위의 주제와 개인적인 착안점이나 질문사항 등을 숙지해 수업에 임하며, 수업 후에는 그날 배운 내용을 복습하는 것이겠지만, 말처럼 실행하는 학생은 많지 않다. 그래서 선생님들은 이런 이야기도 한다.

"틀린 문제만이라도 답을 확인해 나중에 같은 문제를 두 번 틀리지 않도록 해라." 학습 경험이 있는 사람이라면 누구나 공감할 만한 이런 충고를 뒤집어 생각해보면 많은 학생이 제때 예습과 복습을 하지 않으며, 시험에서 한 번 틀린 문제를 반복적으로 틀리기도 한다는 것을 알 수 있다. 우리가 초·중·고교를 거쳐 고등교육을 받는 기간 공들였던 학습

주제가 국가의 '안전'이나 '재난'이라고 가정해보자. 우리 각자는, 우리 기관은, 또 우리나라는 어떤 학생일까.

　우리나라는 재난의 유형을 크게 자연재난인 재해, 인적 재난인 사고, 특수재난을 포함한 사회적 재난 이렇게 3가지로 구분하고 있다.[1] 재난 관리는 재난 발생 이전의 위험관리와 재난 이후의 위기관리 단계로 나눌 수 있다.〈그림1〉

　위험관리는 경감조치 및 예방, 재난 대비, 발생 예측 및 조기 경보를 포함한다. 이는 사전적이고 예측적인 리스크 관리 및 안전보증 활동을 실시하는 것으로, 재난의 위해요소를 발굴하고 관리하는 것을 기반으로 한다. 우리나라를 비롯해 미국, 일본 등 다수 국가에서 홍수, 태풍, 지진 등 주기적이고 반복적으로 나타나는 자연재해를 중심으로 이러한 위기관리 관련 기술·정책적 논의가 활발히 진행되고 있다. 사실 위험관리의 궁극적 목적은 사전적 예방 활동으로 재난 발생 시 피해와 복구의 시간과 비용을 최소화하는 데 있다.

　재난이 발생한 이후의 활동을 포괄하는 위기관리는 피해도 산정, 대응, 복구, 재건의 단계를 포함하며 사후 대응 및 복구 활동을 통해 빠른 시일 안에 재건의 기반을 마련하는 것을 목적으로 한다.

　국가 재난관리의 기본 틀은 국가기반시설을 중심으로 수행된다. 미

---

1) 재난 및 안전관리기본법, 2014년 12월

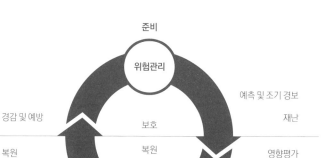

그림1_ 재난관리의 2단계

국의 경우 9·11테러 이후 화학, 통신, 댐, 응급서비스, 금융, 정부시설,
정보기술, 원자력, 수자원, 의료, 농식품, 에너지, 국방 산업, 주요 제조
업, 상업시설, 교통을 포함하는 16개의 사회 기반 인프라를 지정하고 있
다. 미국 국토안보부에 따르면 이러한 사회 기반 인프라는 자국의 경제,
보안 및 안전, 보건의 근간이 되는 것으로 자국민의 일상 활동에 필수적
인 서비스를 제공하는 것이라고 정의하고 있다.

　일반적으로 재난 복원력이 높은 사회란 재난이 발생하고 난 후 정상
상태로 복귀하는 데 걸리는 시간과 자원, 즉 위기관리에 소요되는 비용
이 적은 사회다. 긴밀하고 민첩한 의사결정 및 행동이 요구되는 위기관

리 단계와 달리 항시적이고 지속적인 투자와 노력이 필요한 것이 위험
관리다.

　　국가나 조직이 재난 또는 큰 사고를 경험한 후 흔히 거론되는 것 중
하나가 '안전관리 시스템'이 미비하다거나 제 기능을 하지 못한다는 지
적이다. 안전관리 시스템Safety Management System·SMS은 위험관리의 근간이 되
는 체계로 경영학에 뿌리를 두고 있으며, 최근 들어서도 '통합 안전관리
Total Safety Management', 전체론적 위험관리Holistic Risk Management' 등과 같이 방법
론과 적용에 관한 활발한 논의가 계속되고 있다.

안전관리의 시작은 고신뢰 조직 구축

　　안전관리는 크게 개별기관에 관한 안전관리와 국가의 안전관리로
구분해 생각할 수 있다. 병원, 은행, 항공사, 철도, 원자력발전소, 화학
공장 등 국가기반시설 기관의 공통적인 특성 중 하나는 고신뢰 조직High
Reliability Organization·HRO이라는 점이다. HRO의 정의는 비교적 합의된 사항
으로 ①전반적으로 에러 없는 운영을 ②장기간 지속적으로 유지하기 위
해 ③투명하고 효과적인 의사결정에 기반한 ④고품질, 고신뢰 경영이
가능한 조직을 일컫는다.

　　HRO가 다소 추상적으로 느껴진다면 HRO가 아닌 조직, 즉 비HRO
의 특성을 이해하면 도움이 될 것이다. 비HRO는 ①성공에만 집착하며
②조직 전반의 상황 인지에 관한 인프라가 부족하고 ③실수나 실패에
대해 개별 사건 또는 개인 단위 처리로 사건을 마무리하고 ④다양성을

지양하고 일률적인 조직문화를 선호하며 ⑤정보나 소통이 차단·필터링 되고 ⑥조기 경보를 무시하는 기관이다. 이러한 비HRO는 회의나 모임을 많이 하지만 정상적이고 효율적인 문제 해결을 하지 못하고, 반복적으로 그저 그런 결정을 내리며, 수정되거나 중단돼야 할 업무행태를 지속하는 특성이 있다.

그렇다면 HRO는 어떤 원칙을 고려해야 할까. 이에 대해 다음 5원칙이 통용된다. HRO는 ①사소한 실수와 비정상적 사건을 꾸준히 관찰, 추적하며 ②지나친 업무 간소화·효율화를 지양하고 ③조직 활동에 대해 항시적으로 인지하며 ④탄력회복 능력을 유지하고 ⑤직급이 아닌 전문성에 근거한 의사결정을 지향한다. 이 가운데 ①, ②, ③ 항목은 대비 Anticipation로 위험관리에, ④, ⑤ 항목은 대응Containment으로 위기관리에 해당한다.

5원칙의 성격에서도 추론할 수 있듯 HRO는 일회성의 변화나 투자로 실현되는 것이 아니며, 조직경영의 일부로 정착시키기까지 지속적으로 노력해야 한다. 또한 성공적인 HRO는 절대적인 사고율이나 안전수치를 관리하는 것에서 벗어나 조직 활동과 연계된 다양한 절차에 주목할 필요가 있다. 특히 HRO의 경영진은 돌발상황에 대한 효율적 대응, 위기상황에 대한 대비, 안전문화, 항상 깨어 있는 리더십, 훈련과 교육에 대한 투자 등을 항시적으로 인지할 필요가 있다.

안전관리 시스템의 4가지 요소

대표적 HRO인 항공 분야의 경우 항공사고가 미치는 인명, 사회, 물질적 파급효과를 반영하듯 이미 1990년부터 이에 관한 논의가 유럽과 미국을 중심으로 시작됐다. 2013년 국제민간항공기구International Civil Aviation Organization·ICAO에서 19번째 부속서 '안전관리Safety Management'를 도입하고 우리나라를 포함한 전 세계 체약국조약의 발효 여부에 관계 없이 조약의 구속을 받기로 동의한 국가에 SMS 도입을 의무화하고 있다. 해당 부속서에 따르면 SMS는 필요한 조직구조, 책임, 정책 및 절차를 포함해 안전관리에 대한 체계적인 접근법이라 정의된다.

그림2_ **SMS의 4가지 주요 요소**

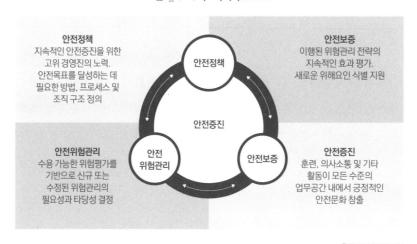

출처 미국 연방항공청

SMS에는 4가지 주요 요소와 12가지 구성 요소가 있다. 안전정책 및 목적, 안전위험관리, 안전보증, 안전증진 4가지 주요 요소와 각 구성 요소별 하위 요소는 〈그림2〉와 같다.

SMS의 4가지 주요 요소의 특징은 다음과 같다.

① **안전정책 및 목적**Safety Policy and Objective 해당 조직이나 국가 의사결정자의 안전 철학과 목표를 명기하고 이를 달성하기 위한 책임자 지정, 구현 방법 등을 구체화하는 것이다.

② **안전위험관리**Safety Risk Management 위험요소에 해당하는 위해요인을 식별하고 체계화하며 이를 활용해 위험을 산정, 평가하고 위험도에 따른 후속조치를 하는 것이다.

③ **안전보증**Safety Assurance 영문화권적인 개념으로 굳이 직역하자면 안심할 수 있는 상태를 지향하는 것이다. 이는 보증Assurance이라는 말이 안전에 관련한 위험이 제거되거나 충분히 저하돼 안심할 수 있는 상태를 의미하는 것과 일맥상통하며 지속적인 모니터링과 위해요인을 찾아내 안전한 상태를 유지하는 것이다.

④ **안전증진**Safety Promotion 안전에 관한 효과적인 소통, 지속적인 교육

등의 활동으로 안전문화Safety Culture를 도모하는 것이다.

예방에서 한 발 더 나아간 사고예측

SMS의 4개 주요 요소 중 가장 핵심이 되는 분야가 안전위험관리SRM 다. SMS의 성숙도 또는 선진화 정도는 SRM의 성숙도와 직결된다. 이는 SMS가 일어난 사고에 대한 조사 중심의 사후적 단계에서 사고를 사전 예방하는 사전적 단계를 거쳐 궁극적으로 사고를 미리 예측하는 단계로 진화하는 것이 SRM의 진화 단계와 일치하기 때문이다.

SRM 분야는 기존 시스템 안전과 시스템 엔지니어링에서 범용적으로 사용되는 5MMan·Machine·Medium·Mission·Management 모델, 흐름도, 사례 기반 추론, 공통요소 분석, 계층적 과업 분석, 논리도 해석, 결함수 해석, 확률적 위험 분석, 전문가 설문 등의 기법이 해당 조직에 특성화된 지식이나 시스템 평가도구 등과 같이 사용돼왔으나, 최근 들어서는 선제·예측적 안전관리를 위해 광범위한 데이터 소스를 활용한 데이터 기반 위험관리 Data-driven Risk Management의 중요성이 높아지고 있다.

미국 연방항공청은 2007년 정부와 산업체 협력 이니셔티브인 항공안전 정보 분석 및 공유Aviation Safety Information Analysis and Sharing·ASIAS를 도입해 2015년 185개 데이터베이스에서 통합적으로 데이터를 수집해 리스크 감지, 분석 및 관리를 하고 있다. 이는 전 세계 항공교통량 1위인 미국 상업항공의 약 99%를 포함하는 거대 데이터다.

ASIAS는 항공사고, 준사고 등 안전과 직접 연관된 데이터를 포함해 항공관제, 기상, 항공기 성능, 공항별 운항성능 데이터 등 시스템 운영에 관한 다양한 데이터베이스를 포함하고 있다. 그뿐 아니라 개별 운항 편당 출발에서 도착까지의 모든 단계를 기록해 흔히 블랙박스로 불리는 비행 데이터 기록장치Flight Data Recorder·FDR의 데이터는 물론, 안전 자율 보고 데이터 등 개별 항공사와 파일럿 및 종사자들의 정보도 포함하고 있다.

이렇듯 광범위한 데이터 수집과 분석은 용어 정의나 문법 구성 외 크로스 플랫폼Cross-platform 데이터를 연결 통합하기 위한 기술 개발과 동반돼 과거 개별 사건·사고별 발생 요인 분석이나 조치 위주의 안전관리에서 벗어나 어떤 요인이 어떤 환경에서, 어떤 방식으로 어떤 사건·사고를 유발하는지 재구성하는 스토리텔링 방식의 위험평가를 가능케 했다.

이러한 변화는 사건·사고 원인을 조사해 원인 제공자를 밝히는 데 주력하는 원시적 안전관리가 아니라, 안전을 위협하는 상황에 대해 인간이 가장 이해하기 쉬운 형태의 '안전지식Safety Knowledge'을 생성해 위험 저감과 예방이라는 목적을 실현하는 것이다. 또한 데이터를 기반으로 생성된 개별 조직의 안전지식과 위험평가 결과는 국가의 안전관리에 직접적으로 반영돼 국가 차원의 안전 및 재난관리에 정량적이고 과학적인 근거를 제공한다.

기술적으로 이러한 거대 안전 데이터의 통합 분석은 다양한 통계모델 및 학습이론 기법이나, 전문가 의견 조사 등 시스템 엔지니어링 기법을 비롯해 공간정보 및 시뮬레이션 등 다양한 기법이 복합적으로 적용되는 4차 산업혁명 연구개발 분야다. 특히 민간항공국의 경우 안전정책 및 의사결정을 다각적 데이터의 복합적이고 상시적인 분석을 통해 도출 하는 데이터 기반 의사결정을 항공 분야 안전관리의 필수사항으로 규정 하고 있다. ⟨그림3⟩

그림3_ 안전 데이터·정보 사이클

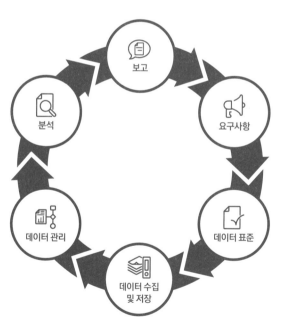

출처 국제민간항공기구

  필자도 지난 4년 동안 관련 연구를 진행하며 매트릭스 기반의 확률적 위험평가 모델을 개발해 미국, 유럽 등 항공 선진국에 소개했다. 또 ICAO 안전관리패널Safety Management Panel의 자문역으로 활동하며 안전관리 분야의 국제 논의에도 적극적으로 참여하고 있다.

  눈부신 발전을 거듭하고 있는 데이터 분석기술이나 전산처리 능력을 고려하면 금방 해결될 것 같은 위험관리 분야가 아직도 많은 어려움과 풀어야 할 숙제를 안고 있고, 이에 관해 전 세계가 고민하고 있다는 것이 의외일 수도 있다.

  이것은 SMS가 기존 원자력발전소나 화학공장 등 체계가 비교적 명확해 시스템 분석을 통한 위험분석 및 관리가 가능하던 단계에서 벗어나 교통, 행정부, 도시, 국가 등의 조직에 적용되면서 관련 이론이 매우 복합적이고 유기적인 특성을 띠게 된 것이 주요 원인이다. 이러한 변화는 실제로 복합적인 조직을 이해하고 분석, 관리하는 데 적합한 장점이 있는 반면, 이론의 범위와 내용이 방대하고 분야의 특성에 맞춰 전문화되는 성향을 띠면서 일반인이 쉽게 이해하거나 접근할 수 없다는 단점도 있다.

  이러한 어려움 속에서 종종 효과적인 SMS 구축 및 운영을 위해 빅데이터 분석이나 실시간 데이터 수집, 실시간 모니터링 등 단일기술의 필요성이 강조되는 것을 보게 된다. 이러한 기술들은 분명 안전한 미래로 나아가는 중요한 기술적 요소이나, 우리는 '어떻게How'에 앞서 '무엇What'에 관한 생각을 잊어서는 안 된다. 틀린 시험 문제를 어떻게 하면 다시 틀리지 않을지 고민하는 것은 그 문제를 '왜Why' 틀렸는지 명확하고 솔직하게 원인 분석을 할 때 의미 있는 것이다. 크고 작은 사건·사고 및 재난의 원인 분석, 상황 분석, 전개 과정별 또는 요소별 재현이나 추적이 부재한 상태에서는 가장 발전된 인공지능도 우리를 위험에서 보호해줄 수 없다.

안전에 대한 근본적인 고민은 복잡하지도 새롭지도 않다. 동일한 시험 문제를 반복해 틀리지 않으려면 단순히 정답을 아는 것이 아니라, 오답의 원인에 대한 솔직한 성찰과 해당 원인의 재발을 방지하기 위한 지속적인 관심, 학습 방법의 변화가 필요하다.

윤윤진

서울대 수학과를 졸업하고, 미국 스탠퍼드대에서 전산학 및 경영공학 복수 석사학위를 받았다. 졸업 후 실리콘밸리에서 일하는 동안 9·11테러를 겪으며 국가 재난과 항공교통에 관심을 갖게 돼 UC버클리에서 항공교통 박사학위를 받았다. 차세대 항공교통시스템 관련 NASA 연구개발에 참여했으며 현재 한구과학기술원KAIST 조교수로 재직 중이다. 국토교통부 미래기술위원회, 정책심의위원회, 중앙건설심의위원회 위원으로 활동 중이며, 유엔 산하 국제민간항공기구ICAO Safety Management Panel, Remote Piloted Aircraft Systems Panel의 National Advisor와 국제표준위원회ISO 무인기 SC 한국표준위원을 맡고 있다. 2014년 항공안전 및 교통 분야 연구개발 공로로 국토교통부 장관 표창을 받았다.

"패턴을 보는 데 익숙한
AI는 비정상 행동을
감시하는 사이버 보안에
적합한 기술이다."

_에릭 슈미트(구글 회장)

2.4

사이버 위협에 대비하는 신개념의 보안

조현숙 국가보안기술연구소^{NSR} 소장

정보통신기술의 두 얼굴

우리나라 국민은 언제 어디서나 마음껏 누리는 세계 최고 품질의 정보통신기술^{ICT} 덕분에 삶이 놀라울 정도로 편리해졌다. 직접 콘텐츠를 생산하지 않는 사회관계망 서비스, 택시 없는 택시회사, 부동산 없는 숙박업체……. 급속한 정보통신기술의 발달은 우리 일상 속으로 파고들어 삶을 편리하게 하면서 우리에게 장밋빛 미래가 담긴 청사진을 제시한다.

그러나 이러한 편리한 삶 이면에는 개인정보 유출, 해킹 및 기반시설 위협에 대한 우려라는 불안을 안고 있다. 안전이 담보되지 않는 편리함은 크나큰 위험을 초래할 수 있기 때문이다.

최근 워너크라이^{Wanna Cry} 랜섬웨어 공격으로 전 세계 150여 개국에서 20만여 건에 달하는 피해가 발생했다. 이후에도 끊임없이 랜섬웨어 변

종이 나타나 2차 피해를 입히는 등 불특정 다수의 실생활에 위험이 되고 있다.

　세계는 지금 사이버 전쟁 중이라 해도 과언이 아니다. 실제로 지난 미국 대선 과정에서 드러난 러시아의 해킹 개입 논란, 한국 내 사드 THAAD·고고도미사일방어체계 배치에 대한 중국의 반발이 사이버 공격으로 나타나고 있는 현실이 이를 말해준다. 또 북한이 우리나라의 주요 시설에 지속적으로 사이버 공격을 하고 있는 것을 볼 때 현재는 사이버전에 대비해야 하는 상황이라기보다 이미 치르고 있다고 할 수 있다.

편리함만큼이나 커진 사이버 안전의 위험성

　사람과 사람, 사람과 사물 간 연결이 확장되고 사이버 공간이 핵심적 삶의 영역으로 확대되는 초연결사회는 그 편리함만큼이나 사이버 안전의 위험성도 커진다. 사이버 공간의 주요 위협인 해킹 및 정보 유출로 인한 국가기반시설 마비 등 경제적 피해와 국가의 시스템 마비는 현실세계의 물리적 피해와는 비교할 수 없을 정도다. 해킹으로 인한 병원 시스템 마비와 오작동 등의 사례에서 볼 수 있듯 사이버 공격은 현실세계에서 인간의 생명까지 위협하고 있다.

　지금까지는 개인정보 유출과 보이스피싱, 컴퓨터 해킹, 이메일 바이러스 침투 같은 문제가 발생하면 마지못해 보안을 강화하는 '사후약방문' 식 대응이 이루어졌다. 사이버 침해 사고로 인한 경제적 피해 규모는 연간 3조6000억여 원으로 자연재해 피해액인 1조7000억여 원의 2배가 넘는다. 이렇듯 사이버 위협은 지능화되고 은밀화되면서 막대한 경제적 피해를 초래하고 있고, 2014년 한국수력원자력 해킹 사건처럼 국가기반시설까지 흔들어 사회적 혼란을 유발하며, 국민 생명과 국가안보에 직결되는 문제로 확대될 가능성이 높다. 사이버 보안이 국가 위기관리의 중요 현안으로 대두되는 이유가 여기에 있다. 국경이 없는 사이버 공간에서 누군지 알 수도 없는 다양한 주체가 개별 국가뿐 아니라 전 세계를 상대로 사이버 전쟁을 펼치고 있는 것이다.

사이버 공격기술과 방어기술은 창과 방패

2016년에는 북한이 외교·안보 주요 인사의 스마트폰을 해킹하고, 금융 보안망에 침투해 전산망을 장악하려 했으며, 수만 대의 좀비 PC를 통해 주요 기관에 대한 공격을 준비하려 했다는 사실이 밝혀지기도 했다. 이처럼 북한의 사이버 위협 급증은 대내외 사이버 안보체계의 강화를 강력히 요구하고 있다.

세계 각국도 사이버 안보 문제를 정상회담 차원에서 진지하게 논의하고 있다. 2015년 한·미 정상회담에서 청와대·백악관 사이버 안보 협력채널 마련, 위협에 대한 정보공유 강화, 침해사고에 대한 수사공조 강화, 군사 분야 사이버 협력 심화, 사이버 보안 연구개발과 교육 및 인력양성, 산업계 기술 교류에 관한 협력을 강화하는 구체적 방안이 마련됐다. 같은 해 미·중 정상회담에서도 상호 사이버 절도행위 금지, 수사 협조 및 정보 공유, 최신 수사 정보 공유, 국제 행위 규범 마련을 위한 양국 간 전문가 그룹 구성 등의 합의가 이루어졌다. 미·일 정상회담에서는 미·일 방위협력지침을 개정해 사이버 안보의 강화를 추진하고 있다.

그러나 보안이 강화될수록 사이버 공격의 질도 달라지고 있다. 애초 해킹은 초보 해커들이 호기심으로 불특정 대상에게서 약간의 금전적 이익을 노린 공격으로 출발했으나, 점차 사회 불만세력과 전문 해커에 의한 의도된 사이버 공격으로 변질됐다. 나아가 대규모 경제·정치적 이익을 위해 은밀하게 이루어지는 공격은 사이버테러 수준의 전략적 정보전쟁이라 할 수 있다.

공격의 목적과 강도가 달라지고 공격기술과 방어기술 또한 경쟁적으로 발전함에 따라 예방기술은 단순 방어에 머물지 않고 공격기술 수준으로 진화하고 있다. 사이버 공격이 국내외 경계 없이 동시다발적으로 발생하고 있지만, 이는 창과 방패의 대결에 따른 '영원한 레이스'처럼 공격을 근본적으로 차단할 수 없으며 사이버 위협에 대한 예방과 대응은 완벽할 수 없는 한계를 가진다.

따라서 공격기술과 방어기술을 함께 확보해야 사이버 전쟁에서 억지력을 강화할 수 있다. 이를 위해서는 사이버 공간의 자위권Right of Self-Defense이 명시돼야 하며 사이버 전쟁을 수행할 수 있는 인력 양성과 함께 국제적 공감대를 얻고 군사적 전술을 준비해야 한다.

우리나라도 2000년대 이후 여러 차례 디도스 공격과 사이버테러를 겪으면서 사이버 공간은 보안 차원에서 안보 차원으로 중대성이 높아졌으며 이에 대응하기 위한 전략도 발전해왔다.

2008년 정부는 정보보호중기종합계획을 수립한 이후 2009년 7·7 디도스 사태를 통해 사이버 공격이 국가안보를 위협할 수 있다는 사실을 인식해 사이버 안보 거버넌스 체계 확립 등 국가 사이버 위기 종합대책을 내놓았다. 이후 2011년 국가사이버안보 마스터플랜, 2013년 3·20과 6·25 사이버테러를 통해 각 부처에 분산된 사이버 역량을 통합할 필요성을 인식하고 청와대가 컨트롤타워가 돼 국가 사이버 종합대책을 발표했다.

또 2014년 한국수력원자력 해킹 사건을 계기로 더욱 안전한 사이버 공간 보호의 필요성을 인식해 국가안보실 사이버 안보 컨트롤타워 기능을 강화하는 한편 범정부 사이버 전담 조직을 신설하는 등의 내용을 담고 있는 국가 사이버 태세 역량 강화방안을 마련해 추진하는 등 정부도 사이버 안보에 대한 대책방안 등을 다각도로 제시하며 실행하고 있다.

사이버 위협에 대비한 기반기술

4차 산업의 근간이 되는 ICT의 환경 변화, 즉 그물망처럼 엮인 유무선 네트워크 기술, 언제 어디서나 편리하게 사용할 수 있는 장비디바이스기술, 이들의 작동을 가능케 하는 시스템기술에도 많은 변화가 생겼다. 이와 함께 보안에 대해 고려해야 할 사항이 한층 더 많아졌다. 여기서 서비스 보안은 보안의 기능을 수행하는 기반기술 및 국민의 실생활과 밀접하게 관련되는 분야를 일컫는다. 따라서 우리는 4차 산업의 근간이 되는 초연결시대의 사이버 위협에 대비해 기반기술을 확보해야 한다. 이를 간략하게 〈표〉로 정리하면 다음과 같다.

사이버 위협에 대비한 기반기술

서비스 보안	암호	양자컴퓨팅 시대 대비 → 양자 저항 보안 인프라
	인증	상황인지 기반 멀티팩터 인증기술
	CCTV 감시·관제	전지적 사회안전 감시기술
네트워크 보안	유무선 네트워크 보안	클라우드 기반 지능형 보안 서비스기술
	산업제어 시스템 보안	선제적 제어 시스템 보안기술
디바이스·시스템 보안	디바이스 보안	IoT 환경에 필요한 운영체제 보안 및 하드웨어 기반 보안기술
	자동차 및 헬스케어 보안	클라우드 기반 IT 융합사업 서비스에 특화된 보안 솔루션

보안기술 분류에 따른 기술의 예

---

1) Fast IDentity Online의 약자로 최근 핀테크 분야에서 각광받고 있는 생체인증기술.
2) Advanced Persistent Threats의 약자로 지능적인 방법을 사용해 지속적으로 특정 대상을 공격하는 것.

4차 산업혁명 시대의 사이버 보안

4차 산업혁명의 개념이 처음 제시된 이후 여전히 세계 각국에서 관련 기술을 선점하고자 온갖 힘을 쏟고 있다. 기존 기술과 사물인터넷[IoT], 클라우드, 빅데이터, 모바일, 인공지능 등을 융합해 활용함으로써 삶의 질이 높아질 것이라는 기대를 가지고 있다.

하지만 한편으로는 4차 산업의 원동력이 되는 ICT에 보안이 담보되지 않으면 치명적인 보안 위협이 발생할 것으로 예상된다. 4차 산업혁명에서 삶의 편리성을 제공하고자 IoT와 연결된 IoT 기기를 활용한 사이버 공격의 파급력이 상상을 초월한다는 사실은 최근 많은 사례로 알수 있다.

우리는 4차 산업혁명이라는 지금까지 경험해보지 못한 세상으로 가고 있는데, 보안 분야에서는 새로운 사이버 위협 요인이 끊이지 않아 더욱 알 수 없는 세상으로의 혼란이 야기되고 있다.

첨단기술에 기반한 변형된 공격은 크게 3가지로 나눌 수 있다.

첫째, 한 가지 기법의 공격이 아닌 다양한 기법을 적용한 공격, **둘째,** 대응 방법 분석을 통한 실시간 공격 방법의 변경, **셋째,** 대규모 공격에서 소규모의 분산된 치명적 공격이 그것이다. 이처럼 새로운 기술 개념을 적용한 공격에 대응하기 위해서는 개별 대응으로는 한계에 와 있다. 따라서 이제는 휴먼기술, 빅데이터와 인공지능을 보안에 접목해 새로운 방어 개념을 도출해야 한다.

한편 인공지능은 사이버 보안에서도 큰 영향을 끼칠 것으로 조사됐

다. 한국IDG가 2017년 발표한 'IDG Market Pulse'에 따르면 조사에
응한 국내 IT 전문가 중 절반 이상이 인공지능을 중요하게 생각하고 있
다고 답했다. 특히 인공지능을 도입할 때 선정 기준 및 우려되는 사항으
로 보안이 중요한 기준이 되고 있다. 인공지능은 공격과 방어 측면에서
모두 활용되고 있으며, 이미 인공지능 해커 메이헴Mayhem[3]이 등장함으로
써 보안 영역에서 어떤 성능을 보여줄지에 대한 답을 제시한 셈이다.

　지금 보안 전문가들은 방어 측면에서 인공지능을 어떻게 이용할지
고민하고 있다. 이번 정부에서 국정과제 가운데 하나로 '인공지능 기반
의 사이버 보안위협 대응체계 구축'을 제시하면서 랜섬웨어 등 날로 증
가하는 사이버 공격에 대응한다는 계획을 세웠다. 국내 보안 전문가들
은 보안에 있어 인공지능 접목은 아직 시도한 지 얼마 되지 않아 우리나
라도 충분히 기회가 있을 것으로 내다보고 있다.

　4차 산업혁명 시대의 도래에 따라 우리의 삶은 놀라울 정도로 편리
해지고 기업들은 새로운 성장 기회를 얻게 될 것이다. 그러나 이러한 시
대 변화에 걸맞은 지능화된 보안 방법론이 마련되지 않는다면 4차 산업
혁명은 기회가 아닌 위기가 될 수 있다. 인간보다 빠르게 보안 취약점을
찾아내는 인공지능 해커, 좀비화된 IoT 기기, 기존의 RSA 암호체계를
무력화시킬 수 있는 양자컴퓨터에 의해 얼마든지 사이버 공격을 해올

---

3) 미국 카네기멜론대의 포올시큐어For All Secure가 만든, 미국 국방부에서 주최한 '사이버 캠프Cyber Camp'에서 1등한
　인공지능 시스템.

수 있기 때문이다.

그리고 이러한 지능화된 사이버 공격을 효과적으로 막아내지 못한 기업들은 4차 산업혁명 시대의 패자가 될 수 있다. 산업의 경계를 넘어 다양한 기술이 유기적으로 결합되고 현실과 가상세계의 경계가 급격히 흐려지고 있는 지금, 기업들은 그러한 변화에 발맞춰 보안에 대한 관점을 새롭게 전환하고 보다 진화된 사이버 보안 방법론을 마련할 필요가 있다. 4차 산업혁명의 핵심 열쇠가 될 사이버 보안에 대한 관심이 반드시 요구되는 이유다.

조현숙
전남대에서 수학교육을, 충북대에서 전산학을 공부했다. 1982년부터 한국전자통신연구원[ETRI]에서 근무했으며 정보보호연구본부장, 사이버융합본부장, 사이버보안연구단장 등을 역임했다. 국방부정책자문위원, 사이버사령부자문위원, 금융감독자문위원, 국가과학기술위원회 연구개발 전문위원, 국가과학기술자문위원회 전문위원, 산업기술보호전문위원, 평창동계올림픽대회위원회 정보보호전문위원회 등 다수의 정부 위원회 활동을 했다. 저서로 『차세대 네트워크 보안기술』[공저], 『IT가 지켜주는 안전한 세상』[공저], 『세상을 바꾸는 여성엔지니어2』[공저]가 있다. 20여 년간 정보보호 분야 전문가로서 아시아·태평양 정보보호 최고상(2013년, (ISC)² 회장, ISLA), 정보보호 전문가그룹 최고상(2013년, (ISC)² 회장, ISLA) 그리고 2003년에는 과학기술훈장 진보장(과학기술진흥), 1997년에는 대통령표창(정보통신유공) 등을 받았다. 현재 국가보안기술연구소[NSR] 소장으로 근무하며 국가의 사이버 안보와 정보보호를 위해 연구에 매진하고 있다.

"상대를 알고
나를 알면 백번 싸워도
위태롭지 않다. 知彼知己 百戰不殆"

_『손자병법』 중에서

2.5

바이러스 안전지대는 없다

정대균 한국생명공학연구원 책임연구원

바이러스, 보이지 않는 것들의 반란

20세기 동안 전 세계적으로 보건의료 분야가 눈부시게 발전했음에도 감염성 바이오 유해물질은 엄청난 사회 불안과 함께 막대한 경제적 손실을 초래했다. 국토 개발 및 기후환경변화에 따른 숙주생물의 서식지 변화로 아열대성 및 야생동물 유래와 감염병의 확산이 증가했다. 또한 항공기와 선박을 이용한 국가 간 인구이동이 빈번해진 만큼 기존에 지역단위로 발생하던 풍토병이 전 세계로 확산될 위험성도 높아졌다.

특히 다른 어떤 감염원보다 바이러스에 의한 감염병이 급증하면서 가장 시급히 대응해야 할 과제가 됐다. 대표적 바이러스 감염병으로 흔히 독감이라 부르는 인플루엔자가 있다. 역사적으로 가장 많은 희생자가 발생한 스페인독감은 1918~20년 사이 약 1억 명의 사상자를 내며 전 세계적으로 맹위를 떨쳤고, 우리나라에서도 약 30만 명의 희생자를 낳았다. 바이러스에 감염됐다가 사망에 이르는 경우는 대부분 폐렴균에 의한 2차 세균 감염이 그 원인이다. 스페인독감 역시 마찬가지였다. 인플루엔자는 크기가 대략 100nm$^{1nm는 10억 분의 1m}$ 정도로 당연히 사람 눈에는 보이지 않고, 다양한 아형을 가지고 있으며, 특징적으로 서로 다른 아형의 협공으로 그 피해가 더욱 커진다.

최근에는 조류인플루엔자^{AI}로 인한 경제·사회적 피해가 가중되고 있다. 2016년 말과 2017년 초 기존 아형 H5N1, H5N8과 다른 새로운 아형 H5N6가 출현해 전국이 또다시 AI 공포에 시달려야 했다. 물론 정부가 선제적인 방역을 하고 피해 농가의 사육 조류를 즉각 살처분해 확산을 막았지만, 항상 근본적인 해결 없이 뒷수습에만 급급한 현실이 안타까울 뿐이다.

백신으로 고병원성 AI를 예방하는 방법도 있으나 대신 'AI 청정국' 지위를 잃게 돼 해외 수출에 제약을 받게 된다. 이뿐 아니라 백신을 회피해 살아남는 변종 바이러스가 생기므로 근본적으로 AI를 박멸하지 못한다는 한계가 있기에 백신 정책은 우리에게 양날의 검인 셈이다.

근본적인 대책 없이는 앞으로도 동남아나 중국으로부터 날아온 철새에 의해 전파된 AI가 매년 우리 양계 농가를 괴롭힐 것이다. 장기적으로 가축 사육 방식을 개선할 필요가 있지만 현재는 발 빠르게 AI를 진단하고, 선제적으로 차단 방역과 소독을 하며, 확산 방지를 위해 살처분하는 것만이 우리가 할 수 있는 최선의 방역 대책이다.

잠잠하다고 사라진 게 아니다

2003년 중국 광둥성에서 발생한 최초의 사스 환자가 홍콩을 방문하면서 순식간에 전파돼 299명이 사망했다. 당시 전 세계적으로 많은 전염병 연구자가 사스를 일으키는 병원체를 찾는 데 매달렸지만 초기에는 파라믹소 바이러스Paramyxo Virus, 코로나 바이러스Corona Virus, 심지어 니파 바이러스Nipah Virus 등 의견이 분분했다. 이후 사스 환자에게서 바이러스를 분리해 유전자 분석을 한 결과 기존에 사람이나 가축에서 분리된 적이 없었던 신종 코로나 바이러스임이 밝혀졌다. 다시 말해 이는 야생동물이 사람에게 옮긴 것이라 추정할 수 있다.

사스 바이러스를 퍼트린 숙주를 찾기 위해 다양한 역학조사를 벌인 결과 주범은 재래시장에서 유통되는 사향고양이로 나타났다. 하지만 시간이 지나고 사스가 잠잠해지면서 진짜 자연 숙주는 박쥐일 가능성이 제기되고 이를 뒷받침할 만한 증거가 나오기 시작했다. 지금도 사스 바이러스는 없어진 것이 아니라 어딘가에서 인간세계로 나오려고 호시탐탐 기회를 엿보고 있을지 모른다. 그 연결고리를 찾아 차단하는 것만이 최선의 예방책이다.

전염병을 소재로 한 영화 '컨테이젼Contagion'은 질병의 발생, 확산, 대응까지 전 과정을 보여주는 한 편의 다큐멘터리 같다. 특히 영화 마지막 장면에는 박쥐에 의한 바이러스 감염 첫날의 경로가 자세히 나온다. 박쥐는 날아다니는 포유류로 몸 안에 100여 종의 바이러스가 있으며, 집단생활을 하면서 자연스럽게 바이러스를 전파한다. 과일을 좋아하는 박쥐가 비행하면서 먹다가 떨어뜨린 일부를 다른 동물이 먹는 것이 다른 종에게 바이러스가 전파되는 첫 경로다.

2015년 우리에게 악몽 같은 현실을 제공한 메르스MERS·중동호흡기증후군 바이러스의 자연 숙주도 박쥐로 추정하고 있다. 즉 박쥐가 낙타에게 전파해 다시 사람에게 감염시킨다. 2015년 5월 중동 국가를 여행하고 돌아온 첫 환자에 의해 186명이 감염됐고 이 가운데 39명이 희생됐다. 너무나 순식간에 전파돼 제대로 대응할 겨를도 없었고, 최신 시설을 갖춘 대형병원들마저 속수무책으로 감염 확산을 막지 못했다.

이는 신종 감염병에 대한 대비가 너무 허술한 탓이기도 했지만 메르스 바이러스에 대한 이해가 전무했다는 점이 더 큰 원인이었다. 정부는 2015년 겨울 메르스 종식을 선언했지만, 신종 바이러스의 국내 유입 가능성은 여전히 남아 있고 언제 또다시 제2 메르스사태가 터질지 아무도 모른다. 지금도 중동에서는 메르스가 계속 확산되고 있다. 때문에 우리에게도 메르스사태는 현재진행형이라고 생각하고 철저히 대비해야 한다.

지구온난화가 불러온 바이러스 감염병

지구온난화는 산업화·도시화와 함께 화석연료의 소비로 온실가스층이 두꺼워지며 지구에서 방출되는 에너지 양이 감소함으로써 지구 평균기온이 오르는 것으로, 이는 해수면 상승과 생태계 파괴로 이어진다. 실제 지구의 평균기온이 섭씨 1도 상승하면 많은 종의 식생이 기후변화에 적응하지 못하고 멸종되며, 식생의 변화는 동물의 분포에도 영향을 줘 결국 생태계가 파괴된다. 또한 지구온난화로 기온 및 강우 패턴이 달라지면 실제 모기나 박쥐 같은 감염병 매개동물의 분포에도 변화가 생긴다.

국내에서도 지난 100년간 6대 대도시의 평균기온이 크게 올랐는데 세계 평균기온이 섭씨 1도 상승할 때 우리나라 6대 대도시는 섭씨 1.7도나 상승한 것으로 조사됐다. 실제 2020년이면 우리나라 남부 해안지방은 아열대 기후가 될 것이라는 예상도 나온다.

지구온난화는 감염병 발생에 어떤 변화를 가져올까. 무엇보다 모기를 매개로 전파되는 바이러스 감염병의 확산이 두드러질 가능성이 높다. 대표적 모기 매개 바이러스 감염병인 뎅기열은 1950년대 아프리카와 남미 일부 지역에서만 감염 사례가 보고됐으나, 2000년대에 이르러 남미 전역과 태국, 필리핀 같은 동남아에서도 감염자가 나오고 있다. 2013년에는 가까운 중국 남부지방에서도 뎅기열 환자가 발생하면서 우리나라도 뎅기열 바이러스의 안전지대라고 볼 수 없게 됐다.

2015년 겨울부터 브라질에서 많은 감염 사례가 보고된 지카 바이러스도 뎅기열과 마찬가지로 모기를 매개로 감염된다. 특히 산모가 감염될 경우 소두증 아이를 출산할 수 있다고 알려져 공포를 자아냈으나 사람 간 전염성이 없고 감염 후 위험도도 뎅기열보다 훨씬 낮은 것으로 보고되고 있다. 지카 바이러스는 이집트숲모기가 전염시키는데 한두 마리로는 쉽게 걸리지 않고 대량 서식하는 곳에서 감염될 가능성이 높다.

이집트숲모기와 비슷한 흰줄숲모기의 경우 제주지역에 일부 서식하는 것으로 알려졌으나 실제 국내에서 지카나 뎅기열 환자가 발생한다해도 대유행할 조건이 갖춰지지 않아 아직까지 크게 우려할 상황은 아니다. 하지만 기후변화로 우리나라도 숲모기의 최적 서식환경이 되면 상황은 언제든 심각해질 수 있다.

현재 국내외 여러 진단 및 제약회사에서 이러한 모기 매개 바이러스를 조기 진단하고 예방할 수 있는 제품을 앞다퉈 개발해 출시하고 있다. 뎅기열은 이미 백신이 출시돼 예방의 길이 열렸고, 지카 바이러스 또한 같은 계열의 바이러스여서 조만간 백신이 개발될 것으로 보인다.

인간, 환경, 동물 건강 함께 도모하는 '원 헬스'

오래전부터 바이러스 감염병은 인류를 위협해왔으며 인간은 끊임없이 이러한 바이러스와 싸워왔다. 결론은 바이러스를 박멸할 수 없다면 문제가 되지 않을 정도로 공존하면서 살아가야 한다는 것이다. 물론 문제가 되지 않을 만큼 유지하는 데도 부단한 연구와 노력이 필요하다.

이러한 감염병에 대응하는 방법은 무엇일까. 완벽한 해결책은 아니어도 효과적인 대응방안은 있다. 감염병 원인체를 선제적으로 탐색하고 특성을 분석해 숙주와 병원체 간 상호작용, 면역학적 특성 규명 같은 기초 연구가 이루어져야 한다. 이와 함께 감염병 진단 및 백신을 개발하는 연구기관과 산업체가 공통분모를 가질 수 있는 중장기 연구가 진행돼야 한다. 따라서 연구실과 현장의 괴리를 최소화하고, 상용화에 적용할 수 있는 시제품 제작 중심의 중장기적 응용개발 연구 프로그램을 구상할 필요가 있다.

또 감염병 발생 후 대응 중심의 후속 연구뿐 아니라 언제든지 국내에 나타날 수 있는 신·변종 감염병 원인체에 대한 다양한 연구가 이루어져야 한다. 이를 위해 해마다 자주 발생하는 감염병 연구에 집중하면서도 앞으로 발생 가능성이 높은 다양한 병원체에 대한 연구 네트워크 구축 전략도 필요하다.

가능하다면 감염병 글로벌 네트워크에 적극 참여해 국내 감염병 연구 역량을 확보하고, 최신 감염병 정보를 바탕으로 향후 국내 발생 위험이 높은 감염병과 이에 대한 대응 연구 전략을 지속적으로 마련할 수 있는 안정적인 감염병 연구 인프라 관리체계도 필요하다.

최근 들어 사람과 야생동물 간, 종 간 전파가 증가하면서 야생동물에서 사람으로의 병원체 전파가 주요한 신종 감염병 출현의 원인으로 밝혀지고 있다. 해외 정부와 연구기관에서는 위험지역과 주요 매개동물을 대상으로 신·변종 병원체에 대한 탐색 연구가 활발히 이루어지고 있다.

아직까지 국내에서는 생물학적 테러 및 해외 유입 가능성이 높은 감염병의 원인체에 대한 감시 연구에 집중하고 있다. 하지만 기후변화와 국토 개발로 야생동물이 민가나 도로에 출현하는 사례가 늘면서 선진국에서와 같이 위험지역 및 중요 매개체에서의 신·변종 병원체 탐색 연구도 동반돼야 한다.

따라서 국내 발생 가능성이 높은 감염병의 원인체에 대해 신속하게 대응할 수 있도록 해당 원인체에 대한 진단과 백신의 선제적 개발과 비축이 필요하다. 또한 에볼라와 같이 전염력이 매우 강하고 치사율도 높은 원인체는 시료 확보가 어려워 유전공학을 이용한 인공단백질의 진단 기술과 백신 개발이 이루어져야 하며, 이를 위해 국제 간 협력연구가 효능 검증을 위해 병행돼야 할 것이다.

더불어 사람과 동물이 동시에 감염될 수 있는 인수 공통 감염병에 주목해야 한다. 특히 사람, 동물, 생태계의 건강이 하나라는 '원 헬스One Health' 개념으로 통합 관리하는 시스템을 구축할 필요가 있다.〈그림1〉원 헬스 전략은 의사, 수의사, 환경전문가, 감염병 연구자와 관련 기관이 협력하고 다학제적 네트워크를 지역, 국가, 국제적인 수준으로 구축하는 것이다. 결과적으로 원 헬스 접근법을 이용하면 인류를 위협하는 다양한 감염병뿐 아니라 환경독성, 식품위생, 의생명과학 등 보건 분야 전반에서 효과적으로 대처할 수 있다.

새롭게 발생하는 감염병을 예방, 치료, 컨트롤하려면 인간과 환경과 동물의 건강이 별개가 아니라 하나로 연결돼 있다는 새로운 접근법, 원 헬스가 필요하다.

그림1_ **원 헬스 개념도**

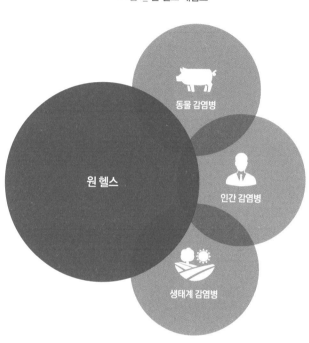

정대균
전북대 화학과를 졸업하고 일본 교토대에서 단백질 구조 생물학으로 박사학위를 받았다. 1998년부터
한국생명공학연구원에서 근무하고 있다. 주로 인체질병 관련 단백질 구조를 연구해 신약후보물질 개발, 암과
대사성질환의 원인인 바이오마커를 이용한 단백질체학 연구를 수행했다. 2008년부터 인플루엔자 백신 연구를
시작하면서 바이러스 단백질 연구를 수행했다. 대표적 연구 성과로 동물용 단백질 백신을 개발해 국내외에 다수의
기술이전을 했다. 한국생명공학연구원 바이러스감염대응연구단장을 역임했고 현재 동기관의 감염병연구센터에서
책임연구원으로 근무하고 있다.

"유전공학, 인공지능 그리고 나노기술을 이용해 천국을 건설할 수도 있고, 지옥을 만들 수도 있다. 현명한 선택을 한다면 그 혜택은 무한할 것이지만, 어리석은 선택을 한다면 인류의 멸종이라는 비용을 치르게 될 수도 있다. 현명한 선택을 할지의 여부는 우리 모두의 손에 달려 있다."

_유발 하라리의 『사피엔스』 중에서

2.6

인류 위협하는 슈퍼박테리아의 반격

류충민 한국생명공학연구원 감염병연구센터장

항생제 내성 문제에 거액 상금 건 영국

영국에는 '경도상'이라는 상이 있다. 1707년 영국 왕실 함선이 시실리섬 인근에서 위치를 정확히 알지 못해 충돌하는 바람에 많은 사상자가 발생하자, 1714년 영국 정부는 이 문제를 해결하는 사람에게 당시 2만 파운드의 상금을 걸었다. 결국 출발지로부터 정확한 시간 계산이 중요하다는 것에 착안해 시계를 제작한 무명의 존 해리슨[1693~1776]이 마린 크로노미터[해양용 정밀시계]를 개발했고, 오늘날 '경도'를 만드는 계기가 됐다. 그리고 이 상을 '경도상'이라 불렀다.

이후 이 상은 사라졌으나 2014년 영국 정부가 300년 만에 다시 '경도상'을 위한 난제를 제시했다. 주제는 '항생제 내성 문제 해결'이었고, 이를 해결하는 사람에게 1000만 파운드의 상금을 주기로 했다. 왜 영국 정부는 항생제 내성 문제에 이처럼 거액의 상금을 내건 것일까.

영국은 항생제를 최초로 개발한 국가다. 그러한 영국이 항생제 내성 세균^{슈퍼박테리아}의 출현으로 무용지물이 되어가는 항생제를 되살리려 한 것이다. 잘 알려진 이야기지만 알렉산더 플레밍이 우연히 발견한 항생제는 제2차 세계대전 때 연합군을 이끈 윈스턴 처칠 영국 총리의 생명을 구한 것으로 유명하다. 일화에 의하면 플레밍이 푸른곰팡이에서 페니실린을 분리한 후 얼마 지나지 않아 특별한 세균^{박테리아}들이 이 페니실린 항생제에서 다시 자라나는 것을 보고 항생제 저항성의 문제를 인식했다고 한다. 항생제 개발과 동시에 무용지물이 될 수도 있음을 이미 알았던 셈이다.

흔히 미생물은 사람들에게 살아 있는 생물이라 하기 힘들 만큼 보잘 것없는 존재로 인식된다. 정의하면 미생물은 너무 작아서 맨눈으로는 보이지 않고 현미경으로만 볼 수 있는 생명체를 일컫는다. 그렇다면 미생물은 얼마나 작을까. 가령 축구공 위에 세균^{박테리아}이 있다고 가정하면, 그 축구공을 지구 크기만큼 확대했을 때 세균은 지구에 놓인 골대 정도이고, 바이러스는 축구공, 곰팡이는 축구장이라고 보면 된다. 그러나 이 작은 미생물이 사람을 얼마든지 죽일 수 있다.

미생물이 질병의 원인임이 밝혀진 것은 독일의 코흐와 프랑스의 파스퇴르가 세균에 의한 가축의 질병을 연구하면서부터다. 100년이 더 지난 후 호주의 미생물학자인 배리 마셜은 위궤양의 원인세균을 밝히기 위해 직접 세균을 마시고 자기 몸에 위궤양을 일으켰다. 마셜은 이 업적으로 2005년 노벨 생리의학상을 수상하기도 했다. 미생물에 의해 질병이 생긴다는 것이 증명된 후에는 이를 죽이기 위한 방법이 끊임없이 강구됐다. 그 방법이 앞서 언급한 항생제다.

항생제에 대응하는 세균의 생존전략

플레밍이 항생제를 발견한 후 20세기에는 "이제 세균에 의한 감염병은 미생물학 교과서에서 아예 빼버려야 한다"는 말까지 나왔다. 인간이 병원성 세균을 완벽하게 정복한 것으로 여겼기 때문이다. 그러나 21세기가 다가오면서 지금까지 잘 써온 항생제가 갑자기 듣지 않는다는 사실이 전 세계적으로 보고됐다. 병원성 세균에 감염돼도 항생제만 투여하면 하루 이틀 사이에 회복되던 환자가 한 달이 지나도 낫지 않고 사망하는 사례가 증가한 것이다. 아무리 항생제를 많이 써도 세균이 죽지 않게 된 것으로 세균의 반격이 시작된 것이다. 세균은 어떻게 이런 능력을 갖게 됐을까.

지금까지 알려진, 세균이 항생제를 극복하는 방법은 4단계가 있다. 1단계는 세균이 자기 내부로 항생제가 들어오지 못하게 단단히 문을 잠그는 것이다. 2단계는 만약 1단계에서 방어에 실패해 항생제가 세균 내부로 들어오면 가능한 한 빨리 다른 문을 통해 항생제를 밖으로 버리는 것이다. 3단계는 혹시 세균 내부에 항생제가 남아 있으면 항생제를 분해해 자신에게 해롭지 않은 물질로 바꾸는 것이다. 마지막 4단계는 세균 DNA를 변형시켜 항생제가 공격할 부분을 없애버리는 것이다. 항생제는 세균이 살아가는 데 중요한 단백질의 작용을 못 하게 하는 방법으로 세균을 죽이는데, 세균이 이 단백질을 미리 변형해 항생제가 들어왔

그림1_ **2050년 항생제 저항성 세균으로 인한 사망자 수 예측**

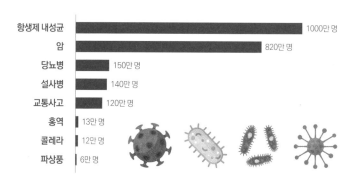

항생제 내성균	1000만 명
암	820만 명
당뇨병	150만 명
설사병	140만 명
교통사고	120만 명
홍역	13만 명
콜레라	12만 명
파상풍	6만 명

출처 Review on Antimicrobial Resistance, 2014

을 때 세균 내 공격할 단백질을 없애버리기도 한다. 눈에 보이지도 않고 뇌도 없는 세균이 이런 엄청난 일을 한다는 것이 놀라울 따름이다. 그것도 수십 가지 항생제에 대해 각각 다른 전략으로 살아남는 법을 터득하는 것은 경이롭기까지 하다.

이처럼 항생제를 극복한 슈퍼박테리아는 인류에게 얼마나 심각한 문제를 야기할까. 2014년 12월 영국에서 발간한 '항생제 내성 미생물에 대한 리뷰Review on Antimicrobial Resistance-Antimicrobial Resistance: Tackling a crisis for the health and wealth of nations'에서 지금의 추세대로라면 2050년까지 항생제 내성 확산에 따른 세계 각국의 대응 비용은 63조 파운드이며, 매년 1000만 명이 사망해 암 사망자 820만 명을 앞지를 것으로 예상하고 있다.⟨그림1⟩ 2016

년 당시 버락 오바마 미국 대통령은 항생제 내성 연구에 향후 5년간 12억 달러를 책정한다는 담화를 발표했다. 미국 질병관리본부^{CDC}의 통계를 보면 미국에서 매년 200만 명 이상이 슈퍼박테리아에 감염되고 이 가운데 2만3000명이 사망한다. 유럽연합^{EU}에서도 2만4000명이 사망한다는 통계가 발표됐다. 2015년 우리나라에서 발생한 메르스로 사망한 환자가 39명인 것과 비교하면 600배 이상의 환자가 매년 미국이나 유럽에서 슈퍼박테리아로 사망하는 것이다.

우리나라의 상황은 어떨까. 아직 슈퍼박테리아로 인한 사망자 수가 정확히 집계되지 않고 있으나 국가별 항생제 사용량이 경제협력개발기구^{OECD} 회원국 중 1위를 달리고 있고, 결핵 감염자 수도 1위라는 점을 감안하면 상당한 숫자의 감염자와 사망자가 있을 것으로 추정된다. 늦은 감이 있으나 2016년 5월 13일 '국가 항생제 내성 관리대책협의회'가 출범해 국가적 차원에서 대책 마련에 나선 점은 다행이 아닐 수 없다.

감기약과 축산물 섭취로 축적되는 항생제

항생제는 우리 몸속에 어떻게 축적될까. 병원성 세균이 항생제에 노출되면 처음에는 대부분 세균이 죽지만, 그중 돌연변이가 생겨 살아남은 세균이 점점 내성을 갖는다. 이후 내성을 가진 세균이 계속 자라고 결국 같은 항생제를 처방했을 때 저항성 세균만 살아남아 슈퍼박테리아가 되는 것이다.

우리 몸에 항생제가 축적되는 첫 번째 과정은 직접 항생제를 처방받는 경우다. 세균성 감염이 있을 때는 당연히 항생제를 처방받아 우리 몸 속의 세균을 빨리 죽여야 한다. 문제는 세균을 100% 죽이려면 시간과 노력이 필요하다는 것이다. 결핵을 예로 들어보자. 이상의 소설 『날개』 에서 주인공이 앓던 폐병이 바로 결핵으로, 이상도 이 병이 악화돼 죽었 다고 한다. 1900년대 초·중반 결핵은 사망률이 높은 심각한 질병이었 으나 크리스마스 씰로 대표되는 대한결핵협회와 국가의 조직적인 방제 노력으로 결핵은 국내에서 사라진 것으로 여겼다. 하지만 최근 잠복결 핵 환자가 급격히 증가하고 다이어트를 심하게 하는 젊은 층을 대상으 로 다시 결핵 문제가 대두되고 있다.

결핵에 걸리면 여러 항생제를 6개월간 꾸준히 복용해야 하는데 1개 월 정도 지나 외부 증상이 사라지면 많은 환자가 항생제 복용을 중단한 다. 이때 슈퍼박테리아가 생성되고 그 이후 더 힘든 치료가 기다린다. 이 마저 실패하면 치료가 불가능한 난치성 결핵 환자가 될 수밖에 없다.

일반인이 가장 흔히 항생제를 접하는 경로는 감기약을 복용하면서 다. 감기에 걸리면 다량의 항생제를 처방하는 것이 우리나라 현실이다. 사실 감기는 앞선 비유에서 지구 위 축구공에 해당하는 바이러스가 일 으키는 병으로 축구 골대에 해당하는 세균과는 전혀 다른 생명체다. 항 생제가 바이러스를 죽이지는 못한다(물론 신종플루 바이러스만을 죽이 는 타미플루 같은 특별한 약도 존재한다). 다만 바이러스 감염에 의해 사 람의 면역력이 약해진 틈을 타 세균들이 우리 몸에 번식하게 되므로 이 들 세균에 의한 2차적 병징을 완화하고자 항생제를 처방하고 있다.

자신도 모르게 항생제를 섭취하는 경우가 또 있다. 바로 생선과 육류를 먹을 때다. 미국에서 소를 키우면서 스트렙토마이세스라는 세균액을 사료와 함께 먹였더니 소가 빨리 살이 찌는 것이 관찰됐다. 세균에서 원인물질을 분리해보니 우리가 흔히 알고 있는 항생제임이 밝혀졌다. 항생제를 투여한 소나 닭은 그렇지 않은 경우보다 2~3배 빨리 살이 쩌 축산 농가에 기적의 기술로 각광받았다. 심지어 양식하는 물고기도 항생제로 키웠다.

흔히 동물들에게 항생제를 투여하는 이유가 세균병을 막기 위한 것이라 알고 있지만, 사실은 빨리 살을 찌워 내다팔기 위한 것이다. 인간의 이기심이 또 다른 문제를 야기한 대표적 사례라 할 수 있다. 이렇게 투여된 항생제는 동물 몸에 축적되고 결국 이 고기를 먹은 우리 몸속으로 들어온다(항생제 다량 처방 시 비만을 일으킨다는 보고도 있어, 항생제 효과는 대부분의 포유류에 해당하는 것으로 보인다). 다행히 현재는 축산에서 항생제 사용이 전면 금지돼 있다.

슈퍼박테리아 막는 새로운 방법

앞서 언급한 슈퍼박테리아 문제를 인류는 어떻게 극복할 수 있을까. 현명한 선택을 하기 위해 우리가 지금 할 수 있는 일은 무엇일까.

가장 쉬운 방법은 새로운 항생제를 개발하는 것이다. 하지만 현실은 그렇게 녹록지 않다. 최근 글로벌 제약회사들은 항생제를 개발하지 않는다. 슈퍼박테리아 문제가 처음 대두됐을 때 제약회사들은 서둘러 새로운 항생제를 개발했고 그 결과 2000년 이후 리네졸리드^{Linezolid}와 답토마이신^{Daptomycin}이 출시됐다. 천문학적 비용을 들여 새로운 항생제를 출시했지만 5년이 지나기도 전에 두 약제 모두 해당 항생제에 저항성을 가지는 슈퍼박테리아가 출현하면서 무용지물이 됐다. 이런 경험 때문에 제약회사들은 새로운 항생제 개발을 주저하게 됐다. 즉 개발 비용을 충당할 수 없다 보니 항생제 개발은 경제적 가치로 볼 때 수지가 맞지 않는 장사다. 그렇다고 개발하지 않으면 인류는 항생제 이전 세상으로 돌아갈 수밖에 없다.

그래서 하나의 해결책으로 미국과 유럽 선진국은 민간 차원에서 벗어나 국가가 주도적으로 항생제 개발을 촉진하고 이를 위해 특별한 혜택을 주고 있다. 과학적인 해결책은 우선 아주 새로운 종류의 항생제를 개발하는 것으로 이를 위한 전략은 다음과 같다.

첫째, '패러다임 전환' 전략이다. 2015년 1월 22일 『네이처』에 보고된 논문으로, 항생제 내성이 생기지 않는 항생제를 개발한 예다. 인공배지에서 자라지 못하는 세균으로부터 항생제를 발굴하는 새로운 방법을 고안해 실제 항생제 분리에 성공한 사례로 슈퍼박테리아의 출현을 원천적으로 막을 수 있다고 한다(지금까지는 인공배지에서 자라는 미생물로부터 항생제를 분리했다).

이 밖에 지금까지 알려지지 않은 새로운 타깃을 개발하는 방법이 있는데 이 역시 내성 문제의 발생 가능성을 완전히 배제할 수 없다.

　둘째, '온고지신' 전략이다. 기존 항생제 중 사용이 제한된 항생제를 다시 사용하는 것이다. 대표적인 것이 폴리믹신이라는 항생제다. 이 항생제는 20세기 초 개발됐지만 인체에 대한 독성(신장과 신경 독성)으로 사용되지 못하다가 농도를 낮추고 다른 항생제와 같이 사용했을 때 상승효과를 보여 슈퍼박테리아를 제어할 수 있다는 연구결과가 최근 국내 연구진에 의해 보고됐다. 세균으로선 여러 종류의 항생제를 동시에 상대하려면 더 많은 시간이 걸리는 셈이다.

　셋째, '창과 방패' 전략이다. 즉 슈퍼박테리아가 항생제를 분해하는 효소^{방패}를 생산할 경우, 그 분해 효소를 무력화할 수 있는 물질^{방패를 무력화하는 방법}을 먼저 처리하고 항생제^창를 이후에 처리하는 방법이다. 페니실린은 베타락탐 계열의 항생제다. 슈퍼박테리아는 '베타락탐아제'를 생산해 베타락탐을 분해한다. 인간은 이 베타락탐아제 효소가 작용하지 못하게 하는 물질을 찾아 이 물질과 베타락탐을 같이 사용하면 슈퍼박테리아를 무찌를 수 있는 것이다.

　마지막으로, '균형 맞추기 전략'이다. 2013년 1월 31일 '영국신약회지_{The New England Journal of Medicine}'에 획기적인 항생제 치료법이 소개됐다. 유럽 등지의 요양병원에서 발생한 시디프_{Clostridium difficile} 세균병은 치명적인 설사병으로 6개월 이상 항생제를 복용해야 하고, 치료 효과도 그리 높지 않았다. 특히 슈퍼박테리아 시디프의 경우 치료법이 없어 골칫거리였다. 그런데 새로운 치료법을 적용했더니 치료율 81%, 시술 후 2~3주 후 퇴원이 가능하며 재발도 거의 없었다. 이 치료법이 바로 '변이식^Fecal Microbiota Tansplantation'이다. 환자와 가장 가까운 사람의 대변을 풀어 환자의 장 속에 주입하는 것인데, 이는 장내 균형이 깨져 특별한 병원성 세균이 증식해 병이 생긴다는 가설 하에 이전의 균형을 유지할 수 있는 다양한 세균을 주입했을 때 감염병 세균 수를 줄여 치료된다는 원리다. 이 방법은 현재 여러 분야에서 각광받고 있으며 슈퍼박테리아 퇴치에 새로운 패러다임으로 자리 잡을 것으로 예상된다.

비슷한 방법으로 유익한 균을 다량 섭취했을 때 인체의 면역력이 증가해 슈퍼박테리아를 막을 수 있다는 보고도 있다. 이런 유익균이 가장 많이 들어 있는 음식이 된장이라고 하니 된장을 많이 먹으면 조금이나마 더 건강해질 수 있을 것으로 예상된다.

이처럼 직접적으로 슈퍼박테리아를 제어하는 방법 외에 요구되는 사항이 있다. 가장 간단한 방법이 자주 손을 씻는 것이다. 비웃을 수도 있지만 가장 쉬우면서도 효과가 확실한 방법이다. 병원에서 의사들과 간호사들이 손만 자주 씻어도 병원 내 감염을 20% 이상 줄일 수 있다는 보고도 있다. 다음으로 『손자병법』에 나오는 '지피지기면 백전불태'라는 말처럼 슈퍼박테리아라는 진단이 신속하게 이루어져야 한다. 현재 정확한 진단이 나오기까지 시간이 너무 많이 걸린다. 분자진단 등 최신 기술을 도입해 국내에서도 신속하고 정확한 진단이 이루어져야 항생제 처방도 효과적으로 할 수 있다.

헤겔은 『역사철학강의』라는 책에 이렇게 썼다. "인간이 역사를 통해 배울 수 있는 유일한 사실은 인간은 역사를 통해 아무것도 배우려 하지 않는다라는 것이다."

20세기 인간이 개발한 항생제가 21세기 우리에게 위험한 부메랑으로 되돌아오고 있다. 역사의 교훈을 통해 더 지혜로운 방안을 강구하고 실행하지 않는 한 인간은 감염병의 반격에 직면할 것이다. 더 늦기 전에 시작해야 한다.

류충민

경상대를 졸업하고 미국 어번대에서 식물병리학으로 박사학위를 받았다. 미국 오클라호마의 노블재단에서 박사후 연구원 과정을 마치고 2004년 한국생명공학연구원에 들어가 미생물·기주 상호작용 분야에 대한 연구를 진행 중이다. 식물·미생물, 동물·미생물 상호작용을 바탕으로 병원균의 방제에 대한 연구를 하고 있으며, 최근에는 소위 슈퍼박테리아로 불리는 다제내성세균을 막기 위한 연구에 집중하고 있다. 100편 이상의 논문과 『식물은 알고 있다』 『식물을 미치도록 사랑한 남자들』 등의 책을 감수했고, 영문 전공 책을 편찬했다. 현재 『네이처』 자매지인 『Frontiers in Microbiology』 세션 편집장과 『The Plant Pathology Journal』 편집장을 맡고 있다.

제3부

국가 번영을 위한 생존기술

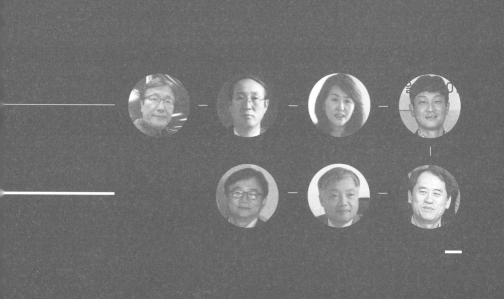

"인터넷처럼 에너지도 공유 인터그리드로 전환될 것이다"

_제러미 리프킨(미국 경제동향연구재단[FOET] 이사장)

3.1

에너지가 국가의 미래 좌우한다

황학인 ^{(주)엔아이디에스 대표이사}

심화되는 에너지 패권전쟁

임마누엘 페스트라이쉬 경희대 교수는 '한국을 둘러싼 역사주기 5개의 종언'이란 칼럼에서 한국인을 혼란에 빠뜨린 변화를 다음 5가지로 설명했다. **첫째,** 한국 정치에서 5년 주기의 종말, **둘째,** 보수주의 리더십의 종말, **셋째,** 수출 주도 경제성장의 종말, **넷째,** 미국 중심 글로벌 스탠더드의 종말과 경제 민족주의의 대두, **다섯째,** 서구 중심 국제질서의 종말이다. 페스트라이쉬 교수의 지적대로 우리가 혼돈에 빠져 있는 사이 세계는 빠르게 변화하고 있다. 그만큼 우리에게는 미래를 대비하는 지혜가 필요한 시점이다.

국가 안보와 경제성장에서 빼놓을 수 없는 요소임에도 미래에 대한 대비가 부족한 분야가 바로 에너지 문제다. 에너지는 패권국가의 정책에 따라 국가 전반이 흔들릴 만큼 국가 안보와 생존에 치명적인 영향을 끼침에도, 우리는 에너지 공급 문제를 정부 주도 하에 원자력과 가스, 석탄 중심의 발전 산업으로 운영해왔고 신재생에너지 산업에 대한 준비도 소극적이었다. 향후 우리에게 닥쳐올 변화에 대한 대응 속도, 보유 수단, 투자 규모가 턱없이 부족했다는 말이다.

　　최근 저유가 기조가 장기화되고 있는 가운데 미국, 중국, 러시아를 중심으로 한 에너지 패권전쟁은 더욱 심화되고 있다. 특히 중국의 산업화에 따른 에너지 수요 증대로 에너지 수급과 수송경로에 대한 안정성을 확보하고자 국가 안보 차원에서 해양수송력 강화를 위한 해군력 증강과 원유 수입을 위한 국가적 노력에 대해 언급하면서 향후 에너지에 목마른 중국이 경제·군사적으로 국가 간 분쟁을 유발할 가능성이 높다고 해외 에너지 정책 전문가들은 경고하고 있다. 2000년 기준으로 중국의 에너지 수요는 세계 평균성장률[2.2%]보다 높은 7.6%이며 세계 에너지의 5분의 1 이상을 소비하고 있다. 이는 미국보다 높은 수치다.

에너지 안보에 취약한 한국

　　화석연료는 셰일가스, 오일샌드 등 비전통 에너지 개발 및 이용 확산과 가격경쟁력 때문에 향후에도 여전히 주력 에너지로 사용되겠지만, 신재생에너지는 국가 간 에너지 정책 합의 및 인센티브 확산과 기술 발전으로 공급 비중이 19%까지 확대될 전망이다. 우리나라는 공급 에너지의 95% 이상을 수입에 의존하고 있으며, 총 소비 에너지의 37% 이상을 차지하는 석유의 경우 중동지역에서의 수입 비중이 81.8%를 차

표1_ 국내 에너지 수급 흐름도

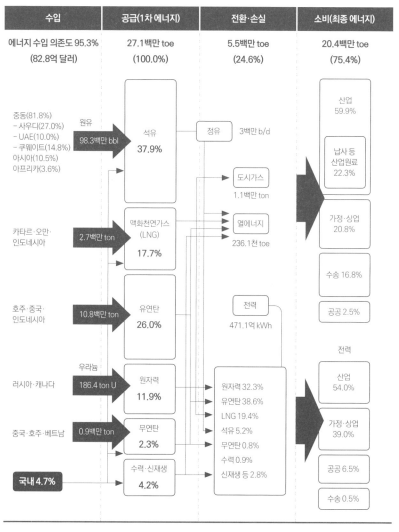

지해 에너지 안보에 매우 취약한 수급 구조를 갖고 있다.(표1) 국내 에너지 생산은 원자력발전71.6%·2015년 중심이나 최근 신재생에너지 발전 비중23.8%·2015년도 지속적으로 증가하고 있다.

　국제적으로 온실가스 감축 목표 달성을 위한 주요 정책은 에너지 효율과 신재생에너지 사용에 맞춰져 있다.(표2) 국제에너지기구IEA는 온실가스 감축을 위해 25개 부문별 에너지 효율 정책 시행을 권고했고, 유럽연합EU 회원국을 대상으로 2020년까지 에너지 20% 절감 목표를 달성

표2_ 온실가스 감축 위한 각국의 주요 정책

국가	주요 정책
영국	·2050년까지 모든 빌딩에 대한 제로 에너지화 ·재생에너지 열공급에 대한 인센티브 제도RHI 도입
독일	·에너지 구상 2010Energy Concept 2010 수립 ·재생에너지 발전 비중을 2035년까지 55~60%로 확대 ·FIT 제도의 성공적 시행
프랑스	·재생에너지 발전 비중 32%로 확대 ·원자력발전 용량 한도를 현 수준으로 유지하면서 원전 발전 비중을 75→50%(2025년)로 감축 목표 설정
일본	·수소사회 실현을 국가 비전으로 설정 ·'에네팜' 정책으로 전 세계 가정용 연료전지시장 주도 ·가스 산업의 기반 재구축
미국	·신재생에너지, 에너지 효율 정책, 그리드 관련 R&D에 집중 투자 ·경제적 인센티브 위주의 지원제도
한국	·공급 위주 정책 한계로 분산전원 시스템 도입(2035년 15%) ·신재생에너지 확산 ·에너지 가격체계 개편 ·전기, 열, 수송 부문으로 에너지 정책 확대 ·신재생에너지 확대

하기 위한 '에너지 효율지침Energy Efficiency Directive'과 함께 '2030 기후·에너지 정책 프레임 워크2030 Climate and Energy Policy Framework'를 발표2014년 10월해 온실가스 감축 및 지속가능 에너지 확대에 대한 패키지 목표를 수립했다. 주요 국가의 정책적 초점은 제로 에너지 빌딩 확대, 열전기의 에너지믹스, 신재생에너지 확대, 수소에너지 활용, 에너지 효율 집중 등이다.

우리나라는 '포스트 2020 온실가스 목표'에 따라 2030년까지 온실가스 배출 전망치Business As Usual 대비 37% 감축을 제시했으나, 민관 실행 주체가 내놓은 방안이 현실성이 부족할 뿐 아니라 지엽적이라는 지적이 나오고 있다.

4차 산업 시대의 에너지 신산업은 기후온난화 문제를 해결하고 국가의 미래 먹거리로 발전하기 위한 매우 중요한 산업 정책적 전환기에 와 있다. 지금까지 정부는 에너지 신산업 주요 분야를 선정하고 제도적 기반을 마련하는 데 집중해왔다. 온실가스 감축과 에너지 절약에 대한 민간의 투자가 이익으로 돌아오는 시장 구조 및 인센티브 제도를 마련하고 이를 마중물 사업의 개념으로 추진하고 있다(예를 들면 친환경에너지타운, 에너지자립 섬, 전기차 배터리 리스 시범사업, 에너지저장장치 ESS 보급사업 등이 그것이다).

그러나 선정된 에너지 신산업 분야는 관련 산업의 발전과 타이밍이 맞지 않아 성과가 축소되는 정책적 미스매칭의 문제를 안고 있다. 대표적 에너지 신산업 8대 사업별 주요 성과는 다음의 〈표3〉과 같다.

표3_ 에너지 신산업 8대 사업별 주요 성과

분야	주요 성과
전기자동차	·국내 최초 배터리 리스 사업 신설, 민간 유료 충전 사업자 설립
수요자원 거래시장	·개설 1년 만에 총 1000억 원 시장 창출(발전소 5기 분량)
에너지자립 섬	·울릉도 에너지자립 섬 착공, 추가로 5개 도서 사업 추진
에너지저장장치ESS	·주파수 조정용 200MW ESS 구축(1600억 원 시장 창출)
친환경에너지타운	·홍천시 친환경에너지타운 준공, 신규 사업 10개소 지정
제로 에너지 빌딩	·저층형 및 고층형 제로 에너지 빌딩 착공
발전소 온배수열 활용	·신재생 에너지원으로 인정, 당진 등 3개소 온실재배 사업 추진
태양광 대여	· 1만 가구 돌파(2014~2015)

출처 신기후체제 대응을 위한 2030 에너지 신산업 확산 전략·2030년 미래비전 달성을 위한 5개년 기본 계획, 관계부처 합동 발표

2030 에너지 신산업 확산 전략

우리 정부는 에너지 솔루션 시스템 분야 세계 1위 비전을 달성하기 위한 100조 원 규모의 신시장 및 50만 명 규모의 고용창출, 에너지 분야 혁신으로 총 5500만 톤 규모의 온실가스 감축 등의 목표를 설정하고 중장기 계획으로 '2030 에너지 신산업 확산 전략'을 수립해 2015년 11월 발표했다.

1. E-프로슈머

· 마이크로그리드 활성화 기반 강화

· 친환경에너지타운 확산

· 제로 에너지 빌딩 확대

· 수요자원 시장의 국민 참여 확대

2. 전력 분야

· 신재생에너지 확산을 위한 생태계 마련

· 기존 화력발전소의 저탄소화

· 이산화탄소 포집 및 저장기술[CCS]을 통한 온실가스 배출 직접 감축

· 전력 효율화를 위한 ESS 활성화

· 차세대 송전망을 통한 전력 손실 최소화

3. 수송 분야

· 국민이 체감하는 전기차 보급 확대

· 전기차 연관 생태계 활성화 기반 조성

4. 산업 분야

· 스마트 공장을 통한 에너지 소비 효율화

· 친환경공정 신기술 개발 및 적용 확대

· 전국 미활용 열을 이용한 신산업 창출

5. 혁신 기반 조성

· 에너지 신산업 제도 및 핵심 인프라 강화

· 기후변화 대응 3대 기술혁신 전략 추진

· 에너지 신산업 민간 투자 촉진

· 에너지 신산업 수출 산업화 추진

이 계획은 산업자원부의 에너지 정책 소관이나 국가적으로 좀 더 큰 정책 목표와 추진 방안, 기술 개발 플랫폼 도출과 이를 지원하는 방안이 마련돼야 한다. 우리는 메가시티^{Mega City}에 대한 경험, 세계 유일의 건설 산업 경험, 엄청난 에너지 수입과 소비국가로서의 경험, 4차 산업을 준비할 수 있는 정보통신기술^{ICT} 리더 국가로서의 경험 등을 종합적으로 정책에 반영할 필요가 있다. 또한 그 정책 목표는 좀 더 혁신적이고, 정부 주도적이고(비즈니스 타이밍이 아닌 상태에서 마중물 효과는 미진할 수밖에 없다), 더 큰 틀에서 추진돼야 한다는 인식의 전환이 필요하다.

비즈니스 위한 융합기술 개발이 중요

일본의 경우 우리보다 큰 정책적 틀과 장기적인 정부 리더십을 갖추고 있다(예: 남미 풍력발전소 투자와 DC Ship 개발, 컨테이너 배터리 운송과 동남아 DC 발전 공급, 수소사회로의 전환과 세계 연료전지시장 점유 등). 물론 이는 민간이 기술적 리더십을 가지고 있어야 가능한 분야이나, 에너지는 해외 비즈니스에서 경험과 실적이 중요하므로 이를 위한 국가 주도형 테스트베드 등에 대한 선투자가 이루어져야 한다.

4차 산업혁명 시대를 맞이하는 글로벌 국가는 우리와 같은 에너지 공급 구조나 경험 비용을 지불할 필요가 없다. 우리의 에너지기술은 결국 해외 수출이 목적이기 때문에 지혜로운 비즈니스 전략 아래 기술 개발이 이뤄져야 한다. 에너지 산업 속성상 생산기술, 공급기술, 소비기술 중 4차 산업혁명과 우리의 ICT가 공통적으로 유효하게 적용될 수 있는 분야는 에너지관리기술 분야다.

2017년 1월 스위스 다보스에서 열린 세계경제포럼WEF의 주제인 4차 산업혁명과 관련된 핵심 기술은 사물인터넷, 빅데이터, 인공지능 및 기술융합이다. 이러한 4차 산업혁명은 에너지 분야에도 혁신을 일으켜 에너지 분야와 연관 분야를 융합한 '에너지 4.0' 시대를 만들 것으로 예측된다. 에너지의 디지털화를 촉진하는 '에너지 4.0'은 독일에서 처음 소개된 에너지 패러다임으로 '에너지기술의 디지털화' 및 ICT를 비롯한 '다른 기술들과의 융합'을 통해 에너지 산업에 획기적인 구조 변화를 가져오는 현상을 의미한다.

산업통상자원부와 산업연구원은 4차 산업혁명에 선제적으로 대응하기 위한 에너지 신산업을 육성하고자 2017년 2월 6일 'K-에너지 4.0' 전략과 비전을 제시했다. 이는 해외의 '에너지 4.0'을 우리나라 상황에 맞게 적용한 에너지 전략으로, 우리의 강점인 ICT 역량을 극대화하면서 '인더스트리 4.0'과 '에너지 4.0'의 보완협력으로 시너지 효과를 창출해 에너지 산업을 국가 성장을 견인하는 주력 산업으로 재정립하는 것을 목표로 한다.

제러미 리프킨 미국 경제동향연구재단FOET 이사장은 3차 산업혁명을 신재생에너지 및 에너지 인터넷과 연관 지어 설명한 바 있다. 그러나 4차 산업혁명은 새로운 에너지원의 등장이 아닌 기존 에너지기술이 정보통신, 전자, 화학, 바이오 등 연관 분야의 신기술과 융합돼 새로운 산업혁명의 기폭제가 되는 것이다. 셰일가스와 타이트오일의 대량생산을 가능하게 한 수압파쇄법과 수평시추법의 개발도 3D 프린팅, 지질, 토목 등 타 분야의 신기술이 원용된 결과로 설명된다. 또한 빅데이터를 활용한 마이크로 그리드 기술을 이용해 소비효율을 획기적으로 올릴 수 있다는 것은 이미 국내에서도 검증되고 있다.

　이러한 관점에서 4차 산업의 성공은 다양성과 기술 융합에 있기에 이종기술을 결합해 목적을 이루는 비즈니스 목적형 융합기술의 개발도 중요하다. 이는 과거 정부 연구개발R&D 지원에서 거의 다루지 않은 분야로 장기적 안목에서 글로벌한 협력과 새로운 방식의 접근법이 필요하다.

4차 산업은 플랫폼 경쟁

　전력 분야에서는 한국전력공사와 각 통신사가 4차 산업 시대에 대비해 막대한 재원을 연구개발에 쏟아부을 계획이다. 한국전력공사는 4차 산업혁명을 초(超)연결센서, 사물인터넷기술로 수집된 데이터를 분석해 전력·에너지 신사업에 융합하고, 새로운 가치를 창출하는 전략으로 정의한다. 이에 따라 ①4차 산업혁명 관련 신기술 확보·이용: 지능형 센서, 클라우드, 증강현실·가상현실AR·VR, 빅데이터, 사물인터넷, 인공지능 등 ②전력사업 및 에너지 신사업에 융합: 신재생에너지, ESS, 디지털발전소, 디지털변전소, 스마트 그리드 ③새로운 비즈모델 창출, 새로운 서비스 제공: 토털 솔루션 프로바이더Total Solution Provider, 스마트홈, 커넥티드 자동차, 데이터마켓 개발 등의 전략을 세우고 9대 추진 전략과제에

2020년까지 7640억 원을 투자한다고 발표했다.

이 내용 중 신재생에너지 및 그와 연계된 분산 전원망 사업, 에너지 프로슈머 사업 등 에너지 신산업을 일으키기 위한 정부 정책과 연계된 사항에 대해서는 전력 정보기술IT의 플랫폼기술 개발 전략상 기존의 IT 에서 보여준 국제적 리더십을 어떻게 실현해나갈 것인가에 대한 전략이나 기수 달성 수준의 성과를 파악하기는 어렵다.

하지만 한국전력공사가 추구하는 독자적 플랫폼 구축 전략은 공급과 수요관리가 분리될 수 없는 미래에 전력 에너지 산업의 발전모델과 각국의 에너지 관리 네트워크 방식이 어떻게 정의되고 전개될 것인가에 대한 추가 논의와 정부의 판단이 중요하다.

김상배 서울대 교수는 2016년 12월 2일 국제정치학회에서 발표한 논문 '4차 산업혁명의 담론'에서 각국의 4차 산업은 플랫폼 경쟁이라고 밝혔다. 그는 논문에서 우리의 현실에 맞지 않는 플랫폼을 수용해 제한된 자원을 엉뚱한 곳에 투자하는 잘못을 저질러서는 안 된다는 점을 지적했다. 새로운 기술 변화를 우리의 현실에 맞게 개념화하는 데 한국전력공사나 관 주도적으로 특정 기업의 독자적인 기술 개발 플랫폼으로만 추진하는 전개 방식을 취하면 안 된다는 것이다.

현재 에너지 사업 주체들의 주장과 전략은 국가 에너지 산업의 미래적 관점에서 해외 기업의 전략과 현황 파악, 에너지 시장 공개에 기반한 에너지 기업과 IT 기업의 공동전략 수립 등 열린 에너지 정책이 필요하다.

표4_ **4차 산업혁명에 따른 각국의 미래전략**

구분	독일	미국	일본	중국
의제	인더스트리 4.0 (2011년 11월)	산업인터넷 (2012년 11월)	로봇 신전략 (2015년 1월)	중국 제조 2025 (2015년 5월)
플랫폼	설비·단말 중심의 플랫폼(제조 시스템의 표준화를 통한 세계로의 수출)	클라우드 중심의 플랫폼(클라우드 서비스의 수비 영역을 확정)	로봇, IoT, AI를 연계한 지능 로봇화 플랫폼(로봇 플랫폼과 AI, CPS 연계 플랫폼 추진)	인터넷 플러스 전략과 강력한 내수시장 연계 플랫폼(제조대국에서 제조강국으로 전환 과정에서 파생되는 플랫폼의 사실상 표준전략)
추진체계	플랫폼인더스트리 4.0 (2013년 4월), 독일공학아카데미, 독일연방정보기술·통신· 뉴미디어협회(BITKOM), 독일기계공업협회(VDMA), 독일전기전자제조업 협회 (ZVEI) 등 관련기업과산업단체	IIC(Industry Internet Consortium, 2014년 3월 발족) GE, 시스코, IBM, 인텔, AT&T 등 163개 관련 기업과 단체	로봇혁명실현회의 (2016년 1월), 로봇혁명 이니셔티브협의회 (148개 국내외 관련 기업과 단체), IoT 추진 컨소시엄 (2016년 10월)	국무원 국가제조강국 건설지도소조 클라우드 컴퓨팅과 빅데이터 전략을 추진하는 인터넷 기업들과 연합
기본전략	공장의 고성능 설비와 기기를 연결해 데이터 공유, 제조업 강국의 생태계를 살려 Real에서 Cyber 전략	공장 및 기계설비 등은 클라우드에서 지령으로 처리, AI 처리와 빅데이터 헤석을 중시하는 Cyber에서 Real 전략	로봇 기반 산업 생태계 혁신 및 사회적 과제 해결 선도, IoT, CPS, AI 기반 4차 산업혁명 선도	5대 기본 방침, 4대 기본 원칙, 3단계 전략에 의한 강력한 국가 주도 제조 혁신 전략, 방대한 내수 기반의 지혜 도시(스마트 시티)와 제13차 5개년 계획과 연계
주요기업	지멘스, SAP	GE, 아마존	도요타, 화낙	알리바바

출처 국제정치학회 발표, 2016. 12. 2, 4차 산업혁명, 세계정치 변환, 한국 미래전략, 김상배, 서울대

〈표4〉에서 알 수 있듯 4차 산업을 추구하는 각국의 차이는 네트워크 구조설계를 하는 비전 경쟁, 표준 경쟁, 플랫폼 경쟁의 의미가 있다. 과거 무선인터넷, 유비쿼터스 등에서는 미국 기업이 주도했고 사물인터넷(+빅데이터+클라우드+인공지능)도 유사한 상황을 보이고 있다. 미국 중심의 사물인터넷은 모노허브Mono-Hub형 네트워크 모델로, 중앙 서버 방식의 클라우딩 시스템과 빅데이터 활용 기반의 중앙제어 형식이라 하겠다. 반면 독일이나 일본은 멀티 허브Multi-Hub형 네트워크 모델로 M2MMachine To Machine, 즉 센서를 탑재한 기기들이 동일한 플랫폼을 기반으로 통신하는 방식이다.

비용 절감과 편리성이 에너지 경쟁력

4차 산업혁명에서 우리가 인공지능, 사물인터넷, 빅데이터, 클라우드 컴퓨팅, 바이오, 에너지에 대해 어떤 비전과 전략을 가지고 에너지 산업과 ICT 산업을 다양성 있게 융합할 것인가는 미래에너지 산업화에 매우 중요한 요소다. 또 국가 기반과 안보를 다루는 에너지 산업에서는 각 국별로 유효한 기술 전략에 대해 지속적이고 심도 있는 공부가 필요하다. 정부는 현재의 에너지 및 네트워크 독점기업의 기업 전략을 국가의 산업 전략과 동일시하거나 플랫폼을 단순히 이해하고 시장논리만 따르는 우 또한 범하지 않아야 할 것이다.

4차 산업혁명은 지속적으로 플랫폼 경쟁 속성을 갖고 있고, 다양한 제품과 서비스가 결합된 플랫폼만이 경쟁에서 이길 수 있으며, 소프트웨어와 알고리즘을 장악하는 게임이다.

따라서 일정 수준의 시장 지배력을 가진 플랫폼 간 경쟁이 각 산업별로 일반화할 가능성이 있다. 대기업은 세계 양대 규격^{GSM, CDMA}에 맞춘 단말기를 개발해 수출을 통한 국부는 창출했지만, ICT 산업의 서비스 플랫폼 경쟁에서 우리는 성공을 경험하지 못했다. 4차 산업 시대의 IoT 기반 에너지 산업 분야에서 우리의 디바이스 플랫폼, 모듈 플랫폼, 서비스 플랫폼 사업이 성공하려면 전략적인 국가별 수출 맞춤형 기술 개발이 추진돼야 한다. 에너지 4.0 시대의 전략 과제는 유럽형에 기반을 두고 미국과 중국으로 대변되는 글로벌시장의 네트워크와 호환성을 유지하도록 에너지 하베스팅^{Harvesting·온도 차이 같은 자연현상을 이용해 전기를 생산하는 것} 기술, 에너지 부품 장비 및 에너지 절약과 관리기술 개발을 신속히 지원하고 다양한 테스트 플랫폼을 구축해 검증하는 것이다.

또한 에너지 경쟁력의 핵심은 비용 절감과 편리성 제공에 있다. 에너지 효율화는 에너지 다소비 기기나 제로 에너지 빌딩의 확대, 신재생에너지와 마이크로 그리드를 활용한 에너지 프로슈머 사업의 확대, 열전기 통합관리기술 개발, 연료전지를 활용하는 수소가스 사용 기술의 확대, 그간 다루지 않았던 새로운 에너지 하베스팅 기술을 이용한 편리성 혁신 등이 4차 산업혁명과 맞물려 진화할 것이다.

에너지 공급과 사용 방법도 화석연료를 다루던 중앙 공급 중심에서 편의성, 이동성과 분산성, 상호연결성을 높이는 방향으로 전개될 것이다. 우리는 전 세계의 에너지 분포 상황을 파악하고 지역에 맞는 산업 전략에 따라 수출 상품을 개발해야 한다. 더 이상 거대 공기업이 아닌 중소 중견기업이 에너지 신산업화의 중심으로 나아갈 수 있도록 정부가 다양한 기술 개발지원 프로그램을 마련해야 한다.

황학인

한양대 무기재료공학과를 졸업하고 동대학에서 공학 박사학위를 받았다. 2016년부터 대기환경·에너지 진단 센서 관련 중소기업을 경영하고 있다. 1984년부터 1993년까지 삼성전자, 1993년부터 2016년까지 전자부품연구원 부품연구본부장과 에너지연구본부장을 지냈고, 1998년부터 2000년까지 스위스 연방공과대학에서 연구원으로 일했다. 한국공학한림원 에너지분과 운영위원, 산업자원부 에너지기반기술위원회 전문위원, 한국센서학회 부회장, 경기도 과학기술자문위원회 위원장 등을 역임했다. 또한 국제 학술지 「IEEE Sensor」 편집위원을 지냈으며, 주요 저서로 「알기 쉬운 진공기술」 외 다수의 논문과 특허가 있다.

"자원은 공기와 같아서,
당신이 관심을 갖지 않으면
그 큰 중요성을 느끼지
못한다."

_무명씨

3.2

자원 한계 극복하는 국가적 대책

이태섭 전 한국지질자원연구원 원장

자원 확보하기 위한 전쟁

'자원'은 원래 지하자원을 일컫는 말이나 요즘은 'OO자원'처럼 수식어를 붙여 식량자원, 산림자원, 인적자원 등으로 다양하게 사용하고 있다. 이와 구분하기 위해 굳이 지하자원이라고도 하나 여기에서는 편의상 자원으로 쓰기로 한다.

지구라는 폐쇄계Closed System에 있는 자원은 비재생자원으로 제한적이고 고정돼 있는 고갈성 자원이다. 지하자원 중 지하수는 적정한 양만 양수해 사용하면 재생될 수 있는 자원Renewable으로 분류할 수 있다. 이에 지하수자원을 제외하고 인간의 시간 단위 내On a Human Time Scale에서 재생될 수 없는 화석연료자원과 광물자원을 다루고자 한다.

최근 유가油價가 2~3년 전에 비해 반 토막 나면서 그만큼 자원의 중요성을 간과하기 쉽다. 그러나 이럴 때일수록 자원의 가치와 중요성을 알

고 대비해야 한다. 세계적인 인구 증가와 더 편리하고 문명화된 생활을
영위하고자 하는 인간의 욕구가 커질수록 자원 수요는 계속 증가할 수
밖에 없기 때문이다. 이에 따라 자원을 확보하기 위한 크고 작은 전쟁이
유사 이래 계속돼왔다.

  석유자원을 예로 들어보자. 18세기 산업혁명을 이끈 핵심 에너지원
은 석탄이었다. 이것이 20세기 초 석유로 전환함에 따라 석유 시대가 도
래했으며 석유의 안정적 공급은 국가 최고 어젠다가 됐다. 특히 우리나
라와 같이 부존자원이 빈약한 나라에서 자원 확보는 국가적 안보 차원
의 과제이기도 하다.

  제2차 세계대전에서 연합국의 승리는 석유자원 확보에서 우위를 점
했기에 가능했다. '사막의 여우'라 불렸던 독일 기갑사단의 롬멜 장군
이 히틀러에게 훈장 대신 석유를 달라고 했다는 일화가 있을 정도다. 일
본 가미가제 특공대가 전격적으로 하와이 진주만을 폭격한 것은 대일본
석유 금수조치를 타개하기 위한 고육지책이었다. 이처럼 석유는 전쟁의
승패를 좌우하는 결정적인 요소로 작용했다. 이로부터 '석유정치학Petro
Politics'이란 용어가 등장했고 석유자원을 확보하기 위한 국가 간 치열한
경쟁이 시작됐다.

화석연료 사용 감소 위한 파리협정

  1973년 중동에서 벌어진 이스라엘과 아랍 진영 간 전쟁은 석유전
쟁으로 번져 제1차 석유파동을 초래했고 세계적으로 경제성장이 둔화

됐다. 이와 함께 그동안 거대 국제석유회사Major Oil Company가 독점하고 있던 원유 가격 결정권을 석유수출국기구OPEC가 장악하면서 자원민족주의Resource Nationalism를 부추겼다.

1990년 이라크의 쿠웨이트 침공으로 시작된 전쟁도 양국의 국경에 걸쳐 있는 루말리아 유전의 생산량에 대한 불만에서 비롯됐다. 남중국해와 카스피해의 분쟁도 인접국 간 배타적경제수역EEZ에 부존된 석유자원을 차지하기 위한 것이다.

석유 수송로의 안전한 확보를 둘러싼 경쟁도 치열하다. 중동과 동아시아를 잇는 해상 수송로의 요충지인 호르무즈해협과 말라카해협이 대표적이다. 이들 지역의 정세가 불안정해 석유수송이 원활하지 않으면 우리나라뿐 아니라 일본, 중국까지 곤란한 처지가 된다. 중국은 유사시에 대비해 파키스탄, 미얀마와 장기적인 항구 임차 계약을 했고, 카자흐스탄 등 중앙아시아로부터 톈산산맥을 관통하는 육상 파이프라인을 건설하고 있다. 또한 남중국해를 전략적 요충지 삼아 해군력을 증강하고 있다. 만약 이곳이 중국의 통제권에 들어가면 우리나라와 일본은 에너지안보 차원에서 큰 위험에 직면할 수도 있다.

1990년대 초까지만 해도 중국은 석유자원을 자급자족했다. 그러나 당시 덩샤오핑 국가주석의 개혁개방 조치로 경제가 폭발적으로 발전함에 따라 중국은 석유뿐 아니라 모든 자원을 빨아들이는 블랙홀이 됐다. 2002년 이미 일본을 제치고 세계 제2위 석유소비국이 됐으며 2016년 자료BP Statistical Review에 의하면 일본의 하루 석유 소비량 420만 배럴의 약

3배인 1200만 배럴을 소비하고 있다. 중국의 경제발전이 세계 에너지 소비의 판도를 뒤흔들고 있다 해도 과언이 아니다.

발전, 수송, 그리고 석유화학제품 생산에서 석유자원을 대체할 에너지원이 새롭게 등장할 때까지 석유자원의 중요성이 계속되리란 것은 명약관화하다. 태양광, 풍력 등 신재생에너지원과 원자력이 발전 부문을 일부 담당할 수 있고, 배터리를 이용한 전기자동차의 실현으로 수송 부문도 일부 대체할 수 있으나 아직은 미미한 수준이다. 비닐, 플라스틱 등 석유화학제품을 합성화학화합물로 대체하기엔 경제성이나 기술 면에서 시기상조다.

2015년 12월 12일 체결된 COP21^{제21차 파리기후변화협약 당사국총회}에서의 신기후체제 합의문인 '파리협정^{Paris Agreement}'은 향후 화석연료의 사용을 줄이는 데 큰 영향을 미칠 것이다. 하지만 많은 에너지 전문가는 2050년까지는 석유자원이 에너지원의 주류 자리를 계속 차지할 것으로 예측하고 있다.

광물자원 역시 지역적인 부존의 편재성^{偏在性} 문제로 자원 확보를 위한 국가 간 경쟁이 치열하다. 일례로 센카쿠열도^{중국명 댜오위다오} 문제로 중국과 일본이 분쟁이 일어났을 때 세계 전체 희토류의 80% 이상을 공급하던 중국이 수출을 금지해 각국이 희토류 확보에 큰 어려움을 겪기도 했다.

'닥터 코퍼^{Dr. Copper}'라는 말이 있다. 보통 실물경기 예상지표로 활용되는 구리를 말하는데, 구리는 금이나 원유 등에 비해 지정학·정치적 영향을 덜 받을 뿐 아니라 자동차, 건설, 해운 등 제조업 전반에 사용되므로 구리 가격이 올라가는 것은 곧 경기상승, 구리 가격이 떨어지는 것은 경기하강 국면임을 의미한다. 세계 도처에서 채굴되는 구리는 지역 편재성에서 자유롭기에 '닥터 코퍼'라는 명칭이 생겼다고 볼 수 있다.

자원 한계, 어떻게 극복할까

자원 고갈 문제를 이야기할 때 먼저 설명해야 하는 것이 가채연수可採年數다. 가채연수R/P란 매장량R을 연간 생산량P으로 나누면 앞으로 얼마 동안 채굴이 가능한지를 나타내는 지표다. 자원의 종류별로 가채연수가 다른데 보통 석유 40여 년, 천연가스 60여 년, 석탄 110여 년, 철 50여 년, 동 40여 년, 니켈 30여 년, 아연은 20여 년 등으로 보고되고 있다.[1] 가채연수가 적을수록 지구상에서 고갈되는 속도가 빠르다고 보면 된다. 그런데 필자가 대학을 졸업한 45여 년 전에도 석유의 가채연수는 40년이었는데 지금도 40여 년이라고 한다. 그렇다면 이는 의미 없는 숫자에 불과한 것일까.

결론부터 이야기하자면 과학기술의 발전으로 자원의 한계를 극복할 수 있다. 다른 말로 표현하면 가채연수의 연장이 이루어지는 것이다. 석유와 천연가스의 경우, 부존심도가 얕고 규모가 큰 석유가스전은 거의 채굴돼 부존심도가 깊거나 규모가 작은 것을 찾아내고 채굴해야 한다. 당연히 심도가 깊고 규모가 작을수록 고도의 탐사기술과 시추기술이 필

---

1) USGS Mineral Commodity Summaries 2014, BP Statistical Review, 2014

요하다. 석유탐사기술로는 3차원 탄성파탐사기술 개발로 지하 하부구조를 3차원으로 영상화해 탐사적중도를 높였다. 시추기술 또한 방향제어 시추기술을 개발해 원하는 방향으로 시추함으로써 적중도를 높이고 있다. 이러한 기술 발전에 힘입어 심해나 북극해 같은 극한지에서도 석유가스자원을 개발할 수 있게 됐다.

　　석유회수기술도 진일보해 기존에는 매장량의 20~30% 정도만 회수할 수 있었으나 석유회수증진기술Enhanced Oil Recovery·EOR로 이제는 50% 내외까지 회수하고 있다. 매장량이 1억 톤 내외인 해양 천연가스전의 경우 과거에는 육상에서 멀리 떨어져 있으면 경제성이 없다고 개발하지 않았으나 조선업의 발전으로 '부유식 원유생산저장하역설비Floating, Production, Storage, Off-loading·FPSO'나 '부유식 액화천연가스설비Floating Liquified Natural Gas·FLNG' 등을 활용해 개발하고 있다.

　　비전통 석유자원Unconventional Petroleum Resources인 타르샌드, 셰일가스 등도 유가가 낮을 때는 개발되지 않았으나 지금은 활발하게 개발되고 있다.〈그림1〉 특히 셰일가스 혁명이라고까지 불릴 만큼 미국이 세계 최대 석유생산국이 된 것은 막대한 셰일가스 부존과 생산기술 확보 덕이다. 셰일가스 생산기술 개발은 텍사스 A&M대에서 석유공학 박사학위를 받은 조지 미셸 박사의 10여 년에 걸친 집념에 의한 것이다. 그는 치밀한 셰일암석 속에 갇힌 셰일가스를 수압파쇄水壓破碎·Hydrofracturing 방법과 수평시추Horizontal Drilling 기술로 생산할 수 있는 길을 열었다.〈그림2〉

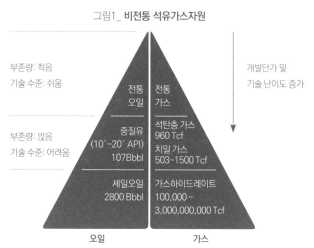

그림1_ 비전통 석유가스자원

출처 Wood Mackenzie

미래 자원 '메탄가스하이드레이트'

지금은 셰일가스에 가려져 활발한 연구활동이 이루어지지 않고 있지만 유가가 상승하면 미래에는 메탄가스하이드레이트 Methane Hydrate가 그 뒤를 이을 것이다. 우리나라도 필자가 원장으로 재임할 당시인 2007년 한국지질자원연구원 연구팀이 동해 울릉도 남방 약 100km 지점에서 세계 다섯 번째로 메탄가스하이드레이트 실물 채취 시추에 성공한 바 있다. 유가가 높아져 이들의 생산이 경제성이 있다고 판단되면 활발한 생산기술 연구가 이루어질 것이다.

앞에서도 언급했지만 석유자원을 완전히 대체할 수 있는 새로운 에너지원이 개발되기 전까지는 이들 비전통 석유자원이 그 역할을 대신하리라 예상된다.

그림2_ **비전통 석유가스자원 모식도**

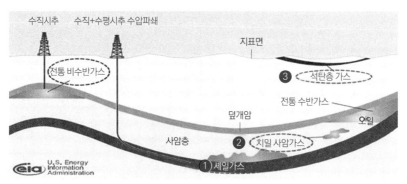

출처 US EIA

광물자원도 탐사기술과 채광기술의 획기적인 발전으로 태평양 심해저 수심 4000~6000m에 부존하는 망간단괴, 해저 수심 1000~3000m에 금, 은, 동을 포함한 금속이 침전돼 형성되는 해저 열수광상熱水鑛床을 자원화할 수 있게 되고, 해수에 녹아 있는 광물자원을 추출할 수도 있다. 또한 선광기술과 제련기술을 고도로 향상시켜 현재는 개발하지 않는 저품위광低品位鑛을 자원화할 수 있다. 도시광산Urban Mining이라고도 불리는 자원 재활용기술을 활용해 우리가 필요로 하는 금속광물을 얻을 수도 있다. OECD 회원국 중에서도 재활용률이 80%에 이르는 우리나라는 재활용기술 선두 국가에 속한다.

이상에서 설명한 바와 같이 자원의 고갈은 과학기술의 발전에 힘입어 예측했던 것보다 항상 연장돼왔으며 미래에도 그렇게 될 것이다. 따라서 궁극적인 고갈은 오직 그 자원의 경제성가격경쟁력에 의해서만 결정될 것이다. 어느 특정 자원이 가격경쟁력을 상실하면 가격이 싼 다른 자원

으로 대체되기 때문에 지구상에서 어느 특정자원이 고갈되는 지경까지
는 이르지 않을 것으로 보인다. 없어서도 안 되고 대체할 수도 없는 자원
이라면 우주개발에 박차를 가해 미래에는 달이나 화성에서 필요한 자원
을 확보할 수도 있다. 이 모든 것은 과학기술 발전으로 해결될 수 있으리
라 확신한다.

자원 확보의 절박감 사라진 한국

우리나라는 국내 부존자원이 빈약해 자원(에너지자원과 광물자원)
위기에 아주 취약한 경제구조다. 에너지의 97%와 주요 광물자원의 대
부분을 수입에 의존하고 있으며 산업구조 또한 철강, 자동차, 조선, 석
유화학 등 에너지·자원 다소비형 산업구조를 가진 세계 5위 자원소비국
이다. 에너지 소비는 세계 8위로 전 세계 에너지의 2.23% 정도를 차지
하고 있고, 6대 전략 광물의 경우 유연탄 세계 7위, 우라늄 세계 5위, 철
광 5위, 동 5위, 아연 3위, 그리고 니켈은 4위다. 이와 같은 수입 의존적
에너지·자원수급 구조는 글로벌 자원시장의 수급 불안정이 커질 경우
우리 경제의 안정적 성장을 저해하는 잠재적인 위험을 안고 있다.

2016년 발간된 세계에너지협의회World Energy Council·WEC 에너지 지속성
지수 보고서에 따르면 우리나라는 에너지안보 72위, 환경지속성 88위
에 불과했다. 우리 경제의 안정적인 성장을 담보하려면 이를 뒷받침할
수 있는 에너지·자원 확보가 필수적이다.

에너지·자원 확보에 어떠한 문제점이 있는지 살펴보자. 우선 대외

적으로는 세계 자원시장이 메이저기업을 중심으로 하는 시장체제가 형성돼 이들에 의한 독과점 확대가 우려되고, 자원을 자국의 산업발전 수단으로 활용하려는 신흥 자원보유국의 신자원민족주의 심화를 들 수 있다. 여기에 G2로 부상하고 있는 중국이 막대한 외환보유고를 바탕으로 해외자원 개발을 싹쓸이하고 있는 것도 우리에게 큰 부담이 아닐 수 없다.

또한 계속되는 자원 개발로 전 세계적으로 개발 심도가 점점 깊어지고 광체의 품위도 점점 낮아지는 등 개발 여건이 악화될수록 비용은 증가하고 있다. 대내적으로는 국내 자원산업 기업들의 사업 역량과 자원개발 경쟁력이 취약하다. 메이저기업에 비해 후발주자로서 경험이 부족하고 전문인력 양성 시스템도 미흡하다. 그나마 유가가 고공행진을 할 때 정부가 자원의 중요성을 절감하고 전문인력 양성 프로그램의 일환으로 만든 대학의 에너지·자원 관련 학과에 특성화 자금을 지원하는 것은 아주 바람직한 정책 결정이다.

차별화된 해외자원 개발 필요

최근의 낮은 유가, 안정적인 광물자원 가격과 함께 과거 정부의 과도하고 무분별한 해외자원 개발에 대한 부정적 인식으로 자원 확보에 대한 절박함이 사라지고 있는 것은 참으로 안타까운 일이다. 중국이나 일본은 유가가 낮은 이 시기를 이용해 해외자원 확보에 전례 없는 자금을 쏟아붓고 있다. 우리의 경우 다음과 같은 4가지의 차별화된 해외자원 개발 전략이 필요하다.

첫째, 해외자원 개발을 들 수 있다. 해외자원을 개발하려면 기술력, 자금, 정보력 3가지가 필수적이다. 우리와 상황이 비슷한 일본은 기술력과 정보력 그리고 자금력을, 중국은 막대한 외환보유고를 앞세워 아프리카 등 자원보유국을 공략하고 있다. 우리는 이에 비해 자금이나 기술 측면에서 열세이지만 나름의 강점을 활용한 차별화 전략을 수립해야 한다. 대부분 자원부국은 개발도상국이거나 저개발국이다. 이들이 갖고 있는 산업화에 대한 강한 열망을 고려할 때 우리가 이룩한 단기간의 산업화 성공 경험을 이들에게 전수하고 이와 연계해 자원 개발 진출 전략을 세우는 것이 효율적인 방안이 될 수 있다.

해외자원 개발 운영권을 확보하기 위해 국내 기업 간 협력을 확대하고 정부 차원의 정책적 지원도 필요하다. 해외자원 개발 사업 운영을 위해서는 자원 개발 전 주기에 걸쳐 적용되는 핵심기술과 사업 추진에 필요한 운영역량을 확보해야 한다. 따라서 이들 사업운영과 핵심역량 확보에 필요한 실무형 인재를 육성해야 한다.

둘째, 자원재활용, 다시 말해 자원 리사이클링을 통한 자원순환형資源順換形 사회를 구축해야 한다. 가전제품이나 폐금속 자원으로부터 유용有用 금속을 분리 추출하는 핵심기술을 확보하고, 물질 흐름 분석을 통해 폐자원의 회수율을 높여야 한다. 쓰레기 분리수거처럼 사회적 시스템을 구축하면 폐자원을 체계적으로 회수할 수 있다.

　폐자원으로부터 유용광물을 추출하는 것은 도시광업이라 불릴 만큼 유망한 분야이며, 유용금속 추출과 환경유해 요소 절감이라는 일석이조 효과를 거둘 수 있다. 도시광산의 가치는 무궁무진하다. 예를 들어 금광석 1톤에서 금 3g을 추출하는데 폐휴대전화 1톤약 1만 대에서는 200~400g을 추출할 수 있다. 폐휴대전화 1대에는 금 0.004g, 은 0.2g, 팔라듐 0.03g, 리튬 0.002g, 구리 14g, 코발트 27.4g이 들어 있다. 폐컴퓨터 15대에서 금 1돈3.75g을, 폐디지털카메라 1톤에서 금 170g과 은 490g을 추출할 수 있다. 금 매장량 세계 1위인 남아프리카공화국의 생산량이 연간 6000톤인 데 반해 일본이 도시광산에서 생산하는 금은 연간 6800톤에 달한다. 실로 도시광산의 가치가 어마어마하다고 할 수 있다.

　셋째, 남북 지하자원 협력이다. 그 시기를 알 수 없지만 한반도 평화를 전제로 한 남북한 자원 협력은 남한의 불안정한 자원수입 구조를 개선하고 북한의 경제활력을 높이는 데 기여할 수 있다. 북한은 남한에 비해 상당한 규모의 광물자원이 부존된 것으로 보고되고 있지만 이를 뒷받침할 만한 신뢰성 있는 자료 확보가 어렵다. 매장량 산출 방식은 세계은행World Bank이나 아시아인프라투자은행Asia Infrastructure Investment Bank 같은 국제사회의 지원을 받을 때 유엔 기준인 호주의 광업과 광업기준Joint Ore Reserves Committee·JORC 코드나 캐나다의 CIM NI-43-101Canadian Institute of Mining

National Instrument-43-101을 사용하는데, 불행히도 아직 북한은 이들 기준에 의해 산출된 자료가 없다.

　그렇더라도 북한의 지하자원이 우리의 기술과 결합하면 우리나라의 자원 문제를 일정부분 해결하고 북한의 경제발전에도 상당한 도움이 될 것으로 기대된다. 평양 앞바다인 서한만 지역은 석유부존 가능성이 높은 것으로 알려져 있지만 중국과의 관계로 인해 남북 공동탐사가 어려운 반면, 원산 앞바다인 동한만 지역이나 육상 지역은 북한 영토이므로 남한의 발달된 기술을 활용할 경우 소기 성과를 기대할 수 있을 것으로 판단된다.

　마지막으로, 대학의 에너지·자원 관련 학과를 지원해 글로벌 환경에 맞는 자원기술 인력을 배출해야 한다. 또한 우리나라와 처지가 비슷한 일본이 실행한 것처럼 국내 에너지·자원 공기업인 한국석유공사, 한국가스공사, 한국광물자원공사의 기능을 통합, 대형화해 사업역량을 강화해야만 글로벌 에너지·자원시장에서 그 역할을 기대할 수 있을 것이다.

이태섭
서울대 자원공학과를 졸업하고 미국 콜로라도 광산대Colorado School of Mines에서 응용지구물리학 박사학위를 받았다. 1976년부터 2009년까지 한국지질자원연구원에서 주로 자원탐사 분야 연구활동을 했고 2002년부터 2008년까지 동 연구소 원장을 역임했다. 원장으로 재임하는 동안 북한 핵실험 탐지와 국내 지진 연구의 중심이 될 지진연구센터를 설립했으며, 2007년에는 세계에서 다섯 번째로 동해에서 가스하이드레이트 실물 확보 시추에 성공하는 쾌거를 이루기도 했다. 2004년 과학기술훈장 혁신장을 수상했고 국토정책위원회 위원, 국가과학기술위원회 운영위원회 위원, 과학기술출연기관장협의회 회장, 전국경제인연합회 자원대책위원회 자문위원, 브레인 풀Brain Pool 선정위원회 에너지자원해양건설분과위원장, 한국자원공학회 회장 등을 역임했다. 연구원 퇴직 후 2010년부터 2016년까지 공주대, 세종대에서 학생들을 가르쳤다. 현재 한국공학한림원 원로회원이며 지반조사 전문회사인 희송지오텍㈜ 기술고문으로 활동 중이다.

"변화 없이 일어날
수 있는 것이 도대체
있기나 한가?"

_아우렐리우스의 『명상록』 중에서

3.3
인공지능 의사의 출현
이레나 ^{이화여대 교수}

상상력과 과학이 만나면 현실이 된다

『2001 스페이스 오디세이』의 저자이자 미래학자인 아서 클라크가 말하는 과학의 3원칙 중 첫 번째는 다음과 같다. "저명하고 나이 든 과학자가 가능하다고 하는 일이 있다면 그것은 거의 옳은 말이다. 그러나 그가 어떤 것이 불가능하다고 한다면 그것은 거의 잘못된 말이다."

과거 공상과학 소설들이 오늘날 세계를 상상하며 그려낸 모습을 보면 깨닫는 바가 많다. 달 여행이나 무선통신기기, 그리고 장기이식기술은 이미 개발됐다. 아직까지 개발되지 않은 기술로 순간이동장치나 암의 궁극적 치료법 등이 있다. 일부는 예상보다 조금 더 빨리, 일부는 상상하기는 쉽지만 과학적으로 증명된 한계 때문에 실제 구현은 어렵다고 여겨지기도 한다.

그렇다면 인공지능^AI^은 어떨까. 에릭 슈미트 구글 회장은 2017년

2월 한 컨퍼런스에서 자신이 인공지능의 발전 속도를 잘못 계산했다고 고백했다. 그는 복잡한 것을 단순 반복해 익히는 매우 간단한 기계학습 과정을 과소평가한 나머지 인공지능의 급격한 발전을 눈치채지 못했다고 했다. 즉 복잡한 인간의 신경계를 처음부터 완벽하게 이해하고 모방하는 방법보다 단순 학습을 수없이 반복하는 아래로부터의 접근이 매우 큰 효과를 낸다는 것이다. 구글의 CEO인 선다 피차이는 현 세대를 인공지능 1세대로 칭했다. 우리가 느끼지 못하는 새 이미 인공지능의 시대는 도래했다.

인간 오류 줄여줄 AI 의사

인공지능이 화두로 떠오르면서 거의 동시에 가장 많이 언급되는 분야가 바로 의료 분야다. 도래하고 있는 4차 산업혁명의 핵심은 로봇공학, 인공지능, 나노기술, 생명공학, 사물인터넷[IoT], 3D 프린팅, 그리고 무인기계 등이다. 이 가운데 거의 모든 기술이 의료 분야로 화살표를 보내고 있다. 의료에서의 인공지능도 이러한 산업 발전 차원에서 먼저 지목된 면이 강하다.

이세돌 9단과 알파고의 대국에서 보았듯, 인공지능은 인간 두뇌의 모사품까지는 아니더라도 가장 뛰어난 바둑 고수를 꺾을 만큼 특정 분야에서 탁월한 능력을 발휘한다. 의료 역시 바둑과 마찬가지로 의사결정 나무로 구성되며, 진단과 치료 결정을 위한 판단 순서도를 인공지능으로 구현할 수 있다. 이는 의술이 순간순간의 결정에 의한 확률게임[가령]

^{생존 확률}이기 때문이다.

인공지능이 의료에 도입되면 어떻게 될까. 필연적이었던 인간 오류 ^{Human Error}를 줄임으로써 진단의 정확도가 높아지고 치료를 결정하는 과정이 좀 더 적절하고 표준화될 것이다. 비교적 단순한 의료 업무는 인공지능으로 대체되면서 필요한 인력 수의 변화가 나타난다. 사실 환자뿐 아니라 의사에게도 인공지능의 도입은 환영할 만한 요소가 많다. 환자들은 더 안전하고 검증된 진단 및 치료를 받을 수 있고 의사들도 반복적인 '비인간적인' 진단과 처방으로부터 자유로워질 수 있기 때문이다.

현재 제시되는 인공지능의 형태는 크게 2가지다. **첫째,** 전문가의 지식과 기술을 인간 오류 없이 구현하는 전문가 시스템^{Expert Systems·ES}이다.

둘째, 기계학습을 바탕으로 스스로 훈련해 임상적 판단을 내리는 인공신경망^{Artificial Neural Networks·ANN}이다.

IBM사의 의료용 인공지능 왓슨 포 온콜로지^{Watson for Oncology}는 메모리얼 슬로언케터링 암센터^{MSKCC} 의사들의 임상적 판단 및 다양한 문헌 임상 근거를 바탕으로 의사결정 나무를 형성하고 있다. 우리나라에서는 최초로 가천대길병원에서 왓슨을 암환자의 치료 결정에 사용하기 시작했다. 최근 왓슨과 의사가 동일한 환자에 대해 다른 치료 결정을 내렸을 때 환자가 왓슨의 선택을 따랐다는 상당히 자극적인 제목의 기사가 나오기도 했다.

그러나 실제로 왓슨과 의사가 추천한 치료법이 달랐던 이유는 의학적인 측면과는 거리가 있었다. 가장 추천될 만한 치료법이 비급여 항목으로 치료비가 비쌌기 때문에 의사들은 차상위 치료법을 추천했던 것이다. 그런데 환자는 비급여 치료비를 지불할 경제적 여건이 돼 결과적으로 왓슨의 추천을 따랐다고 한다. 사실 해당 병원의 의사들은 왓슨이 제시하는 치료법에서 오류를 발견해 이를 IBM사에 공지했고 오히려 IBM사는 이 제언 내용을 토대로 왓슨을 수정 보완해야 하는 상황이다.

세계의학회는 암의 치료 등에서 세분화된 임상적 상황에 따른 치료 가이드라인을 정한다. 1년에 수만 개의 암 관련 논문이 쏟아져 나오지만 그중 핵심적 논문은 손에 꼽으며 의학 치료의 패러다임을 전환할 중요한 논문이나 일관되게 누적되고 있는 의학적 증거에 대해 의사 대부분이 모른다고 보기 어렵다. 오히려 인공지능이 병원에 도입되는 현 시점에서 의사들이 인공지능을 보완하고 개선시키고 있다고 봐야 한다.

그렇지만 왓슨의 잠재성은 상당하다. 인간과 기계의 차이를 보여줄 만한 예로 다음을 들 수 있다. 『닥터스 씽킹How Doctors Think』이라는 책의 서두에서는 15년간 자신의 병을 진단받지 못해 고생한 한 여성의 이야기가 등장한다. 이 여성이 앓고 있는 질환은 셀리악 병으로, 글루텐이 함유된 음식을 잘 소화하지 못하는 자가면역질환이다. 대부분 음식에 글루텐이 포함돼 있으므로 특정 음식을 먹을 때 악화된다는 사실을 일반적인 문진으로는 알기 어렵다. 그런데 메이요클리닉이 운영하는 인터넷 문진 프로그램에는 복통을 악화시키는 원인으로 총 39개의 체크리스트를 확인하도록 돼 있다. 이 가운데 특정 음식에 의해 악화된다는 체크를 하지 않아도 증상만으로 셀리악 병은 위에서 두 번째로 감별해야 할 진단명으로 제시된다. 즉 의사의 오래된 임상경험이나 직관뿐 아니라 하나의 가능성도 무시하지 않고 모두 확인하는 기계적 냉정함도 병의 정확한 진단에 도움을 줄 수 있다. 특히 인공지능은 방대한 양의 정보를 한꺼번에 처리할 수 있으므로 소위 숙련된 의사의 직관 못지않게^{이세돌 9단} 정확한 결정^{알파고}을 내릴 수 있다.

진단에서 치료법 개발까지 AI의 활약

인공신경망은 인공지능이 수십만 건 이상의 영상진단 소견 또는 세포의 병리 소견을 보고 학습을 통해 진단 정확도를 스스로 상승시키는 방식이다. 이미 폐암, 당뇨병성 망막병증, 피부암 등의 진단이 가능해졌다. 이처럼 뛰어난 능력을 가진 인공지능이지만 건포도가 든 머핀과 치와와의 사진을 구분하지 못하면서 기계의 미진한 영상진단 능력이 우스갯소리 소재로 다뤄지기도 했다.

그러나 인공지능이 기계학습을 하게 되면 사정이 다르다. 알파고가 이세돌 9단의 기보집을 보고 공부했듯 인공지능이 영상의학과 의사 또는 병리과 의사가 시행한 수십만 건의 판독 자료를 통해 학습을 거치면 전문의 수준의 정확도로 진단이 가능해질 것으로 예상된다. 이 때문에 충분한 자료만 제시된다면 인공지능의 판독 능력이 향상되는 것은 시간 문제라 생각된다.

심지어 기존에는 인간의 신체적 한계^{시력 및 정보처리 능력}로 인해 적용이 불가능했던 다양한 데이터를 토대로 인간 의사보다 더 정확한 진단을 할 수도 있다. 지금까지의 영상장비는 인간이 눈으로 보고 확인한다는 전제 하에 개발됐으나 만약 인공지능이 진단 주체가 된다면 반드시 해당 조건을 만족시킬 필요가 없다. 인공지능을 위한 새로운 진단장비 개발 또는 기존의 장비에서도 생성되는 정보의 정량화된 처리를 통해 인공지능은 더욱 고도화된 진단을 해낼 수 있을지도 모른다.

영상의학적 진단과 병기 설정은 치료 방침을 결정하며, 병리적 진단은 병의 최종 확정 진단에 해당하기 때문에 앞으로 인공지능의 정확도를 보여주는 논문이 계속 쌓이면 병원에서는 진단 정확도를 보장하는 측면에서라도 인공지능을 도입하지 않을 수 없다. 비단 진단만의 문제는 아니다. 만약 인공지능이 주어진 정보를 통해 특정 질환을 진단하고 거기에 맞는 약을 처방하는 것까지 가능하다면 의료진의 단순 반복 업무는 상당 부분 인공지능이 대체할 것이다.

이처럼 인공지능은 의사들의 인간적 한계를 뛰어넘어 오류를 줄이고 정보처리 능력을 확장시켜 보다 정확한 진단과 적절한 치료 결정을 내리는 데 도움을 줄 수 있다.

그렇다면 인공지능이 조금 더 발전한다면 혹시 전에 없던 새로운 치료법을 개발해 환자에게 제시할 수 있지 않을까. 최근 IBM 왓슨의 개발 총괄자인 앤드류 노든은 왓슨을 이용한 신약 개발이나 유전자 분석을 준비하고 있다고 언급했다. 신약 개발을 위한 인공지능인 '왓슨 포 드러그 디스커버리Watson for Drug Discovery'는 기계학습, 자연어 처리, 인지추론기술을 이용해 새로운 신약후보물질을 찾는다. 면역치료제 개발에는 유전자 분석이 필수적인데 기존의 유전자 분석에 인공지능을 도입함으로써 더 효율적인 접근이 가능할 것으로 예상된다.

그러나 현재의 인공지능은 기존에 밝혀진 논문에 기반한 결과를 도출할 수밖에 없다. 닫힌 세계의 정보를 취합하고 분석해 열린 세계로 외연을 확장시키는 과정에서 인공지능은 인간에게 어떤 가능성을 제시할 수 있지만, 실제로 그것이 참인지 확인하는 것은 오롯이 인간의 몫이다. 인공지능을 활용해 연구했다는 사실만으로 해당 약물이 효과가 있는지 알아보기 위한 검증 작업을 면제할 수는 없다.

그러므로 가장 발전된 형태의 인공지능이라도 인간 의사와 비슷한 역할을 하거나 보조적 역할을 할 뿐, 초지능의 인공지능이 거의 전지전능한 능력으로 해결책을 도출하지는 않는다. 설령 이론적으로 가능하다 해도 상당히 먼 훗날을 기약해야 할 것이다. 결국 치료 방법의 실질적인 발전이 있기 전까지는 인공지능의 활용에도 한계가 있다.

상상보다 훨씬 빨리 일상 속으로 오다

그렇다면 인공지능은 얼마나 빠르게 병원에 도입될 것인가. 인공지능이 다른 진단기기나 치료기기처럼 병원들이 경쟁적으로 도입할지는 미지수다. 환자를 끌어들이는 유인책으로 투자할 만한 가치가 있는 기술인지 아직 확인되지 않았기 때문이다. 그럼에도 충분히 검증된 인공지능이 정확한 진단과 치료 결정을 위해 결국은 도입될 것으로 생각된다.

인공지능은 과연 대부분의 의사를 대체할 것인가. 현재로서는 그럴

가능성이 적다고 판단되지만 필요한 인력의 숫자나 핵심적인 업무 내용은 달라질 수 있다. 일부 전문가는 지금 택시기사가 내비게이션 없이 운전하면 이상하게 여기는 것처럼 인공지능을 들여온 병원 역시 마찬가지가 될 것이라고 생각한다. 이는 인공지능의 도입을 당연시하는 데 방점을 찍고 있지만, 달리 생각해보면 택시기사에 해당하는 의사 등의 의료진은 그대로 자리를 유지한다는 전제가 깔려 있다.

그러나 내비게이션이 아니라 우버나 무인 자율주행차가 도입된다면 택시기사마저 필요 없게 된다. 영국에서는 2014년 우버 서비스가 위법이라며 택시기사들이 일제히 파업에 돌입했다. 그럼에도 우버는 시가 총액 45조 원이 넘는 거대 회사로 성장했다. 비슷한 예가 의료계에서도 있었다. 미국에서는 수술 중 마취를 담당하는 마취로봇J&J을 도입하려던 시도가 마취과 의사들의 반발로 무산됐다.

그러나 택시와 달리 파일럿이 없는 무인 비행기로 대체되는 것에는 아직까지 심리적 거부감이 있다. 이미 항공기는 대부분 자동 운항되고 있지만 파일럿의 필요성에 대해 의문을 제기하는 사람은 적다. 비록 많은 부분이 자동화된다 해도 전체를 총괄할 수 있는 전문성과 응급 상황 시 대처할 수 있는 능력이 요구되는 곳에서는 여전히 전문가가 필요하기 때문이다.

환자의 치료를 최종적으로 결정하고 관리할 사람으로서 의사의 역할은 인공지능이 대체하기 힘들며, 오히려 의사는 인공지능을 활용해 단순 업무를 이전하고 실수를 줄이면서 더욱 양질의 의술을 제공하고 연구에 매진할 수 있게 될 것이다. 인공지능의 도입으로 더욱 인간적인 의술을 제공하는 데 주력하게 될 수도 있다.

인공지능의 도입으로 발생할 다양한 직업 환경상의 변화는 병원뿐 아니라 사회 전반에 걸쳐 일어날 것이다. 위기를 곧 기회로 보고 인공지능이 제공하는 효율성에 힘입어 인간의 역할은 더욱 인간적이고 창조적인 분야로 상향시킬 필요가 있다.

의료 산업의 측면에서 보자면 규모의 경제에 압도당할 가능성에 대한 우려를 먼저 해야 한다. 지금까지 의료 산업은 산업의 특수성으로 인해 내수시장에 해당했지만 이제는 사정이 다르다. 특히 국내 환자들의 정보에 기반한 한국형 의료 인공지능의 개발은 필수적이다. 그렇지 않으면 국내 환자의 정보를 이용한 해외 기술을 우리가 역수입해야 하는 상황이 올 수도 있다. 의료보다 산업기술이 우선시되는 전도 현상은 경계해야 하겠지만 현명한 합의 하에 국민의 건강권에 부합하는 이로운 인공지능 개발에 우리도 최선을 다할 때가 됐다.

이레나

강원대에서 물리학을 공부하고 매사추세츠공대MIT에서 원자력공학으로 석사 및 박사학위를 받았다. 맥킨지앤컴퍼니 컨설턴트로 근무했으며, 1998년부터 2년간 하버드대 의대 영상의학과 전임강사를 거쳐 2000년부터 이화여대부속목동병원 방사선종양학과에서 근무하다가 현재 이화여대 의과대학 교수로 재직하고 있다. 의료기기 개발과 관련한 연구를 수행하고 있으며, 연구 능력을 인정받아 여성창업경진대회, 올해의 여성과학자상 등 많은 상을 받았다.

"미래를 예측하는 가장
확실한 방법은 미래를
창조하는 것이다."

_앨런 케이(미국의 컴퓨터과학자)

3.4

수소경제 시대
대비한 수소안전기술

남승훈 한국표준과학연구원 책임연구원

유용하지만 다루기 어려운 기체

화석에너지 고갈에 대한 위기감이 고조될수록 전 세계적으로 대체에너지에 대한 관심도 증가하고 있다. 2007년 인도네시아 발리에서 개최된 제13차 유엔기후변화협약 당사국총회에서 '발리 로드맵'을 채택했다. 이에 따라 선진국은 교토의정서 의무감축국에 상응하는 노력을 기울이고 개발도상국은 기술·재정적 지원을 통해 온실가스 배출을 줄이도록 규제하고 있다. 2008년 7월 일본에서 열린 G8 확대정상회의에서도 2050년까지 온실가스 배출을 50% 감축하기로 선언했다. 그해 8월 당시 이명박 대통령은 '저탄소녹색성장'을 국가비전으로 제시한 바 있다. 저탄소녹색성장 시대에 주목받는 것이 수소에너지다.

수소에너지란 수소 형태로 에너지를 저장하고 사용할 수 있도록 하는 대체에너지를 의미한다. 수소는 연소시켜도 산소와 결합해 다시 물로 환원되므로 배기가스로 인한 환경오염이 없다.

　이러한 친환경적 특성 때문에 수소에너지는 산업 전 분야에 걸쳐 이용할 수 있다. 그중에서도 연료전지 자동차나 버스 같은 운송수단 개발이 수소에너지 이용의 핵심 분야다. 연료전지는 물을 전기분해하는 과정을 뒤집어 수소와 산소를 반응시키면 전기가 발생한다는 간단한 원리를 이용한 것으로, 일반 배터리에 비해 많은 양의 전기를 저장할 수 있고 연료^{수소}를 보충해주면 계속 전기를 쓸 수 있다는 장점이 있다.

　이에 세계 각국은 수소경제로의 성공적 전환을 위해 수소에너지 기술 개발에 심혈을 기울이고 있다. 그중에서도 수소 연료전지 기반의 다양한 기술은 실용화 단계에 진입했다. 미국, 일본, 유럽 등에서는 수소의 생산, 저장, 수송, 전환, 이용 등 세부 분야마다 짧게는 2030년까지, 길게는 2050년까지 액션플랜Action Plan을 마련하고 기술 개발과 실용화 단계를 차근차근 밟아가고 있다. 우리나라도 2040년까지 수소 제조·저장·수송, 연료전지, 제도 및 정책에 대한 액션플랜을 마련하고 이를 추진하기 위한 다양한 노력을 기울이고 있다.

　그러나 수소안전 분야에 대한 실질적인 투자와 연구가 이루어지지 않고 있어 아쉬움이 크다. 신재생에너지 강국인 일본, 미국, 독일 등은 오래전부터 수소에너지 안전 연구에 꾸준한 투자를 하고 있다.

　수소는 가장 가벼운 기체로 다른 천연가스에 비해 약 80배 이상 침투성이 높아 용기 밖으로 확산, 배출될 위험이 높다. 또한 용기 밖으로 배출된 수소가스 양이 미미해도 가연한계보다 훨씬 낮은 농도에서도 연소가 진행될 수 있으며, 연소 시 발열량이 매우 크고 다양한 연쇄반응 경로를 가진다.

그러므로 머지않아 다가올 수소에너지 시대에 대비해 수소 차단, 누출 방지 같은 감시기술은 물론, 재료와 수소의 상호작용 및 수소의 존재 상태가 재료의 역학 특성에 미치는 영향을 규명하는 일은 사회 기반의 안전성과 신뢰성을 보장하는 데 매우 중요하다. 이런 연구는 대중에게 안전한 수소사회에 대한 이미지를 심어줘 삶의 질을 향상시키는 데 크게 기여할 수 있다.

수소이용기술의 시작은 안전성 확보

수소는 일반적 관점에서 안전한 물질이 아니다. 또 수소를 가압 상태에서 이용할 경우 수소 자체의 성질에 의한 위험에다 압력에 의한 위험까지도 고려해야 한다.

첫째, 수소를 안전하게 취급하려면 재해에 관한 지식이 필요하다. 가압 상태에서 수소를 이용할 때 연소성에 의한 화재와 폭발 외 압력에 의한 파괴 가능성이 있다. 특히 폭발이나 압력에 의한 파괴는 재해가 순식간에 발생하기 때문에 사후 대책을 세우는 것은 의미가 없다. 따라서 수소를 취급할 때는 폭발과 압력에 의한 파괴 모두 사전에 대비해야 한다.

　　둘째, 수소를 취급하는 시설, 장치, 기구 등은 설계 단계에서부터 철저히 사고 예방을 해야 한다. 잘못된 설계로 돌이킬 수 없는 재해가 발생할 수 있기 때문이다. 가압 상태 기체의 위험성은 잘 알려져 있지만 수소 같은 고압 기체의 위험성은 매우 제한된 전문가 외에는 제대로 인식하지 못하므로 이 점을 충분히 고려해 설계해야 한다.

　　아직까지 수소이용기술은 시작 단계라고 할 수 있고, 완성 단계로 가기까지 안전 문제가 산적해 있다. 우리는 위험을 위험으로 애써 알리려 하지 않고 과거에 수없이 발생한 교훈적 사례로부터 배워야 한다는 것도 인정하려 하지 않는다. 안전을 확보하기 위해서는 당연히 과학적 지식이나 정련된 기술이 필요하며, 추진하고 있는 사업에서 안전에 부수되는 조건을 파악하고, 그 조건 아래에서 안전 확보에 필요한 기술을 사용해야 한다는 인식을 가져야 한다.

　　수소는 두 얼굴의 에너지다. 무공해 에너지로 어디에서나 존재하며 장기적인 에너지 대책이 될 수 있다. 동시에 산유국에 의한 에너지 종속에서 벗어날 수 있는 수단이 된다. 반면 수소는 폭발 범위가 넓은 기체로 안전성 확보가 필수적이다. 헬륨가스의 2배, 천연가스의 6배에 이르는 빠른 확산성과 누출성, 가솔린의 3배에 이르는 폭발성, 폭발 범위 등을 어떻게 측정, 관리할 것인지도 과제로 남아 있다. 국내 수소 생산·수송·저장·이용설비에 대한 안전성과 신뢰성 연구는 아직까지 미흡한 수준이다. 수소 안전 분야에 대한 연구가 기술 개발 단계에서 이루어지지 않는다면 향후 실용화 단계에서 원자력과 마찬가지로 사회적 합의 도출에 어려움을 겪는 등 골칫거리로 전락할 수 있다. 따라서 수소를 에너지원으로 안전하게 이용하려면 측정기술과 안전기술을 우선 확보해야 한다.

수소 안전성 확보 위한 연구과제

수소 연구 분야는 〈그림1〉과 같이 수소의 위험성 및 특수거동과 관련된 수소 안전, 생산·수송·저장을 망라하는 수소연료 인프라, 수소연료 이용, 생산·수송·저장·이용장치를 통합할 때 나타나는 문제를 해결하는 시스템 통합의 4개 기술로 분류할 수 있다. 또한 '수소 안전'의 핵심 연구 분야는 〈그림2〉와 같이 물리·화학적 특성, 가연성, 재료 적합성, 수소 누출·투과 탐지 등으로 나눌 수 있으며, 세분류는 다음의 〈표1〉과 같다.

그림1_ 수소 연구 분야   그림2_ 수소 안전의 핵심 연구 분야

표1_ 수소 안전의 세분류

대분류	중분류	소분류
물리·화학적 특성	물리적 성질	·압력, 온도, 부피 ·확산
	화학적 성질	·화학반응성 ·순도(정제) ·오염물질의 영향(성능, 내구성)
가연성	반응성	·가연성(화재, 역화) ·폭발성
	위험도(주변환경)	·위험도 분석 ·방출 대응
재료 적합성	손상 측정(재료)	·손상량(역학·물리·화학적) ·이론, 전산모사 ·재료 개발
	수명 평가(설비)	·검사 ·수명 해석
수소 누출·투과 탐지	투과 방지	·방지막(능동·수동형) ·투과 측정
	누출 감시	·센싱기술(접촉식·비접촉식·부취재) ·누출 차단

수소 재료 적합성 평가

　수소가스에 사용되는 설비 및 부품 등의 소재로 어떤 것이 안전하고 적합할까. 수소가스를 사용하는 설비 및 부품 등에서 수소가스에 의해 발생하는 여러 가지 손상을 총칭적으로 '수소 손상'이라 일컫는다. 수소 손상에 의한 수소의 안전성 문제에서 항상 거론되는 것이 '수소취화' 반응이다. '수소취화'는 철강鐵鋼에 흡수된 수소에 의해 강재鋼材에 생기는 연성延性 또는 인성靭性이 저하되는 현상을 말한다.

수소취화 기구를 거시적으로 보면 내부가역 수소취화에서는 재료 내에 고용된 확산성의 수소 원자가 응력에 의해 균열선단으로 모여 균열 진전이나 빈 공간Void 형성·연결을 촉진하는 것으로 생각되고 있다. 수소가스 취화는 재료 외부에 다량의 수소가 있는 상태에서 응력을 받아 수소가 흡착, 해리, 침입, 확산이라는 각 단계를 거쳐 균열선단에서 재료의 인성이나 연성을 저하시키는 현상을 일으키는 것이다.

고압 수소가스를 다룰 때는 압력용기, 배관 등 수소 용기의 안전성이 대단히 중요하다. 예를 들어 수소 용기를 어떤 재료로 만들어야 안전한지 재료적합성 평가의 표준을 확립해야 한다. 이것이 수소경제 사회를 대비하는 가장 기본 과제다.

최근 이와 관련된 규격CSA CHMC1 - 2014이 발표됐다. 이에 따르면 크게 2가지 강종으로 나누어 평가하고 있다. 그 첫 번째는 오스테나이트 스테인리스와 알루미늄 합금강에 대한 평가 방법이다. 이들 강종에 대해서는 먼저 상대 노치인장 강도비수소가스 환경에서의 노치인장 강도/동일 압력의 불활성 가스 환경에서의 노치인장 강도 또는 상대 단면 수축률비수소가스 환경에서의 인장시험시편의 단면 수축률/동일 압력의 불활성 가스 환경에서의 인장시험시편의 단면 수축률가 0.9보다 큰 경우 수소가스 환경에서도 쓸 수 있도록 하고 있다. 그러나 만약 위의 2가지 비율이 0.9보다 작은 경우, 상대 노치인장 강도비가 0.5보다 큰 경우 피로시험을 통해 평가한 후 선별적으로 사용하도록 제안하고 있다.

두 번째는 탄소강에 대한 평가 방법이다. 탄소강에 대해서는 상대 노치인장 강도비가 0.5보다 큰 경우 피로시험을 통해 평가한 후 선별적으로 사용하도록 제안하고 있다. 따라서 수소 안전에 대한 첫 번째 해결 요소인 재질의 안전성 평가를 위해서는 피로시험이 필요하고, 그중에서 도 피로균열성장에 대한 특성을 파악해야 한다.

수소용기 후보 소재 역학특성 평가 결과

〈표2〉는 상온 10 MPa 수소가스 환경에서 4가지 소재의 인장시험 결과다. 이상의 결과를 볼 때 Al6061의 경우 수소에 의한 영향이 없음을 알 수 있다. 따라서 수소 환경에서 용기나 부품으로 사용 가능하다. 오스테나이트 스테인리스인 STS304의 경우 CSA CHMC1 코드에 따라 평가한다면 RNTS가 0.76으로 0.5보다 크고 0.9보다 작다. 또 오스테나이트 스테인리스인 STS316L의 경우 CSA CHMC1 코드에 따라 평가한다면 RNTS가 0.77로 0.5보다 크고 0.9보다 작다. 따라서 파괴역학에 따른 평가가 필요하다 하겠다. 나머지 고망간강의 경우 RNTS가 0.8로 0.5보다 크므로 파괴역학에 따른 평가가 필요하다.

표2_ 10 MPa 수소압력 하에서의 STS304, STS316L, Al6061, Mn-강의 인장시험 결과

Material	Specimen Type	Condition	Rp0.2 (MPa)	Rm (MPa)	A (%)	Z (%)
STS304	Smooth	H2 gas	209	476	16.0	17.2
		Air	224	824	58.3	66.6
		Ratio(H/A)	0.93	0.58	0.27	0.26
	Notched	H2 gas	–	521	–	–
		Air	–	682	–	62.7
		Ratio(H/A)	–	0.76	–	–
STS316L	Smooth	H2 gas	230	518	34.5	32.3
		Air	230	592	80.3	82.9
		Ratio(H/A)	1.00	0.88	0.43	0.39
	Notched	H2 gas	–	610	–	–
		Air	–	796	–	63.5
		Ratio(H/A)	–	0.77	–	–
Al6061T6	Smooth	H2 gas	252	287	19.9	54.6
		Air	272	310	14.5	41.0
		Ratio(H/A)	0.93	0.93	1.37	1.33
	Notched	H2 gas	–	558	–	–
		Air	–	555	–	26.0
		Ratio(H/A)	–	1.01	–	–
Mn Steel (H0)	Smooth	H2 gas	381	677	21.7	18.8
		Air	379	910	60.9	49.7
		Ratio(H/A)	1.01	0.74	0.36	0.38
	Notched	H2 gas	–	850	–	–
		Air	–	1064	–	60.5
		Ratio(H/A)	–	0.80	–	–

　　우리나라를 비롯해 전 세계가 미래에너지, 친환경에너지로 불리는 수소에너지 개발에 막대한 자금을 쏟아부으며 총력을 기울이고 있다. 물론 수소에너지 개발 사업에는 안전관리기술 개발도 포함돼 있다. 수소에너지가 차세대 에너지로 자리 잡으려면 수소에너지 및 수소재료에 대한 측정기술과 수소설비 안전관리기술 개발이 함께 이루어져야 하기 때문이다. 아무리 깨끗하고 효율적인 에너지일지라도 안전이 확보되지 못한다면 무용지물일 뿐이다.

　　수소에너지는 수소 제조·저장·이용을 위한 연료전지 시스템, 보급 그리고 안전기술까지 전체적으로 균형 잡힌 기술이 확보돼야 한다. 잠재력이 큰 수소에너지가 우리나라의 차세대 성장동력이 되기 위해서는 어느 한 부분이라도 소홀히 하지 않아야 한다. '제궤의혈堤潰蟻穴'이란 말이 있다. 작은 개미구멍 때문에 큰 둑이 무너진다는 뜻이다. 공 들여 개발한 수소에너지 기술이 안전에 대한 위험과 불신 때문에 외면받는 일이 있어서는 안 될 것이다.

남승훈
부산대 기계설계학과를 졸업하고 경북대에서 기계공학 박사학위를 받았다. 호주 시드니대에서 객원연구원으로 항공기 엔진 수명평가에 대해 연구했다. 1987년부터 한국표준과학연구원KRISS에서 소재물성평가를 연구하고 있다. 대한기계학회 재료 및 파괴 부문 회장을 역임했다. 한국가스학회, 한국 수소 및 신에너지학회 등에서 이사로, 대한기계학회·대한금속재료학회 논문집 편집위원으로 활동 중이다. 주요 저서로 『재료시험법』 등이 있고, 100여 편의 논문이 국제학회지에 등재됐다.

"사람들은 1년의 계획과
성과에는 관심이
많지만 10년에 할 수
있는 일에는 소홀하다."

_빌 게이츠(마이크로소프트 창업자)

3.5

공공기술사업화 어떻게 할 것인가

조남훈 한국과학기술지주 고문

추격경제 패러다임의 한계

21세기 전반기는 정치·경제적 측면에서 변혁과 혁신의 시대로 기록될 것이다. 현재 우리나라에서 그리고 지구상에서 일어나고 있는 많은 이슈가 한 국가를 넘어 국제적 문제로 대두되고 있다. 예를 들어 중국발 미세먼지 문제는 국가 간 환경 문제이자 좀 더 근본적인 원인을 짚어보면 화석연료 기반 경제 시대의 한계를 보여주는 것이라 할 수 있다.

최근 급부상하고 있는 인공지능 기술도 인류의 삶에 4차 산업혁명으로 불리는 대변화를 가져올 것으로 예상된다. 이러한 역사적 전환기에 우리는 어떻게 할 것인가. 생존과 성장을 위해 이 질문에 우리는 답해야 한다.

얼마 전 미국 월가의 글로벌 투자자인 짐 로저스는 "한국 청년들의 공무원, 대기업 시험 열풍은 매우 부끄러운 일이다. 활력을 잃고 몰락하는 사회의 전형을 보는 것 같다"고 지적한 바 있다. 한국은 1960대 초 정부 주도 하에 국민의 높은 교육열과 도전 정신을 기반으로 세계적으로 유례없는 대기업 중심의 기적을 이뤄냈다. 이것을 '한강의 기적'이라 불렀다.

　이런 불균형 성장 전략은 경제 개발 초기 단계에서는 매우 효과적이나 소수 대기업에 편중된 산업구조가 고착화돼 양극화와 일자리 창출 측면에서 이미 한계를 드러내고 있다. '좀 더 열심히, 좀 더 빠르게'라는 추격경제 패러다임만으로는 이 문제를 풀어낼 수 없는 상황이다. 이것이 지금 연구와 산업을 연계하는 국가 차원의 혁신생태계를 정립해야 할 절실한 이유다.

　답은 우리 내부에 있다. 특히 매년 20조 원 가까운 국가예산이 투입되는 과학기술 분야와 기술사업화 분야의 혁신이 무엇보다 시급하다. 이 혁신으로 세계적 수준의 연구개발과 전문가에 의한 독립적이고 통합적인 기술사업화 체계가 구축돼야 한다. 이를 바탕으로 국가 차원의 혁신생태계를 완성하는 것이 국가경쟁력을 키우기 위한 당면 핵심과제다. 그동안 우리가 축적해온 혁신 사례를 발굴해 성공과 실패 원인을 공유하고 선택과 집중을 한다면 미래는 우리에게 새로운 기회가 될 것이다.

혁신생태계와 '죽음의 계곡'

　'공공연구기관의 기술사업화'의 사전적 의미는 대학 및 정부출연연구소, 국공립연구소에 의한 기술 창출, 가공 및 적용 활동을 통해 제품에

체화돼 시장으로 진입하고, 이에 따른 경제적 부가가치를 창출하는 것
을 의미한다. 즉 기술사업화Commercialization는 시장 이해에 기반한, 연구로
부터 창출된 지식이 기업의 상품 및 서비스가 되고, 시장에서 경제적 수
익으로 전환되는 것이다.

혁신생태계의 관점에서 보면 이 과정은 기술과 자본, 창업자의 열정
이 결합돼 혁신Innovation의 가치를 물질·계량화하는 첫 단계로 흔히 '죽음
의 계곡'이라 불린다. 이 부분은 특히 상생문화가 취약하고 실패의 가치
에 대한 수용이 부족한 우리나라 상황에서 혁신생태계의 가장 취약한
부분으로 지적되고 있다.

국내에서 공공연구기관의 기술사업화에 대한 본격적인 논의가 시작
된 것은 2000년대 들어서이고 2010년대에는 더욱 적극적인 사업화 지
원 정책이 추진됐다. 연구개발R&D 투입 대비 사업화 예산 비중도 2014
년 기준 4%대까지 상승했다.

하지만 기술사업화의 성과를 보면 공공연구기관의 기술이전율은
27.1%2012년, 연구생산성기술료/연구비은 1.44%2013년. 미국의 경우 평균 4%, 지식재산
수지는 2006년 27억 달러 적자에서 2013년 55억 달러 적자로 대폭 늘
어났다. 이처럼 정부의 사업화 지원 정책이 실질적 성과로 이어지지 못
하고 있다.

기술사업화는 위와 같은 직접적 이전 효과 외에도 창출된 기술을 기
존 기업 또는 창업기업으로 이전해 지분화를 통해 부가가치를 높이는
방법이 있다. 미래창조과학부현 과학기술정보통신부 산하 정부출연연구소가 공

동 설립한 한국과학기술지주와 특성화 대학이 모여 설립한 미래기술지주의 경우 사업화 전문가들의 참여로 인큐베이팅 및 창업이 연계된 기술사업화 모델이 본격 등장했다. 기술지주회사는 실험실과 시장을 연계하는 연결 구간에서 혁신기업가와 함께 부가가치 창출의 플랫폼 기능을 수행하고 있다. 즉〈그림1〉에서 보는 바와 같이 이 과정을 통해 연구 성과물인 기술을 기반으로 고부가가치 일자리와 투자수익 창출을 목표로 하는 자회사 설립을 수행하는 것이다.

그림1_ **기술사업화 생태계**

출연연, 대학, 출자 기업 등 R&D 성과	기술선별 및 연계		기술이전 및 창업		성장 지원	기술기반 기업 육성 및 일자리 창출
	기업 수요 발굴		기술이전, 출자	R&BD (사업화 연계 기술 개발), 시제품 제작	VC, 기술금융 (개발·양산· 마케팅자금)	
	유망기술 발굴					
	기술 업그레이드 기술 패키징		투자, 창업	제품 개발 및 양산		
	비즈니스 모델링 수요공급 매칭					
	· 기술지주: 기술사업화 투자 및 서비스(특히 법률 컨설팅) 지원 · 출연연, 대학: 연구인력, 연구장비, 기술정보 등 지원					
	· **온라인** NTB, NTIS, 기업공감 원스톱서비스 · **연계지원** 특구, KIAT. NIPA, KIC, 기보, 신보, 창조경제혁신센터					

기술사업화 단계에서 기술지주회사의 역할

결론부터 이야기하면 기술지주회사가 수행하는 기술사업화는 혁신 생태계 활성화의 가장 큰 병목인 연구개발 투자 효율성과 창업·벤처생 태계의 중간회수시장 모두를 살리는 길이다. 연구Research가 돈의 가치를 지식으로 전환시키는 것을 가능케 하는 단계라면, 기술사업화는 연구 에서 창출된 지식이 시장으로 연결돼 부가가치를 올려 경제적 수익으로 전환되는 단계다. 이 과정에서 혁신Innovation의 가치가 계량화된다고 할 수 있다. 혁신은 기업의 제품 및 서비스 형태로 또는 기업 간 인수·합병 M&A으로 이뤄지며 이 순환 과정이 제대로 작동될 때 국가 산업경쟁력이 높아진다.

기술과 자본, 인력이 결합돼 새로운 기술, 제품 및 기업을 만드는 기 술사업화 과정에서 이를 수행하는 기술지주회사는 국가 산업경쟁력을 높이는 데 중요한 플랫폼이 된다. 이 플랫폼은 1차적으로 기술의 시장 성과 사업성을 검토하고 창업 형태로 사업화시키는 것이다. 또한 이 기 업이 자체 성장 또는 중견·대기업의 신규 사업으로 편입되는 과정에서 중간회수시장이 활성화되는 선순환 구조가 형성되는 것이다.

기술지주회사가 공공연구기관 기술의 출구 플랫폼 기능을 제대로 수행할 수 있다면 국내 혁신생태계의 가장 큰 병목이 해소되는 중요한 계기가 될 것이다. 이 과정에서 극복해야 할 다양한 '갭Gap'이 존재하며 혁신생태계 완성을 위해 우리가 함께 풀어나가야 할 과제는 다음과 같다.

첫째, 실험실 기술의 완성도 문제로서 연구개발 목표와 산업요구 수준 간의 갭이다.

둘째, 공공의 마중물 투자 이후 민간투자금 유입이 단절되는 후속 자금유치의 갭이다.

셋째, 부처 간 연계 미흡 또는 중복 등 정책 연계의 갭이다.

넷째, 연구자, 기술사업화 전문가, 산업계, 정부 등 이해관계인 간 협력의 갭이다.

공공기술을 기반으로 하는 사업화 생태계에 누적돼온 다양한 갭을 좁혀나가는 작업이 간단치는 않을 것이다. 하지만 필자의 경험에 의하면 상호 연계돼 있는 이러한 문제들을 풀어나가는 매개체로서 기술지주회사라는 틀을 활용한다면 사업화 성과 창출과 더불어 생태계 진화라는 두 마리 토끼를 잡을 수 있다고 생각한다. 그 이유는 기술지주회사가 가지고 있는 플랫폼적 성격 때문이다.

좀 더 구체적으로 살펴본다면 기술지주회사는 기술의 공급자와 수요자가 만나는 플랫폼으로서 다음과 같은 역할을 수행하며, 이 과정에서 다양한 갭을 찾아내고 풀어나가는 촉매 역할을 할 수 있는 것이다.⟨그림2⟩

1) 플랫폼의 입구: 인큐베이팅 및 지분투자
· 사업화기술의 IP 검증: 기술의 권리, 시장성
· 창업자·팀 검증: 신뢰성, 경험과 경영 역량
· 시장·고객 검증: 목표 고객 이해 및 니즈 파악

· 비즈니스 모델 만들기: 사업의 본질 공유 및 소요자금 산출
· 거버넌스 구축하기: 출구전략에 맞는 역할분담 조직 구축
· 기술창업, 지분 편입, 중견기업과의 합작투자 형태로 지분투자

그림2_ 기술지주회사 기술사업화 전 주기

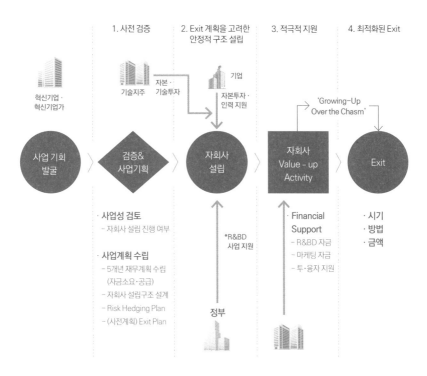

2) 플랫폼의 출구: 기술혁신 기업과 고부가 일자리 창출

· 출구Exit 모델 잡아주기: 기업공개IPO, 상호합병 또는 피인수
· 임직원 파견 및 이사회 참여 통해 경영 참여
· 후속 투자 유치: 중견기업 및 기관투자자 풀Pool 연결
· 핵심 인력 확보: 관리 및 마케팅 보강
· M&A 위한 인수자 풀 연결

국내 기술지주회사 현황

2008년 9월 국내 1호 '한양대 기술지주회사'를 시작으로 2016년 말 기준 48개 대학 기술지주회사가 설립돼 426개 자회사를 보유하고 있다. 대학 기술지주회사 전체 자본금(현금+현물)은 1241억 원 규모다.

2013년 11월 17개 정부출연연구소를 중심으로 국내 최대 규모의 한국과학기술지주(자본금 504억 원, 현금)가 설립돼 올 3월까지 30개 자회사가 만들어졌다. 한국과학기술지주는 규모 있는 자본을 바탕으로 설립 초기부터 기존과 차별화된 투자와 임직원 파견 등 밀착 성장 지원을 한 결과 매출 증대, 고용 창출, 후속투자 유치 측면에서 의미 있는 성과가 나오고 있다. 융·복합이 가능한 기술의 풀, 적정 자본규모 확보 및 시장 중심 사업화 프로세스 등이 겸비된 시장지향형 지주회사로서 차별화된 사업 모델을 보여주고 있다.

의미 있는 사례 몇 가지를 소개하면 다음과 같다. 유기발광다이오드

OLED 관련 장비 개발 및 제조를 하는 V사는 기존 우리나라의 주력 산업을 고도화한 기업으로, 투자 3년 만에 10배 이상의 매출증가율을 보이며 글로벌 반도체 장비회사에 높은 가격에 인수됐다. K사는 수소연료전지차의 핵심부품인 분리막을 국산화해 국내 글로벌 기업에의 납품이 결정된 상태다. 중견기업과 공동투자로 설립된 D사는 초고화질UHD급 차세대 방송장비 시장에 도전한 창업기업으로 국내 시장을 선점하고 글로벌 시장 진출에 도전 중이다.

한국과학기술지주 기술사업화 사례(D사)

사업화 형태 중견기업과의 공동투자Joint-venture 창업

기술의 정의 차세대 방송서비스 핵심기술ETRI 표준특허

1) 고품질 HD-UHD 비디오 변환기술

2) HEVC 기반 UHD 영상신호 인코더기

기술의 가치 차세대 상용방송기술의 세계 최초 확보

연구기간 및 총 연구비 2년 이상 상용개발비 36억 원

기술이전 중견기업과의 공동투자 통해 DSB 기업 설립 후
　　　　　기술이전통상실시권

사회·경제적 가치 글로벌 시장 진출 모델 제시

1) 차세대 UHD 방송용 핵심장비를 자체 개발해 국내 방송시장 선점

2) 진행 중인 미국 방송시장의 전환기에 시장 진입 기회 확보

성공 요인

1) 적절한 원천기술^{표준특허} 제공 및 연구소의 후속 지원

2) 과감한 투자 통한 도전 기회 제공 및 후속 정부 R&D 자금 지원

3) 산업계의 오래된 기술 및 마케팅 역량 축적

해외 기술지주회사 현황

미국 SRI^{Stanford Research Institute} Internal 사례

· 1946년 설립, 1970년대 스탠퍼드대 연구소에서 분리 독립

· 응용연구개발, 기술이전, 창업 등을 동시 수행^{연구소+기술지주회사 복합형}

· 시장수요를 우선적으로 고려한 응용연구를 기반으로 한 창업 추진
이 특징

· 지원기업 및 기술 선정에 대한 평가를 통해 성공 가능성 높은 과제
발굴

· 2013년 수입은 540만 달러, 약 50개 자회사 소유, 시장가치 약
200억 달러 평가

영국 아이시스 이노베이션 ^{Isis Inovation} 사례

· 옥스퍼드대가 1988년 설립한 기술지주회사로 특허출원, 기술출
원, 창업, 경영컨설팅의 통합적 수행이 특징

· 주요 부서인 Technology Transfer, Oxford University
Consulting, Isis Enterprise를 중심으로 기술이전, 컨설팅, 자회
사 설립 등 추진

· 2000년대 이후 특허출원 850건, 기술라이선스 획득 750건, 자회사 70개 설립, 4억 파운드의 투자재원 확보 등의 성과 창출

미국 ARCH 벤처 파트너스Venture Partners 사례

· 1986년 아르곤 국립연구소와 시카고대가 기술사업화를 통해 저수익 문제를 해결하기 위해 공동으로 기술사업화 전문회사 ARCH 디벨롭먼트 코퍼레이션Development Corporation 설립.

· 설립 목표는 대학의 수익 창출, 지역경제 발전, 기술사업화 과정에서의 경영역량 제고 등.

· 초기 단순 라이선싱에서 독립형 투자전문회사인 ARCH 벤처 파트너스 설립.

· 현재 자회사는 150개 이상이며 투자기업 중 50여 개 기업의 IPO와 M&A를 통해 수익 창출.

· 특히 ARCH 벤처펀드는 기업의 외부 투자뿐 아니라 대학발전기금 등 실제 대학의 참여를 유도해 기술창업을 활성화하고 대학기금의 수익을 확대하는 모델로 큰 의미가 있음.

· 1989년 첫 결성된 벤처펀드I은 대학 및 연구소에서 개발된 기술 위주로 투자.

· ARCH 디벨롭먼트 코퍼레이션이 펀드 운용, 시카고대가 100% 펀드 출자.

· 1993년 벤처펀드II를 조성할 때부터는 ARCH 벤처 파트너스를

설립해 펀드운용을 했으며 출자자의 이익을 최대화하고자 시카고
대에 한정하지 않고 투자.
· 기본적으로 펀드는 시작 단계에 95%를 투자하고, 민간 벤처캐피
털이 투자하기 어려운 초기 기업에 집중하며, 2014년 ARCH 벤처
펀드VIII^{2억5000만 달러} 결성.
· 기술지주회사로서의 업무와 펀드운용 업무를 잘 결합해 시너지 효
과 창출.

기술지주회사 역할 활성화를 위한 과제

우리가 지향해야 할 국가는 극심한 환경변화에 대응해 생존할 수 있
는 선순환 혁신생태계가 작동하는 경제구조와 이 시스템을 뒷받침할 혁
신에 대한 도전을 존중하는 문화를 가진 나라다. 그중 과학기술 분야 공
공연구기관의 연구개발 경쟁력과 기술사업화 플랫폼 강화는 기업 및 산
업의 성장, 더 나아가 신성장동력을 지속적으로 발굴하는 선순환구조를
만든다는 측면에서 매우 중요한 실천과제다.

이러한 플랫폼으로서의 기술지주회사 역할을 활성화하는 데 필요
한 3가지 과제는 다음과 같다.

첫째, 부처별^{교육부, 산업통상자원부, 중소벤처기업부}로 파편화돼 있는 관련법을 정
비해야 한다. 동일한 기능을 하는 지주회사가 관련법에 따라 다른 설립
및 운영 조건을 가지고 있어 후속 정책도 소속 부처별로 연계성 없이 운

표1_ 국내 부처별 기술사업화 관련 법안

지주사 구분	신기술창업전문회사	산학협력기술지주회사	첨단기술지주회사
설립 근거	벤처기업 육성에 관한 특별조치법(2007. 8)	산업교육진흥 및 산학연 협력 촉진법(2007. 12)	기술의 이전 및 사업화 촉진에 관한 법률(2010. 4)
주관부처	중소벤처기업부	교육부	산업통상자원부
주요 내용	대학 산단, 공공연구 기관이 설립	대학 산단, 학교법인, 연구기관이 설립	대학과 공공연구기관이 설립(보유기술이 녹색 또는 첨단기술)
법인 설립	중소벤처기업부 등록	교육부 인가	산업통상자원부 등록
운영현황	총 3개사 설립·운영 중 (2016. 12)	총 48개사 설립·운영 중 (2016. 12)	

영되고 있다. 집중 육성을 위해 최소한 기술지주회사 관련 내용만이라도 단일화해야 한다.^(표1)

둘째, 창업·벤처생태계 중에서도 가장 불확실한 단계인 기술사업화 투자를 지속적으로 뒷받침할 금융의 역할이 강화돼야 한다. 지주회사는 현재 자본금과 개인투자조합 형태의 소규모 펀드자금으로 투자 기능을 수행하고 있어 소규모 기술사업화에 머물러 있다. 국가 차원의 성장동력이 될 만한 원천기술을 사업으로 키워내려면 독일 정부^{경제기술부} 주도의 HTGF^{High-Tech Gründerfonds} 같은 공공성격의 대규모 기술사업화 펀드가 필요하다. 이 펀드는 범부처 성격으로 수익성 대신 후속 투자유치, 부가가치 창출 지표 등을 적용하고 있으며 사업화 단계에서 투자 형태의 자금 공급 기능을 획기적으로 개선시키고 있다.^(표2)

표2_ 독일 HTGF 공공투자펀드

	펀드 I	펀드 II
결성연도	2005년	2011년
결성액	2억7200만 유로(약 3260억 원)	3억400만 유로(약 3640억 원)
출자자	독일연방경제기술부 2억4000만 유로 KFW^{독일연방은행} 1500만 유로 산업계 1700만 유로 (바스프, 보쉬, 다임러, 지멘스, 자이스 등 6개사) * 공공자금 성격의 출자 비중이 94%	독일연방경제기술부 2억2000만 유로 KFW^{독일연방은행} 4000만 유로 산업계 4400만 유로(BASF, ALTANA, Bayer, B.Broun, Robert Bosch, CEWE, Daimler, Deutsche Post DHL, Deutsche Telekom, Evonik, Lanxess, media + more venture Beteiligungs, METRO, Qiagen, RWE Innogy, SAP, Tengelmann, Carl Zeiss 등 18개사) * 산업계 출자자는 수익보다 신기술 및 혁신적 비즈니스 관련 정보 수집, Deal Flow 확인 및 투자 위해 참여 * 공공자금 성격의 출자 비중이 86%

셋째, 독립적이고 통합적인 거버넌스가 구축돼야 한다. 해외 사례를 보더라도 기술을 시장의 관점에서 선별하고 국가적 성공모델을 만들려면 대학이나 연구소 그리고 정부의 단기적 성과에 급급하지 않도록 독립적 운용체계가 마련돼야 한다. 그리고 지식재산 구축과 기술이전 업무도 통합적으로 수행하도록 해 업무의 일관성과 지속성을 확보해 고도의 전문 역량을 보유한 조직으로 성장할 수 있도록 해야 한다.

조남훈

연세대 전자공학과를 졸업하고 한국과학기술원^{KAIST} 경영대학원 최고위벤처과정, 서울대 행정대학원
최고위정책과정, 새너제이주립대 Executive Business Program을 수료했다. 1988년 LG전자 정보기기연구소
연구원을 시작으로 KT 자회사인 한국통신진흥, LG벤처투자^{현 LB Investment} 책임심사역 및 San Jose 지사 Advisor,
이노폴리스파트너스 파트너, 대덕인베스트먼트 부사장^{CIO}, 한국과학기술지주 초대대표를 역임했다.
2015년부터 2017년까지 연세대 전기전자공학부 겸임교수를 지냈으며, 현재 한국과학기술지주 고문과 서울대
공대 대학원 기술사업화강좌 멘토단장으로 활동 중이다.

"물에서 수소와 산소를
분리할 수만 있다면
인류에게 무진장한
열과 빛을 제공하는
에너지원이 될 것일세."

_쥘 베른의 『신비의 섬』 중에서

3.6

수소에너지 현황과 미래 전략

김종원 _{한국에너지기술연구원 책임연구원}

수소사회는 지속가능한 발전의 밑거름

2015년 12월 제21차 파리기후변화협약 당사국총회^{COP21}에서 파리협정^{Paris Agreement}이 채택됐다. 파리협정은 각 국가가 국가별 기여방안 ^{Intended Nationally Determined Contributions·INDC}을 스스로 정해 5년마다 상향된 이산화탄소 감축 목표를 제출하고 국가 온실가스 인벤토리^{Inventory} 구축, 감축 목표 달성 경과 등을 의무적으로 보고하도록 규정하고 있다.

제22차 유엔기후변화협약 당사국총회^{COP22·모로코 마라케시 개최}에서는 INDC, 기후변화의 부정적 영향 적응활동, 국가별 기후행동 약속이행 점검 투명성 체계, 전 지구적 기후변화 노력 이행점검 체계, 온실가스 감축 시장 메커니즘 등을 거론하면서 정부 차원에서의 재생에너지 전환을 위한 분야별 액션 의제가 강조됐다.

　　우주에 가장 많은 원소가 수소이기는 해도 석탄, 석유, 가스처럼 채굴할 수 있는 자원이 아니라 전기와 같은 '에너지 캐리어Carrier'다. 그런데 왜 수소에너지를 거론할까. 수소는 탄소 성분이 없고 기존 화석연료뿐 아니라 재생에너지를 비롯한 다양한 원료로부터 만들어질 수 있어 환경오염이나 에너지 수급, 에너지자원의 고갈 우려에서 벗어날 수단이 될 수 있다는 데 그 중요성이 있다.

　　'지속가능한 수소경제사회'에 대한 논의가 시작된 것은 1973년 1차 석유위기가 계기가 됐다. 이후 1977년 국제에너지기구IEA가 수소이행협정IEA-HIA을 만들었다. 특히 21세기 들어 화석연료 고갈과 지구환경 문제가 심각해짐에 따라 국제 조직인 IPHE[1]를 출범시키는 등 수소사회 구성 요소에 대한 기술 개발에 적극적으로 나섰다.

　　2017년 1월 17일 세계경제포럼World Economic Forum·다보스포럼에서 수소위원회Hydrogen Council가 구성됐다. 이 위원회의 목적은 수소를 청정에너지로 사용하는 것을 가속화하고 기후변화를 일으키는 온실가스를 저감하는 데 있다.[2] 수소가 에너지 전환의 해법이 될 것이라는 데 인식을 같이한

---

1) 국제수소연료전지 경제파트너십International Partnership for Hydrogen and Fuel Cells in the Economy, www.iphe.net은 수소 및 연료전지 관련 기술 개발, 표준화, 정책 기준 및 정보 교환 등을 촉진하기 위한 국제 협력체제 구축을 목표로 2003년 미국을 중심으로 제창, 결성됐다. 2014년 10월 현재 오스트레일리아, 브라질, 캐나다, 중국, 유럽위원회, 프랑스, 독일, 아이슬란드, 인도, 이탈리아, 일본, 대한민국, 뉴질랜드, 노르웨이, 러시아, 남아프리카공화국, 영국, 미국, 오스트리아 등이 참여하고 있다.

2) http://phys.org/news/2017-01-firms-hydrogen-green-energy-source.html

BMW, 다임러, 혼다, 현대자동차, 도요타, 에어리퀴드, 린데, 알스톰, 엔지, 로열더치셸, 토탈, 앵글로아메리칸, 가와사키 등 총 13개 기업이 이 위원회에 참여하고 있다.

역사적으로 이미 1세기 넘게 수소에너지기술이 이용돼왔고 매년 5000만 톤의 산업용 수소가 천연가스나 석유 같은 화석연료로부터 생산되고 있다. 그러나 궁극적으로는 재생에너지인 태양광이나 풍력으로 물을 분해해 수소를 만든 후 연료전지 등을 통해 효율적으로 이용하고 물로 다시 되돌아가게 하는 지속가능 사회를 만드는 것이 목표다.

궁극적인 재생에너지 수소의 가능성

우리 앞에는 에너지와 관련한 과제가 산적해 있다. 수입에너지 의존도를 줄이고, 에너지 안보에도 기여하며, 기후변화 대응책도 세워야 하고, 우리나라가 수출에 크게 의존하는 만큼 산업경쟁력도 증진시켜야 한다. 과연 수소기술이 그런 역할을 할 수 있을까.

수소시장 규모는 산업용 유통량만으로도 세계시장 208억 달러^{자체} ^{소비량 230억 달러를 포함해 총 438억 달러}, 국내는 적어도 6000억 원 수준^{시중 유통량 21만 톤,} ^{3000~4000원/kg 기준}이며 석유화학 산업, 전자, 재료, 반도체제조공업, 제철공업 및 우주항공 산업 등에서 꾸준히 이용돼왔다. 물론 수소전기차와 연료전지의 보급이 이루어진다면 시장규모는 더욱 커질 것이다.

이미 우리나라 자동차 산업은 세계 5위권^{2015. 2016년}이며 전후방 연관 효과가 가장 큰 산업으로 제조업 생산의 11.5%, 고용의 10.9%를 차지하고[3] 있어 세계적 요구 사항인 환경친화적 자동차에 대응해야 한다.

　최근 들어 우리나라는 관계부처 합동으로 '제3차 환경친화적 자동차 개발 및 보급 기본 계획'[2015년 12월], '수소차 보급 및 시장활성화 계획' [2015년 12월], '미세먼지 특별대책 세부이행계획'[2016년 6월], '신규 유망수출품목 창출방안'[2016년 7월] 등에서 수소전기차와 수소충전소 보급 목표를 수치화했다.

　하지만 이 목표를 달성하겠다는 실천 의지를 담은 구체적인 실행계획이 필요하다. 수소 생산, 수송 및 분배체계가 부족한 상황에서 수소시장을 확대하려면 어느 나라나 민관이 위험비용 및 역할분담에 대해 합의해야 한다.

　우리나라에서 당장 공급 가능한 수소량은 얼마나 될까. 자료에 따라 차이가 있지만 연간 160만 톤 정도가 생산되며 대부분 자가 소비되므로 최대 21만 톤 정도를 시장에 공급[4] 할 수 있을 것으로 보고 있다.

　수소제조 방식으로 보면 나프타개질, 소금물전해, 천연가스개질 순이며, 공급단가는 배관, 튜브 트레일러 등 공급방식과 양에 따라 다르지만 대략 kg당 4000~5000원 수준이다. 시장 공급 가능량의 1%[2100톤]를 사용한다 해도 1만 대 정도 수소전기차[5]를 운행하는 데 충분한 수준이

3) 통계청 광업제조업통계 조사보고서, 2012
4) 총 유통 가능량은 29만9300m³/hr로 24시간, 연 330일 가동 기준으로 21만1647톤 H₂/yr에 해당된다.
　(출처: 신소재경제신문, 2014.7.1)
5) 현재 2020년 누적 1만 대 보급 목표. 수소 1kg당 87km 주행, 주행거리 1만5000km/연/대이므로, 연간 수소 수요는 1만 대×1만5000km/대×1kg/87km = 1725톤

며, 10km 주행에 500원대면 가능하다. 강화되고 있는 연비 규제 추세에 맞출 수 있는 것은 전기구동차량뿐이니 국가 및 산업경쟁력을 위해 필요하고 또 미세먼지, 황산화물^{SOx}, 질소산화물^{NOx}에서 자유로우니 도시 대기를 정화시켜줄 친환경차라는 것은 쉽게 이해된다.

하지만 지구온난화 대책이라는 것에는 고개가 갸우뚱해질 것이다. 수소 자체는 탄소가 없지만 수소를 만드는 과정에서 원료에 따라 이산화탄소를 배출한다. 전기분해로 만든다면 공급되는 전기가 어디에서 왔느냐에 따라 이산화탄소 발생량이 계산돼야 한다. 물론 석유나 천연가스를 수소 제조원으로 쓰더라도 수소전기차의 높은 효율 덕에 기존 휘발유차보다 탄소 배출량이 절반으로 줄어든다. 장기적 관점에서는 수소전기차의 경우 소비자가 얻는 연료비 절감, 대기오염, 석유 의존, 기후변화 저감 비용을 고려하면 1~10배의 이득[6]이 있다. 궁극적이라 할 재생에너지 수소를 이용한다면 이산화탄소 배출은 0이 된다.

에너지 시스템은 다음의 〈그림1〉과 같이 열 네트워크, 전기 그리드, 연료 이송 및 분배 네트워크로 구분하는데, 열병합발전을 제외하면 에너지 네트워크 사이의 연결이 거의 없는 오늘날의 에너지 시스템과 달리 수소는 저탄소 에너지 시스템에서 서로 다른 인프라층을 연결함으로써 미래 에너지 시스템에서 중추적인 역할 수행이 가능하다.

---

6) http://phys.org/news/2014-08-hydrogen-fuel-cell-vehicle-rollout.html

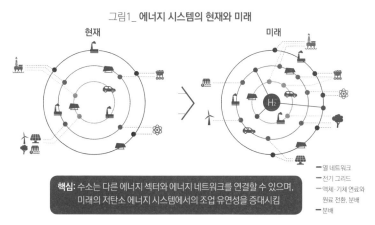

그림1_ 에너지 시스템의 현재와 미래

핵심: 수소는 다른 에너지 섹터와 에너지 네트워크를 연결할 수 있으며, 미래의 저탄소 에너지 시스템에서의 조업 유연성을 증대시킴

출처 IEA, "Technology Roadmap Hydrogen and Fuel Cells", 2015

각국의 수소에너지 정책

각국의 수소에너지 정책(표1)은 어떠할까. 우주개발 선두주자인 미국은 부시 행정부 시절 수소에너지 연구개발을 에너지 정책의 최우선으로 해 2001년 5월 취임 초반부터 에너지와 환경 문제를 집중적으로 다뤘다. 수소연료전지 연구개발은 대부분 에너지부Department of Energy·DOE 에서 수행하며, 정부는 위험성이 높은 초기 연구개발 분야에 중점 투자하는 것을 연구개발 전략으로 설정했다. 미국 정부는 2003년을 기점으로 5년간 12억 달러를 투자하는 'Hydrogen Fuel Initiative'와 'FreedomCar and Fuel Program'을 통해 연 3억 달러 이상 투입했다. 앞서 언급한 IPHE도 부시 행정부 때 만들어진 것이다. 수소 제조비용 절감을 위한 과제와 480km 이상의 주행이 가능한 수소전기차용 수소저장 시스템 및 수소 운반, 충전 인프라, 자동차 충전용 인터페이스 시스템 등의 연구개발에 집중했다.

2009년 초 버락 오바마 행정부로 바뀌면서 당장 상업화가 가능한 전기자동차에 집중하면서 수소연료전지 분야는 예산이 삭감됐음에도 연간 1억 달러 수준을 꾸준히 유지해왔다.[7]

표1_ 주요국의 수소에너지 정책

	일본	미국	유럽

대표
정책
	· 4차 에너지 기본계획
	· 2040년 수소연료전지 전략
	  로드맵
		· Hydrogen Posture
		  Plan Department of Energy
		· CaFCP(California Fuel Cell
		  Partnership)
			유럽: FCH-JU
			독일: NIP
			영국: UK H2 Moblility
			프랑스: H2 Mobility France

배경	· 연료전지기술 선도
	· 수소전기차 상용화 임박 →
	  수소 수요 확대에 대응
		· 셰일혁명에 의한 천연가스
		  가격 하락
		· 천연가스 활용방안 모색
		· 석유화학 산업 부활
			· 신재생에너지 산업이 성숙
			  단계에 진입
			· 신재생에너지의 잉여 전력
			  활용방안 모색

생산	· 부생 수소 활용 · 해외의 수소 대량 수입	· 천연가스 개질 방식 확산 · 대규모 풍력단지 중심 생산 · 부생 수소 활용	· 신재생에너지의 잉여 전력을 활용한 수소 집중형 대량생산

운송	· 튜브 트레일러 활용
	· 수소 파이프라인
	  활용(석유화학단지 중심)
		· 천연가스 활용
		· 튜브 트레일러 활용
			· 천연가스 그리드 활용
			· 수소 파이프라인 활용(북유럽
			  일부 지역)

저장	· 대용량 저장소 구축
	· 수소탱크 활용(고압방식,
	  MCH 방식)
		· CNG충전소 활용(HCNG)
		· 주유소 연계방식(수소탱크
		  활용)
			· 대용량 지하저장소 구축
			· 열병합발전소와 연계
			· 복합형 클러스터 구축(수소·
			  CNG·전기·열)

정책
특징
	· 수소전기차용 수소충전소 확충
	· 가정용·발전용 등 수소 이용
	  확대
		· 캘리포니아 주에서 미국
		  전역으로 확산
		· 수소전기차용 수소충전소
		  확충
			· 신재생에너지 활용
			· 가스 그리드 활용
			· 대용량 수소저장소 구축
			· 수소전기차용 수소충전소 확충

*MCH: Methyl cyclohexane, CNG: Compressed Natural Gas, HCNG: Hydrogen + Compressed Natural Gas

7) http://www.hydrogen.energy.gov/budget.html

이 과정에서 수소연료전지 분야에서 미국의 앞선 기술 유지 및 상용화 기반 마련, 새로운 일자리 창출, 원유 수입과 온실가스 배출을 줄여줄 에너지기술이라는 포트폴리오를 만들었다. 연료전지 인프라 공급자나 각 주정부에 '방향과 정책의 중요성'에 대한 긍정적 신호를 주는 것이 중요하다는 배경 하에 2013년 5월 미국 에너지부DOE 주도로 수소전기차 보급을 위한 민관 파트너십인 H2USA[8]를 결성했다.

또한 수소 공급 인프라 확충을 목적으로 에너지부 산하의 샌디아국립연구소SNL와 국립재생에너지연구소NREL를 축으로 한 H2FIRSTHydrogen Fueling Infrastructure Research and Station Technology를 만들어 H2USA를 지원하도록 했다. 국가연구소가 가진 능력을 바탕으로 개선된 수소충전소 설계와 요구사항 개발, 수소충전소 보급 가속화, 수소충전소 건설 가격 저감, 재생에너지 및 수소와 전력망 융합, 최적화 등 목표를 달성해 수소전기차 보급을 확산하는 데 도움을 주도록 한 것이다.

우리와 에너지 사정이 비슷한 일본은 어떨까. 1980년 설립된 '신에너지·산업기술 종합개발기구NEDO'를 중심으로 연료전지기술과 수소이용기술을 꾸준히 개발해왔다. 2009년부터 '가정용 열병합발전 시스템 에네팜'을 일본 시장에 도입해 전 세계에서 가장 많은 19만 기 이상을 보급했다.

---

8) http://www.hydrogenfuelnews.com/department-of-energy-launches-new-hydrogen-fuel-initiative /8510640/

　　2011년 3월 11일 발생한 동일본대지진 및 후쿠시마 원전사고 이후 아베 정권은 2014년 4월 '에너지기본계획제4차'에서 '수소사회'의 실현을 명시하고, 2014년 6월 '수소연료전지 전략 로드맵'을 작성했으며, 6월 개정된 '일본 재흥전략 2014'에서 필요조치를 취했다. 특히 일본은 연료전지 분야 특허출원 건수, 에네팜 상품화 및 보급 등으로 볼 때 경쟁력이 높고, 자동차 산업이 고용의 10%, 수출의 20%를 점하는 기간산업이며, 국제적인 경쟁력 격화로 수소전기차라는 새로운 영역에서 세계를 선도하는 것이 산업경쟁력 확보 관점에서 중요하다고 분석했다. 앞으로 국제표준화를 포함한 적극적인 해외 진출로 수소전기차의 세계시장을 선도하고, 이러한 전략의 성과를 2020년 도쿄올림픽에서 전 세계에 과시할 계획이다.

　　세계경제의 큰 축인 유럽에서는 수소연료전지기술을 통해 이산화탄소 저감 기여, 수입 화석에너지에 대한 의존도 감소, 경제성장과 일자리 창출을 기대하고 있다. 그 대표적인 것이 〈표2〉의 FCH-JU EU 산하기관. 정식 명칭은 Fuel Cells and Hydrogen Joint Undertaking다. EU의 대표적 수소 분야 선도 국가인 독일은 장기적으로 수소 인프라를 어떤 방식으로 확대할 것인가 논의한 끝에 독일 H2Mobility 파트너십을 만들어 2023년까지 약 400개의 스테이션을 건립하는 데 합의했으며, 전체적인 투자액 규모는 약 3억5000만 유로에 이를 전망이다.[9]

---

9) http://www.now-gmbh.de/en/press/2013/h2-mobility-initiative.html

표2_ FCH-JU의 Horizon 2020 계획

개요	FCH-JU는 EC가 2008년 5월 설립. 유럽의 유일한 공공·민간협력 체계이며 기술 개발과 실증을 통해 수소와 연료전지기술 개발 및 보급 가속화 지원이 기본 목적.
FCH-JU의 3개 파트너	① European Commission 유럽연합 ② The New Energy World Industry Grouping NEW IG·신에너지산업체 ③ N.ERGHY - Research Community 연구기관
FCH-JU의 Horizon 2020 계획	2014년 5월 수소연료전지 공동기술 개발 합의 Fuel Cells and Hydrogen Joint Technology Initiative. EU는 Horizon 2020 Framework Program 2014-2020에 EC와 민간산업체 연구기관이 50 대 50으로 공동투자하는 총13억3000만 유로의 예산 책정. FCH-JU의 2nd Phase인 FCH2JU를 2024년까지 유지해 시장 진입을 위해 수소연료전지 관련 대규모 실증으로 성능 개선 및 비용 저감을 하고자 함.

출처 www.fch.europa.eu

1970년대 초에는 누구나 핑크빛 전망을 가지고 수소사회를 언급했지만 실제 수소를 에너지로 활용한 사례가 없었다. 하지만 지금은 수소 전기차가 출시됐고 충전소도 만들어지고 있다. 신기후체제 발효라는 추진동력이 생겼고 세계경제포럼의 수소위원회도 세계적인 공조를 촉구하고 있다.

우리나라의 수소에너지 분야 연구개발은 어떠할까. 21세기 들어 미래창조과학부현 과학기술정보통신부에서는 2003년 10월부터 '21세기 프론티어사업'으로 '고효율 수소에너지 제조·저장·이용기술 개발사업단9년 6개월 존속'을 발족했다. 에너지 주무부처인 산업통상자원부에서도 5년 계획으로 2004년 수소연료전지사업단을 출범시켰고, 미국이 주도한 IPHE뿐 아니라 IEA-HIA에도 가입하는 등 수소연료전지 분야의 연구개발에 힘을 쏟았다. 이뿐 아니라 국토해양부현 국토교통부와 중소기업청현 중소벤처기업부,

환경부 등 다양한 부처에서 나름의 계획을 추진해왔다. 이를 총괄한 컨트롤 시스템은 없었지만, 수소산업협회, 수소융합얼라이언스가 만들어지는 등 우리도 수소사회에 대한 준비를 해온 셈이다. 정부의 2020년 보급 목표는 수소전기차 1만 대, 수소충전소 100기다. 2018년 평창동계올림픽을 앞두고 현대자동차는 새로운 수소전기차를 출시할 준비를 하고 있다. 수소충전소와 수소전기차의 경우 수소융합얼라이언스를 중심으로 2030년까지 보급 및 연구개발 로드맵이 구체적으로 준비되고 있는 상황이다. 가정용 연료전지는 2016년 기준 2513대가 보급됐는데, 수소 생산·저장·이용^{수소전기차 및 발전, 가정용 연료전지 포함} 전 분야에 걸쳐 가격 저감과 성능 향상을 위한 노력이 지속되고 있다.

재생에너지와 수소 융합에 대한 기대

오랫동안 산업용 수소시장과 관련 수소 산업이 있었기에 수소에너지기술 수요는 상존한다. 지구상에 도달하는 태양에너지만으로도 인류가 필요로 하는 에너지^{15TW(테라와트) 수준. 1TW는 10의 12제곱W}의 1만 배에 달하므로, IPCC ^{Intergovernmental Partnership for Climate Change·기후변화에 관한 정부 간 패널}는 2012년 5월 발표한 보고서[10]를 통해 2050년까지 재생에너지가 세계 에너지의 80%를 공급할 수 있다고 보았으며, 제5차 IPCC 보고서에서도 재생에너지 비중을 획기적으로 늘릴 것을 권고했다. 상황에 따라 관심 대상 순위는

---

10) http://srren.ipcc-wg3.de/report/srren-spm-fd4

변화될지언정 지속가능한 태양광, 풍력을 효율적으로 활용하는 에너지 기술과 이들 간 융합은 화두가 될 수밖에 없으므로 수소의 역할이 지대함은 자명하다.

바람이 불거나 햇빛이 있을 때만 이용가능한 풍력, 태양광으로 만든 전기가 전력망에 연결되면 전체 전력망 시스템에 불안정한 영향을 줄 수 있다. 재생에너지에서 비롯된 전기를 전기 소요량의 20%까지 올리려면 잉여전력을 배터리로 저장하거나 수소로 만들어 저장한 후 이용하는 기술이 필요하다.

현재 재생에너지 전기를 높이고자 하는 노력이 전 세계적으로 진행되고 있다. 특히 수소로 저장하면 장기간 저장이 가능하기 때문에 계절마다 크게 다른 재생에너지 전기를 평준화할 수 있다. 수소 저장은 단기간에 재생 전원의 비율을 10% 이상으로 올려줄 것이라는 자료[11]에서 보듯, 재생에너지의 효율적인 이용은 이미 큰 관심사가 됐고 신기후체제는 신재생에너지의 비율을 높이고자 하는 노력의 큰 추진동력이 됐다.

우리나라 재생에너지 비중 목표는 17.9% 2030년로 태양광 30GW기가와트, 풍력 13.6GW 보급이 필요하다. 전력계통 안정과 인프라 구축 등 목표를 달성하려면 수소기술의 준비가 필요하며, 시장의 벽을 넘으려면 정부는 일관된 정책과 신호로 참여기업에 장기적 목표를 달성하려는 의

---

11) http://www.fuelcelltoday.com/analysis/event-reports/2013/hydrogen-plus-fuel-cells-2013

지를 보여야 한다. 이제는 그동안 아쉬워했던 부존자원의 빈약성을 기술력으로 극복할 시기가 된 것이다.

김종원

연세대에서 학사, 한국과학기술원에서 화학공학 석사 및 박사학위를 받았다. 1987년 한국에너지기술연구원에 입사한 이래 30년간 수소에너지에 대한 연구를 지속해왔다. 2003년 9월부터 10년간 미래창조과학부의 '21세기 프론티어 사업'인 '고효율 수소에너지 제조·저장·이용기술 개발사업단' 단장을 맡았으며, 한국 수소 및 신에너지학회장, 국무총리실 원자력이용개발 전문위원, 환경부 저탄소차 보급촉진 자문위원, 산업통상자원부 에너지안전전문위원, 수소 표준화 자문위원으로 활동한 바 있다.

『수소에너지』『알기 쉬운 수소에너지』『수소연료전지-현황과 비전』『Advances in hydrogen production, storage and distribution(Elsevier)』 등의 저술에 저자로 참여했으며, 수소에너지에 대한 강연과 홍보에도 나서고 있다.

"자동차를 움직이는
것은 기름이 아니라
소프트웨어다."

_디터 체체(다임러벤츠 회장)

3.7

4차 산업혁명 시대의 국가생존기술

오동훈 혁신공학연구소 대표

주요국의 4차 산업혁명 대응법

사물인터넷IoT, 인공지능AI, 스마트공장 등 다양한 영역에서 '초연결'과 '초지능'에 기반을 둔 혁명적인 변화가 일어나고 있다. 많은 이가 이를 '4차 산업혁명'이라 부른다. 이전의 산업혁명이 증기기관기계화, 전기대량생산, 컴퓨터정보사회라는 단일의 물질적 발명에 기초한 것이었다면, 4차 산업혁명은 그것들의 결합이라는 점에서 규모가 크고 범위가 다양하며 매우 복잡한 양상을 띠고 있다.

4차 산업혁명은 생산성 혁명은 물론 인간이 일하고 서로 관계를 맺고 살아가는 방식 자체를 근본적으로 변화시킬 것이다.[1] 그러한 변화의

---

[1] 4차 산업혁명이 말 그대로 '혁명'이 맞느냐의 논쟁도 있으나 그 문제는 여기서 다루지 않기로 한다. 혁명이라고 부르는 것과 별개로 큰 변화가 매우 짧은 시간에 벌어질 것이고 그것이 우리의 삶에 엄청난 영향을 끼칠 것이라는 점은 확실하기 때문이다.

종착역이 어딘지는 아무도 모르지만 한 가지 확실한 것은 세계화된 이 행성에 존재하는 모든 인간에게 이미 큰 영향을 미치고 있다는 점이다.

　미국, 독일, 일본, 중국 등 주요국 정부와 첨단기술 기반 다국적 기업은 4차 산업혁명이 가져올 급격한 변화에 발 빠르게 대응하고 있다. 미국은 자국 내 정보기술IT 글로벌 기업의 적극적인 활약을 기반으로 '브레인 이니셔티브' 등과 같은 민간 중심의 대응전략을 추진하고 있다. 독일도 '인더스트리 4.0'으로 대표되는 제조업 스마트화를 적극 추진하고 있다. 일본과 중국은 각각 '로봇 신전략' '중국 제조 2025' 같은 혁신전략을 통해 강력한 4차 산업혁명 드라이브 정책을 추진하고 있다.

　하지만 우리나라의 대응은 매우 미흡하다. 스위스의 금융기업 UBS의 평가에 의하면 우리나라는 4차 산업혁명 준비도가 세계 25위에 불과하다. 세계 13위 경제대국 대한민국의 미래가 결코 밝지 못하다는 경고다. 4차 산업혁명에 제대로 대응하려면 기업, 연구기관, 학계와 시민사회가 모두 참여하는 범국가적 차원의 대응이 필요하며 정부는 조정자이자 지원자로서의 역할을 충실히 해야 한다.

　경제적 측면에서 4차 산업혁명이 우리에게 던지는 가장 근본적인 화두는 '평평한 지구'를 더 평평하게 만들 것이라는 점이다. 달리 말하면 글로벌화를 더욱 가속화시킬 것이다. 2030년까지 전 세계 500억 개에 이르는 사물에 IoT가 연결되고, 플랫폼 기업에는 엄청난 정보가 모일 것이며, 이를 기반으로 다양한 스마트 비즈니스가 생겨날 것이다.

　노동시장에서 글로벌 경쟁도 더욱 심화될 것이다. 예전에는 우리나라 경계 안에서 활동하는 사람들만 노동시장에서의 경쟁자였지만, 초연결 경제에서 근로자들은 세계적으로 경쟁할 수밖에 없다. 정규직은 줄어들고 계약에 의한 파트타임이 늘어날 것이며, 한 사람이 여러 개 직업을 가져야 할 상황이 곧 닥친다. 현재 우리의 사회적 제도와 경제적 수준으로 볼 때 국민에게 '희망고문'을 멈추고 현실을 직시하도록 하는 '창조적 파괴'가 필요한 시점인 것이다. 예컨대 정부가 정말로 챙겨야 할 일은 일자리 창출이 아니라 일자리 파괴가 아닐까. 역설적이지만 그렇게 해야 양질의 일자리가 늘어나지 않을까. 근본적인 고민, 역발상의 접근이 절실한 시점이다.

국가 존속과 국민 안녕 위한 기본기술

그렇다면 '국가생존기술' 차원에서 우리는 어떻게 4차 산업혁명에 대응해야 할까. 국가생존기술은 '국가의 존속과 국민의 안녕을 위한 기본 기술'이라 정의할 수 있다. 국가의 생존과 지속가능한 발전에 필수적인 기술이 바로 국가생존기술이다. 그 기술이 무엇이든 국가의 안전과 번영, 국가의 위력과 국민의 자긍심을 높여줄 수 있는 분야가 국가생존기술의 범주에 포함된다. 예컨대 물, 식량, 자원, 에너지, 인구^{고령화}, 재난, 안보 같은 분야가 바로 '국가생존'에 필수적인 영역이다.

생존기술 영역에서 4차 산업혁명에 대응하기 위한 필수적 기본 기술 Essential Technology은 무엇일까.

　첫째, 각종 센서기술이 필수적이다. 센서는 수백억 개의 사물이 인터넷으로 연결될 때 빠질 수 없는 장치다. 19세기 산업의 쌀이 철강이었고 20세기 후반 산업의 쌀이 반도체였다면, 센서는 4차 산업혁명 시대의 쌀이다. 재난재해 예측과 예방, 생명체 내에서 질병의 조기 탐지 등의 분야에서도 센서의 역할은 매우 크다. 감지하고 측정하지 않으면 어떤 데이터도 모을 수 없고 어떤 대응도 기대할 수 없기 때문이다.

　둘째, 3D 프린팅 재료다. 현재 3D 프린터를 이용해 자동차를 만들고 불과 이틀 만에 집을 짓는 시대다. 혹자는 3D 프린터를 이용해 생체조직도 만들 수 있다고 주장한다. 이러한 모든 일이 가능하려면 3D 프린터로 찍어낼 물건에 적합한 재료 개발이 절실하다. 프린터로 찍어낸 물건이 제대로 성능을 발휘하려면 최적의 재료를 사용해야 하는데, 아직까지는 그 재료가 충분히 다양하게 개발되지 못하고 있다. 산업 발전의 기본이 재료, 소재, 부품에서 출발한다는 단순한 진리를 되새길 필요가 있다.

　재료와 소재는 우리가 매우 뒤처진 분야이기도 한데 새롭게 부상하는 3D 프린팅에 적합한 재료 개발을 선점한다면 우리 산업의 체질을 바꿀 기회이기도 하다. 또한 3D 프린팅으로 인한 폐기물 환경기술에 대한 연구도 필요한 시점이다. 향후 3D 프린팅 이후 남는 폐기물이 어떤 환경 문제를 야기할지, 어떻게 재활용할지 등에 대한 경험도, 연구도 없는 형편이다. 따라서 우리나라에서 선제적으로 3D 프린팅이 야기할 수 있는 환경 문제에 대한 논의를 발전시킨다면 관련 분야를 선점할 수 있을 것이다.

사이버 소프트 파워는 초연결사회의 사회적 자본

셋째, 사이버 소프트 파워Cyber Soft Power가 필요하다. 모든 사물이 연결되고 인터넷을 통해 정보가 교환되고 제어되는 초연결사회에서는 국가기간망의 사이버 방어와 적국에 대한 사이버 공격 능력이 필요하다. 프라이버시나 생활 편의, 헬스케어 등 생체정보를 포함한 개인 삶의 여러 분야에서도 사이버 보안은 필수적이다. 사이버 보안기술을 확실하게 확보하지 못하면 핀테크는 물론 거의 모든 종류의 금융거래가 테러리스트의 마수에 노출될 수 있다. 그런 측면에서 사이버 전사 육성은 국가적으로 가장 시급한 과제 중 하나다.

넷째, 인공지능 로봇기술이다. 2050년이 되면 65세 이상 노인 인구가 전 국민의 40%를 돌파할 것으로 예측된다. 15세 미만 청소년, 아동 인구를 포함하면 노동인구 1인당 부양인구가 1명을 훌쩍 넘는다. 또한 독거노인을 포함한 1인 가구의 급격한 증가는 '같은 집에 사는' 가족이라는 개념 자체를 바꾸고 있다.

따라서 고령화와 개인화에 대응하는 간병용, 애완용, 비서용, 친구용 등 각종 인공지능 로봇의 필요성이 매우 크다. 인공지능 로봇은 4차 산업혁명 시대를 표상하는 사이버-물질시스템Cyber-Physical System·CPS의 실현물이다. 조심스럽게 예상컨대 향후 30년 후 개인의 부를 측정하는 바로미터는 좋은 집이나 고급자동차가 아니라 얼마나 멋진, 똑똑한, 실용적인, 럭셔리한 로봇을 보유했는지 여부로 판가름 날 것이다.

인공지능 활용한 지식 서비스가 바꿀 세상

다섯째, 인텔리전트 전문가 시스템Intelligent Expert System이다. 의료, 세무, 변호, 특허, 회계 등 소위 '사土'자 직업은 많은 전문지식을 습득해 이를 토대로 고객에게 서비스하는 직업이다. 그간 엄청난 노력으로 많은 양의 지식을 머릿속에 '저장'해 이를 풀어냄으로써 고소득 직종으로 유지돼왔다. 하지만 인공지능으로 촉발될 인텔리전트 전문가 시스템은 이러한 고소득 전문직의 양상을 완전히 바꾸어놓을 것이다. 이미 IBM의 인공지능 컴퓨터 왓슨은 질병진단율 80%에 도달했다. 알파고는 이세돌 9단을 넘어 전 세계 모든 바둑고수를 완파했다. 30년 전에 이야기되던 전문가 시스템이 단지 입력된 정보를 잘 처리하는 수준에 머물렀다면, 이제 빅데이터와 딥러닝Deep Learning 기술에 기초해 기계 스스로가 학습하고 최적의 판단을 이끌어내는 경지에 이르렀다. 이러한 인텔리전트 전문가 시스템은 가정에 속속 보급될 인공지능 기반 비서로봇와 결합돼 집 안에서 거의 모든 지식 서비스를 받는 날이 올 것이다.

여섯째, 자가발전 및 에너지 저장 시스템도 중요하다. 모든 사물과 생명체와 네트워크는 에너지를 사용한다. 에너지는 네트워크를 통해 외부에서 전달되거나 자생적으로 만들어내야만 IoT도 가능하다. 수십억, 수백억 개의 각종 장치에 센서를 부착해 데이터를 얻고 인터넷으로 정보를 교환하려면 에너지가 있어야 한다. 하지만 그 수백억 개 사물에 전부 선^{Grid}을 이용해 에너지를 공급할 수는 없다.

따라서 오프그리드^{Off-Grid} 상태에서 자가발전으로 에너지를 공급하거나 충분한 에너지 밀도를 갖춘 2차전지가 필수적이다^{Self-Generating and Saving Energy System}. 드론, 자율주행자동차, 센서, IoT, 생체부착장치 등 모든 새로운 사물에 에너지 선이 연결되지 않은 상태에서 에너지를 공급할 수 있는 시스템은 4차 산업혁명이 일어날 영역 자체를 변화시킬 것이다. 지구촌 오지의 문명변화, 기후변화 취약지역에서 나타날 수 있는 재해대응 등 매우 다양한 분야에서도 오프그리드 기반의 에너지 발생 및 저장장치의 확보는 매우 중요하다.

ICT·생명공학 융합연구로 삶의 질 향상

일곱째, 식량위기와 새로운 의약품 제조의 돌파구를 마련해줄 수 있는 ICT·생명공학 융합연구도 중요하다. 예를 들어 유전자변형식품^{GMO}에 대한 연구를 살펴보자. 흔히 유전자 변형이나 클로닝^{수정을 거치지 않고 유전자 조작으로 클론을 만드는 것} 등 생명공학은 연구윤리와 기술의 오남용 등에 따른 부작용 때문에 비난의 대상이 되곤 한다.

하지만 이미 미국에서 사료용으로 재배되는 옥수수가 대부분 GMO 작물임에도 아직까지 부작용이 보고된 사례가 없다. 막연한 두려움을 가질 필요가 없는 것이다. 현재 우리나라 농촌진흥청을 비롯한 연구기관에서는 철저한 안전관리 속에 관련 연구가 이루어지고 있다. '구더기 무서워 장 못 담그랴'는 속담처럼 구더기가 생기지 않도록 잘 관리하고 연구하는 것이 더 바람직한 자세다.

한편 생체정보를 ICT 기구와 결합해 인간의 능력을 증대시키는 연구는 장애나 노인질환의 극복을 위해서도 중요하게 다루어져야 할 분야다. 위험한 전장이나 재난재해 현장에서의 군인이나 소방관, 경찰관의 안전을 향상시키는 데도 활용할 수 있는 다양한 기술이 기대되는 것도 이 분야를 육성해야 할 이유다.

교육 패러다임 전환 없이는 공염불

여덟째, 새로운 패러다임의 교육공학이 절실하다. 4차 산업혁명의 가장 큰 특징은 모든 것이 연결되고 기술이 융합된다는 것이다. 이는 기계적인 학습, 정보의 양을 잘 저장하는 기술을 가진 전문가가 아니라 실타래와 같은 '복잡한 문제를 잘 푸는 인재'가 필요하다는 뜻이다. 복잡한 문제를 잘 풀려면 통찰력을 가지고 문제의 본질을 인식하는 능력, 복잡한 문제를 간결하게 풀어헤치는 능력, 그리고 인과관계를 밝혀 효과적인 해법을 제시하는 논리적 사고력과 표현 능력 등이 요구된다. 또한 여러 다른 분야의 지식을 개방적으로 받아들이고 다른 분야의 사람들과 협업이 가능해야 한다.

이런 측면에서 우리 교육을 생각하면 암담하다. 공교육이냐 사교육이냐의 문제를 넘어 '틀리지 않기' 게임에 매몰돼 있기 때문이다. 즉 초등학교 이후 대학교에 입학하기 전까지 모든 교육은 사실과 이론을 이해하고 암기해 점수를 잘 받는 데만 전념한다. 게다가 사교육으로 인한 사회적 낭비와 계층 갈등을 야기하는 것은 물론 단지 실수를 줄여 점수를 잘 받기 위한 게임에 몰두하고 있는 것이다. 단언컨대 새로운 시대에 걸맞은 학제와 교육방법을 연구하고 혁신해 새로운 형태의 교육공학 Education Engineering을 발전시키지 않으면 4차 산업혁명 시대에 우리의 미래는 없다.

새로운 삶의 공간, 스마트 에코 도시

아홉째, 국민에 대한 쾌적하고 똑똑한 공간을 제공한다는 관점에서 스마트 에코 도시 Smart Eco City 관련 기술도 중요한 과제다. 사물인터넷과 초연결사회가 가장 핵심적으로 적용되는 공간은 바로 '도시'다. 도시는 자연인으로서 생활의 터전이며, 사회인으로서 경제적 활동을 구가하는 삶의 공간이다. 따라서 도시를 이루는 주택, 건물, 도로, 지하공간 등 다양한 공간을 더욱 스마트하게, 더욱 친환경적으로 만드는 일은 4차 산업혁명이 4차 사회인프라혁명으로 이어지는 고리다. 즉 새로운 삶의 공간으로서 친환경적이고 건강한 삶을 보장하는 스마트 에코 도시를 완성하는 것은 국가가 국민에게 제공할 수 있는 가장 중요한 생존기술 서비스의 하나다.

인간다운 삶 위한 웰니스

마지막으로, 웰니스 기술Wellness Technology도 중요하다. 스마트 에코 도시가 사람들의 집합적인 공간으로서 중요하다면 웰니스 기술은 개인의 생명과 건강, 즉 인간으로서의 기본적인 존엄성을 유지하기 위한 기술이다. 2050년에는 인구의 절반이 65세 이상 고령인구가 되며 명실공히 100세 시대를 열 것이다. 달리 말하면 현재와 같은 제도 하에서 은퇴 이후 수십 년 동안 '노인'으로 살아야 한다는 의미다. 생명체로서 죽기 전까지 건강하게 의미 있는 시간을 보내는 연습을 해야 하고 이를 뒷받침할 기술이 필요하다.

이런 측면에서 ICT를 융합한 개인 맞춤형 웰니스 케어 서비스는 단순히 건강관리를 넘어 초고령사회를 맞이하는 우리 모두가 '인간다운 삶'을 유지할 수 있는 필수 기술이며 국민의 생명과 재산을 보호해야 할 국가가 제공할 수 있는 가장 기본 기술인 것이다.

오동훈

고려대에서 물리학을, 서울대에서 과학기술사를 공부했다. 2000년부터 한국과학기술기획평가원KISTEP에서 근무했으며, 평가분석본부장, 정책기획본부장 등을 역임했다. 2003~2004년 미국 스탠퍼드연구소 International Fellow, 2006~2008년 경제협력개발기구OECD 컨설턴트로 활동했으며, 지금은 ㈜테크노베이션파트너스에서 연구개발R&D 전략 수립과 관련한 지식 창출에 힘쓰고 있다.
2017년부터 기술혁신과 관련한 지식 전파와 사업화를 위해 설립한 혁신공학연구소의 대표 '혁신공'으로 일하고 있다. 그간 『사회 속의 과학, 과학 속의 사회』공저, 『우리과학 100년』공저, 『전후일본의 과학기술』역서, 'A Dynamic History of Korean Science and Technology' 등 여러 권의 저서와 보고서를 출간했다. 최근 가장 관심을 갖고 있는 주제는 '혁신'과 '창업'으로 혁신의 사례와 혁신의 원천, 혁신방법론 등에 대한 연구를 꾸준히 할 계획이다. 또한 대학, 연구소 등 지식창출자들의 창업을 돕고, 개발도상국에 우리 기술을 전파하는 데 노력하고 있다.

제4부

국가 파워와
국민 긍지를
높이는 생존기술

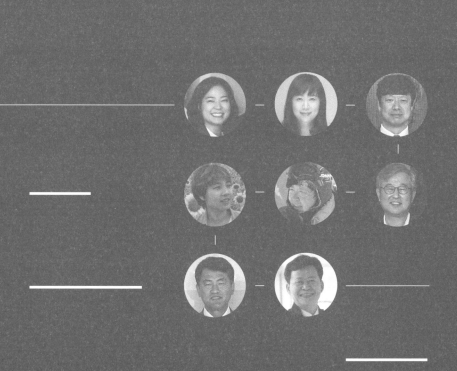

"너희는 먼저 그의 나라와
그의 의를 구하라.
그리하면 이 모든 것을
너희에게 더하시리라."

_마태복음 6:33

4.1

사이버세상과 미래시민

황보원주 (사)굿사이버키즈코리아 대표

인간 존엄성 지켜야 하는 사이버세상

4차 산업혁명 시대의 사이버세상은 사회·경제·정치적 측면에서 계속 변화하고 있다. 기술의 발달로 유아부터 성인까지 새로운 기술과 호기심으로 자극받고, 기능을 경험하는 교육과 놀이는 나아가 삶을 반영하는 문화로 자리 잡고 있다. 인공지능으로 세상의 반을 차지하게 된 사이버세상은 우리의 삶을 편리하고 유익하게 만들어주고 있으나 그 기술의 오남용에 따른 역기능도 우려되고 있다.

기술은 계속 발달할 것이며 미래사회를 살아갈 인간에게는 이 기술을 안전하게 잘 사용할 의무와 책임이 따른다. 사이버세상은 누구에게나 평등하게 열린 공간이며, 인간이 표현의 자유와 권리를 가지고 행동하느냐 아니냐에 따라 미래세대에게도 영향을 줄 것이다. 예상치 못한 비인간화, 비도덕화, 비제도화 등 기존 산업사회의 문제와는 다른 기계

와 인간과의 새로운 윤리적 문제에 대한 고민 또한 중요하다. 4차 산업
혁명의 가속화로 유익하고 편리한 정보와 기술을 향유하게 됨과 동시에
사용자 입장에서 사회 문제를 일으킬 수 있는 정보와 기술에 대한 정책
대안도 함께 연구해야 한다.

　사이버세상은 불특정 다수가 동시에 영향을 주고받는 양방향 의사
소통이 가능하다. 그리고 불특정 다수의 익명성을 보장한다. 익명성이
야말로 뉴스, 실시간 댓글, 채팅, 동영상 콘텐츠 등 인터넷이 빠른 속도
로 확산되고 팽창된 중요한 요소 중 하나이며, 이러한 장점과 동시에 사
이버상 윤리와 책임성의 문제를 동시에 안고 있다.

　또한 사이버세상은 시공간을 초월한다. 모든 지역이 하나의 망으로
연결되고 실시간 행동 진행의 특징이 있다. 삶의 질과 행태, 사고방식까
지 변화를 가져온다. 사이버세상은 확장된 현실일 뿐이며 기존의 가치
가 빠르게 변화해도 인간의 존엄성이 무너져서는 안 된다. 즉 모든 변화
의 흐름에 '인본주의'[1]가 전제돼야 한다. 인공지능과 알고리즘 등 인간
의 편의성을 위해 개발된 기술을 통제하는 것이 인간 앞에 놓인 과제다.

융합인재, 세상과 소통하다

　4차 산업혁명 시대에 미래시민이 갖춰야 할 조건은 무엇일까. 여기
서는 대략 4가지 측면에서 미래시민의 조건을 이야기하고자 한다.

---

[1] 여기서 인본주의는 인공지능화와 기계화되는 미래에 인간의 존엄성을 중시하는 것을 말한다.

첫째, 미래를 예측하고 대비하는 융·복합적 사고를 해야 한다. 모든 것이 연결되는 사회에서는 분야 간 벽을 허물고 허브가 될 융합인재를 필요로 한다. 모든 사고의 시작은 '답'이 아니라 '문제'를 찾고 이를 해결하는 과정에서 비롯된다. 인공지능과 기술이 갖고 있지 않은 창의성, 감성, 인성을 통해 인간은 세상과 소통하고 생각을 표현할 수 있다.

2013년 미국에서 창의성 컨퍼런스가 열렸다. 미국영화협회가 주최하고 『타임』지와 마이크로소프트사가 공동실시한 '창의적 영감 평가'에 대한 여론조사 결과에 따르면 인간의 특성 중 가장 가치 있는 것으로 지성, 연민, 유머, 야망, 아름다움을 제치고 창의성이 1위를 차지했다.〈그림1〉

우리가 뭔가를 변화시킨다는 것은 곧 우주를 재창조하는 것이다. 아무리 작은 변화라도 변화된 세상은 새로운 세상이다. 어릴 적 우리가 깨닫는 가장 중요한 사실 가운데 하나는 미래는 그냥 주어지는 것이 아니

그림1_ **창의적 영감 평가(Assessing the Creative Spark)**

출처 「타임」지와 미국영화협회·마이크로소프트사 공동조사, 2013

라 우리가 영향을 미칠 수 있는 대상이라는 것이다. 유아기부터 10대까지 블록 쌓기와 친구 사귀기, 게임하기, 학습 등으로 태도와 행동이 변화하고 성적이 오르는 등 작은 성공이 쌓이면서 인간의 의지로 변화할 수 있다는 희열감을 맛본다.

이처럼 인간의 의지와 노력이 만들어낸 창의적 능력은 세상을 변화시키는 원동력이 된다. 미래의 리더가 되려면 위험을 감수하고 아이디어를 행동으로 옮길 수 있는 자신감이 필요하다.

또한 미래에는 정형화된 표준형 인재로는 부족하다. 불확실함에 지혜롭게 대처할 수 있는 개성과 창의력을 갖춘 인재를 요구한다. 즉 미래시민은 개인적 가치와 공동체적 가치를 아우를 수 있는 능력이 있어야 하며 이에 따라 사회성과 감성, 공감능력, 모험에 도전하는 정신, 네트워킹 같은 소프트 스킬이 중요하다. 미래지향적 융합 인재 양성에 지원이 부족하다면 국가생존 양분에 국가는 침묵하는 셈인 것이다.

둘째, 인본주의를 전제로 가치 있는 삶을 만들어가고 혁신적 패러다임으로 사회를 바라보는 지성인이 돼야 한다. 이는 곧 교육의 중요성을 말한다. 건강하고 행복한 사회는 국가생존을 위한 기술 연구의 활용과 교육, 국가의 존엄성과 애국심에 내한 정열과 용기에 달려 있다.

지속가능하고 건강한 삶의 질서

셋째, 국가생존을 위한 기술 연구와 윤리·도덕 문제를 통합적으로 바라봐야 한다. 독일의 교육학자 프란츠 슈프랑거에 따르면 과학과 인격도야[2]의 문제는 별개 영역이 아니다. 슈프랑거는 "과학이 삶의 내부내성로부터 나오고 다시 내성으로 이식될 수 있다면, 과학은 결국 인격또는인성도야에 개입하는 것"이라고 했다.

이렇게 본다면 오늘날 국가존속의 위기는 과학과 인격도야의 분리로부터 비롯된다. 슈프랑거는 '연구와 가르침의 자유와 고립'이라는 조건에서 '과학적 도야Wissenschaftliche Bildung'를 구현하는 삶의 장소를 변혁해야 한다고 주장했다. 비록 우리가 기술공학과 산업의 영역에서 많은 것을 이루어왔지만, 슈프랑거에 따르면 우리는 아직 '정신·윤리적으로' 그만큼 성취하지 못했다. 발달하는 기술과 함께 국가생존을 위한 건강한 삶의 질서가 무엇인지 지속적으로 함께 고민해야 할 것이다.

미래시민이 갖추어야 할 인성과 사이버윤리는 '과학과 기술'에 의해 융합[3]적으로 구현돼야 한다. 원칙적으로 과학은 엄격하게 사실적이며 객관적 관련성에 대한 인식의 질서다. 물론 사실성은 과학의 본질이지

---

2) 도야陶冶란 인간의 소질이나 능력을 계발해 바람직한 상像으로 형성하는 과정을 말한다. 18세기 신인문주의자는 인간성의 내면적 형성은 그리스적 교양을 지님으로써 가능하다고 여기고, 도야된 인간을 교양인이라고 생각했다. 교육학에서 도야의 개념을 두고 여러 이론을 전개했는데, 오늘날에는 교육 개념에 대응해 주로 지식, 기능 등의 능력 발전을 통한 보다 나은 인간 형성을 도야의 내실內實로 하고 있다.

3) 융합이란 '다른 종류의 것이 녹아서 서로 구별이 없게 하나로 합해지거나 그렇게 만듦, 또는 그런 일'로 정의된다(표준국어대사전, 국립국어원, 2017).

인격이나 도야의 본질은 아니다. 그러나 과학이 내가 알고 있는 것을 다른 삶의 가치와 내적으로 관련짓도록 하는 것은 바로 도야에 해당한다. 국가생존을 위한 기술 융·복합과 실현은 모두 인간의 인격이나 도야와 함께 고려해야 한다는 사실이다. 그렇기에 현 시점에서 미래세대에게 바른 사이버윤리 정착을 위한 교육과 지원이 지속적으로 필요하다. 사이버윤리^{인터넷윤리}란 현실 세계와는 다른 컴퓨터와 인터넷, 가상의 네트워크망, 그리고 인공지능과 가상현실에서 야기될 수 있는 윤리적 문제를 해결하기 위한 규범이다. 사이버윤리는 새롭고 어려운 것이 아니라 우리가 어릴 적 학교 도덕시간에 배운 생활상식과 같은 것이다.

스위스 투자은행 UBS가 2016년 1월 세계경제포럼^{다보스포럼} 기간에 '4차 산업혁명이 미치는 영향'을 분석한 백서에 따르면 4차 산업혁명은 특히 사이버공간의 안전성과 지정학적 위험을 증가시킨다고 한다. 즉 전 세계 많은 나라와 개인이 인터넷 공간에서 서로 밀접하게 연결돼 있기 때문에 사이버 테러 등에 의한 피해가 심각하게 확대될 수 있다.

지정학적 위험에 따른 불안감도 증폭된다. 소수가 다수를 대상으로 다양한 형태의 폭력을 행사할 수 있기 때문이다. 이런 잠재 위협이 오히려 지역국가 간 연대와 분쟁국가의 화해를 촉발시킬 촉매제로 작용할 수도 있다.[4] 동전의 양면처럼 장점과 단점이 공존하는 것이다.

---

4) 김정욱 외, 2016 다보스리포트 인공지능발 4차 산업혁명, 매일경제신문사

스마트한 교육혁신 가정에서부터 시작

<u>마지막으로</u>, 국가생존을 위한 선순환 지속가능 교육 시스템을 개발
해야 한다. 혁신적 사고로 각 기술 분야를 연결하고 공존할 수 있는 스마
트한 교육과 확산이 필요하다. 정보통신기술ICT로 인해 교육의 양극화,
경제적 양극화가 심화될 것이지만 이를 대비한 공동선의 추구와 더불어
살아가는 능력을 갖추는 것이 매우 중요하다. 사실 교육은 한 세대가 다
음 세대에게 해야 하며 어릴 때 가정에서부터 시작해야 한다.

미래시민이 될 아이들이 교육의 출발선에서부터 격차가 생기는 것
을 줄여야 한다. 스마트한 시민이 되려면 인간과 기계의 협업 과정에서
생기는 부정적 측면을 완화할 수 있도록 기술 발달에 따른 올바른 적응
교육과 직업 능력을 길러줘야 한다. 이를 통해 지역별 수준 격차와 계층
간 양극화 문제를 해소할 수 있다. 스마트한 국민을 통해 국가가 생존할
수 있고 유지, 발전되는 것이다.

인간은 선하고 튼튼한 사회를 구성하려는 본능을 가지고 있다. 앞으
로 인간이 스마트한 삶을 살아가는 데 도움을 받을 기술로 인터넷, 사물
인터넷, 클라우드 컴퓨팅, 빅데이터, 인공지능, 센서 등의 올바른 활용
을 위한 교육혁신 시스템과 윤리적 가치 교육이 함께 이루어져야 한다.
기술에 대한 윤리적 가치로 절제, 안전, 책임, 존중을 잊지 말아야 하며
이것은 사이버상에서도 마찬가지로 익혀야 할 가치들이다.

절제란 정도를 넘지 아니하도록 알맞게 조절해 제한함을 뜻한다. 안
전은 위험이 생기거나 사고가 날 염려가 없음 또는 그런 상태다. 책임은

어떤 일에 관련돼 그 결과에 대해 지는 의무나 부담 또는 그 결과로 받는 제재다. 국립국어원 표준국어대사전에 따르면 존중이란 '높이어 귀중하게 대함'을 의미한다. 이것이 바로 로봇과 아바타 같은 인공지능 컴퓨터와 차별되는 인간의 덕목이지 않을까. 본고를 통해 독자적 생존기술의 가치를 잘 알고 건강하게 상용화하는 가운데 우리가 생각하고 꿈꾸는 선과 이상을 뛰어넘을 수 있다. 다음 세대와 국가존속 그리고 생존기술의 생명은 유지, 향상되는 것이다. 변화의 흐름 속에 나타나는 다양한 사회 문제를 담대하게 읽고 변화를 선도하는 주인공이 되는 건 어떨까.

미래시민을 위한 교육혁신은 국가가 존속했을 때만 영위되는 것이며 또한 국가는 교육혁신에 의해서만 유지, 발전된다. 교육혁신의 윤리적 가치는 국가존속을 위한 가치의 함양, 발전을 도모한다.

'4차 산업혁명 시대 교육 거버넌스와 교육목표 어떻게 변할 것인가'를 주제로 열린 '미래 일자리와 교육포럼 2017'에서 사회운동가인 클레어 분스트라는 지속가능한 사회를 만들기 위한 4가지 교육목표를 제시했다. **첫째,** 모든 아동의 고유한 잠재력을 끌어내 사회를 위해 의미 있게 사용하는 법을 배워야 한다. **둘째,** 더 살기 좋은 미래세상을 만들어가는 법을 배워야 한다. **셋째,** 평화로운 관계를 통해 지속가능한 발전을 위한 환경의 이해와 실천을 교육해야 한다. **넷째,** 건강하고 행복한 삶을 살아가기 위한 방법을 배워야 한다. 지속가능한 사회를 위한 혁신적 교육은 국가생존기술 연구의 밑거름이 된다. 미국이 추진하는 미래교육의 한 예로 '미래준비학교Future Ready School' 정책을 들 수 있다. 2013년 6월 당시 버락 오바마 대통령은 5년 뒤인 2018년까지 미국의 모든 학생이 초고속인터넷을 이용할 수 있게 한다는 목표로 'ConnectED' 정책을 발표했다. ConnectED 정책의 일환으로 미래학교의 비전을 담은 '미래준비학교'는 모든 학생이 미래가 요구하는 직업 능력을 갖춘 인재로 성장할 수 있도록 디지털 학습 전략을 개발해 시행하는 것을 목표로 한다.[5]

이에 따라 미래학교 체제로 전환하기 위한 로드맵인 '미래 준비 프레임워크Future Ready Framework'를 제공한다. 미국의 교육정책 자문기구인 얼라이언스 포 엑설런트 에듀케이션Alliance for Excellent Education과 교육부가 주도하고 있으며, 교육 및 테크놀로지 관련 비정부기구인 LEAD 위원회Leading Education by Advancing Digital Commission가 후원하고 있다. 미래준비학교는 미래학교 체제로의 성공적인 디지털 전환을 위해 '학생 맞춤화된 학습Personalized Student Learning'을 중심에 두고, 7가지 핵심 기어Gears를 잘 조정할 것을 강조한다.[6]

미래를 준비하는 프레임워크의 7가지 핵심은 ①교육과정, 수업, 평가 ②공간과 시간 활용 ③견고한 인프라 ④데이터 및 보안 ⑤커뮤니티 파트너십 ⑥맞춤화된 전문적 학습 ⑦예산 및 자원이며, 이 7가지 핵심 기어를 전체적으로 아우르는 '협력적 리더십'을 강조하고 있다. 안쪽 사이클은 교육의 비전, 계획, 시행, 평가, 개선이 지속적으로 이루어져야

---

[5] 2016 미국의 국가 교육 기술 계획(National Education Technology Plan)
[6] http://futureready.org

그림2_ 미래를 준비하는 프레임워크

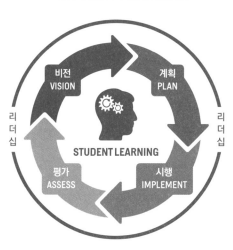

한다는 것을 뜻한다.〈그림2〉 '미래준비 액션플랜'[7]은 수립에 착수할 준비
가 된 학습자에게 1단계 미래준비 리더십을 계획하는 팀의 조직, 2단계
미래를 준비하는 지도력, 리더십 자기평가, 3단계 이해관계자들의 의견
수렴격차와 전략 분석, 4단계 미래준비 행동 계획 작성, 5단계 외부로 전달, 공
유, 연결 및 반복으로 구성됐다. 5단계 프로세스를 통해 미래를 대비할
수 있는 교육체제 전환에 필요한 로드맵을 제공한다. 또한 이 프로세스
의 지속적 실행을 위해 학교 지도자들에게 지속적으로 '맞춤형 전문 학

---

7) https://dashboard.futurereadyschools.org/5steps

습' 프로그램을 통해 전문가 학습을 받을 수 있는 기회를 무료로 부여한다. 학생, 교사, 행정가, 학부모, 커뮤니티의 역량을 강화해 미래교육 체제를 준비하는 문화를 수립하는 좋은 사례로 볼 수 있다.

희망이 있는 대한민국으로 나아가기 위해 4차 산업혁명 시대를 예측하고 대응해 끌려다니는 시민이 되기보다 사이버 세상에서 미래를 이끌어나가는 생명력 있는 시민을 양성하는 것이 우리의 소명이다.

뿌리부터 튼튼하고 건강한 나무가 큰 숲을 이루고 지속가능한 세계를 이룰 수 있다. 2050년에는 세상이 어떻게 바뀔지 아무도 예측할 수 없다. '국가생존기술연구회'를 통해 국가의 지속가능한 발전을 위한 기술 연구로 재앙이나 안보, 재난과 안전에 적시적소에 대응할 수 있길 희망한다.

황보원주

(사)굿사이버키즈코리아 대표. 이화여대 디지털미디어학부 대학원을 졸업하고, 현재 동대학원 융합콘텐츠학과 미디어공학 박사과정에 재학 중이다. 관심 분야는 융합콘텐츠, 기술경영, ICT 교육, HCI인간과 컴퓨터 간 상호작용다. 정보산업고등학교 교사와 정보산업기술연구소 전임연구원, (사)한국여성공학기술인협회 사무국장을 역임했다. 현재 다음 세대를 책임질 어린이들의 올바른 인터넷 문화 정착을 위한 교육을 연구하고 있으며, 국가생존기술연구회 사무국장을 맡고 있다. 미래의 건강하고 행복한 세상을 디자인하는 꿈을 꾼다. 공저로는 인터넷 윤리 교육용 동화책 『약속할게요』, 고등학교 교과서 『일러스트레이션』이 있다.

"인류가 생존하기
위해서는 현저하게
새로운 사고방식이
필요하다."

_알베르트 아인슈타인

4.2

지속가능사회 만드는 미래기술

황인영 Ethicwaves 대표

유토피아 vs 디스토피아

　막 10대에 들어선 두 아이의 엄마이자 과학기술 정책을 연구하는 연구자로서 나의 아이들이 살아갈 세상에 대한 준비는커녕 변화의 속도에 혼란스러워하는 나 자신을 볼 때면 부끄럽고 답답하다. 대한민국이란 나라가 언제까지 존속할 수 있을까. 나의 아이들과 후손 그리고 인류는 한반도 영토에서, 지구에서, 우주에서 잘 살아남을 수 있을 것인가. 하지만 아직도 청사진 하나 갖고 있지 못한 채 시름만 깊어지고 있다.

　2050년 한반도에 대한 전망을 살펴보자. 미래학자들에 따라 세계 최고의 영구평화지역 또는 강대국이 될 것이라는 기대부터 후진국으로 전락하거나 나아가 존립 자체를 확신하지 못하는 암울한 전망까지, 다양한 예측이 나오고 있다. 전 세계적으로는 아시아와 중국의 부상, 신기술에 따른 새로운 기업의 등장과 자본주의의 진화, 종교 근본주의와 테러의 증가, 기후변화와 자연자원 고갈 등 여러 차원과 규모의 변화가 있을 것으로 내다보고 있다. 이렇게 다양한 예측이 있는 것은 현대사회에서 통제되지 않는 변수가 기하급수적으로 많아지고 있기 때문이다. 특히 대한민국은 지정학적 요소에 따른 변수로 어떤 방향으로 변화될지 그 전망이 더욱 어렵다. 이에 더해 과학기술은 점점 더 급속도로 우리의 삶을 바꾸고 행동과 생각, 정체성마저 좌우하고 있다.

선진국 정부와 글로벌 기업은 앞다투어 사회를 계속 발전시킬 다양한 분야의 미래기술을 선정해 막대한 투자를 하고 있다. 특히 4차 산업혁명이란 키워드로 모든 것이 초연결되는 사회, 인터넷기술과 타 기술 간 심층 융합을 위한 기술 개발을 독려하고 있다. 정부와 싱크탱크인 연구소마다 'O대 기술'이라는 제목 아래 순위 매긴 다양한 분야의 기술을 유망기술, 미래기술, 핵심기술 등으로 정리해 발표하고 있다. 그리고 정부나 민간투자 등으로 이러한 기술이 개발돼 상용화에 성공하면 머지않아 인류는 풍요롭고 편리한 삶을 누릴 것으로 기대된다. 그러나 이세돌 9단과 인공지능 알파고의 바둑대결이 가져다 준 전 국민적 충격과 혼란을 되새겨보면, '터미네이터'나 '마이너리티 리포트' 등의 영화에서 그려지는 디스토피아가 현실로 다가오고 있다는 대중의 우려와 두려움을 전문가들의 장밋빛 예측으로 쉽게 떨쳐내긴 힘겨워 보인다.

현재 정부가 준비하는 미래기술은 특정 기술을 선정해 '기술 로드맵' 등을 기획하고 이에 투자, 연구, 개발하는 방식으로 진행되고 있다. 이러한 방식은 기대와 예측가능성을 높이는 효과가 있다. 그러나 바이오, 환경, 컴퓨터 및 정보통신기술 발전 속도가 멱함수적으로 커지며 외부의 불확실성이 두드러지는 지금 우리가 추구해야 할 미래기술에 대한 태도는 아니다. 디스토피아와 유토피아 그 어떤 쪽도 우리의 미래는 아니다. 오래된 접근 방법과 시각으로는 우리가 직면한 문제들을 해결할 수 없다.

공생가능한 사회로의 회복

필자가 생각하는 미래기술에 대한 올바른 논의 방향은 미래사회에 대한 비전과 꿈을 가지고 상상하면서 미래기술에 대한 목표, 가치, 정서에 대해 논의하는 것이다. 그리고 우리가 그려야 하는 미래기술의 목표와 비전으로 '공생하는 지속가능한 사회 회복'을 제안한다.

2000년대 초 유엔이 '지속가능한 발전Sustainable Development'을 채택한 뒤 전 세계적으로 공감대가 확산될 때의 흥분과 감격을 기억한다. 드디어 경제학의 이윤 극대화와 효율성의 굴레에서 벗어나 미래를 생각하고 자연과 자원을 아껴 다음 세대를 위해 남겨놓는 새로운 시대로 나아갈 수 있다는 기대감 때문이었다. '지속가능'이란 말이 단순히 세계적인 현상이 된 경제발전의 침체에 따른 허울이나 말 바꿈이 아니라, 전 지구적 환경과 비경제적 부분의 발전을 더 중시하는 방향으로 선회하기를 기대했다. 그러나 아직 논의는 근본적인 방향 전환이 이루어지지 못한 채 '자본주의와 개별정부국가의 지속가능' 안에 머물러 있다.

지속가능한 발전이나 지속가능한 사회는 그냥 만들어지거나 유지되는 것이 아니다. 누군가의 양보와 희생 그리고 모두의 끊임없는 의식적 노력이 필요하다. 마치 무중력 진공 상태와 같이 좋은 시절(인류 역사상 거의 없었지만)에는 관성만 있어도 유지될 수 있을지 모른다. 그러나 대부분의 경우 늘 균형과 지속가능성을 깨려는 요인들 때문에 사회적 응집과 결단이 필요했다. 기계론적으로 볼 수는 없지만 단순화하자면, 우리 사회는 굉장한 저항 속에서 회전하는 물체와 같이 구심력과 원심력의 결과로 시대와 상관없이 지속가능한 사회를 위해 내부적으로 통합Integration이 유지돼야 하고 외부적으로 개방성Openness이 보장됐어야 했다.

인류는 간신히 균형을 유지하며 지금까지 명맥을 이어왔지만 최근 사회 안팎으로 이를 깨려는 요인이 너무나 많다. 대표적 징후가 내부적으로는 양극화이며 외부적으로는 기후변화다. 이 두 문제를 해결하고 지속가능한 사회로 나아가는 길은 아직 확실해 보이지 않으며 그 변화도 잘 느껴지지 않는다. 이 문제들에 대해 과학기술계를 비롯한 전문가 집단에서 기술적 해결방식이 전부인 것처럼 접근하는 기술 만능주의가 아직은 우세해 보인다.

기후변화와 양극화 심화 속도에 비해 지속가능한 사회를 위한 변화는 매우 더디게 진행되고 있다. 그렇다 보니 '왜 이렇게 안 될까'라는 깊은 고민에 빠지게 된다. 백년도 안 되는 삶을 사는 인간들이 지금까지 인류가 지구환경에 미친 부정적 영향을 해결하거나 적어도 악화시키지 않으려고 하는 노력을 길어야 10년도 안 되는 정권 교체와 정책으로 막 시작했다는 것이 얼마나 역부족인지 뼈저리게 느낀다.

어쩌면 우리는 지구를 하나의 작은 생명체로 보는 '가이아Gaia 이론'을 창시한 제임스 러브록의 주장처럼 지구 자원의 보존 문제에 관한 한 '지속가능한 후퇴'를 목표로 해야 겨우 현상 유지를 할 수 있을지도 모른다.

그것이 관점에 따라 발전이든, 후퇴이든 우리가 지속해야 하는 사회에서 양극화 문제를 해소하고 통합을 이루기 위해서는 인간과 사회에 대한 근본적인 이해가 필요하다.

출발점은 과학과 윤리의 회복

인류학자 재레드 다이아몬드는 미래사회에 로봇과 인공지능이 막대한 영향을 미치리라는 전망 아래 인간의 삶이 어떻게 바뀔 것인가라는 질문에 이렇게 대답했다.

"인간의 삶이 지난 6만 년 동안 전화기, 자동차, 텔레비전, 이메일 등으로 변화 속도가 빨라지고 있지만 인간의 근본적인 걱정거리는 예나 지금이나 똑같다. 아이들을 어떻게 키울 것인가, 어떻게 노인을 대할 것인가, 분쟁을 어떻게 해결할 것인가, 건강을 어떻게 유지할 것인가, 위험과 다른 걱정거리를 어떻게 대비하고 극복할 수 있을 것인가. 지난 수만 년 동안에도 이런 걱정을 했고 로봇과 인공지능을 더 많이 갖게 된 뒤에도 이런 걱정을 하며 살아갈 것이다."

결국 앞에서 논의한 거창한 담론 뒤에도 계속되는 근본 문제는 인간관계를 둘러싼 '삶의 문제'인 경우가 대부분이다. 필자는 오랜 기간 이 문제를 품고 고민하면서 인간의 생각과 마음을 변화시키는 '새로운 교육^{배움}'에 실천적 해답이 있다는 결론에 이르렀다.

미래에 우리 아이들이 로봇이나 인공지능과 경쟁할 것이라 생각하지는 않는다. 많은 사람이 우려하는 것처럼 인간이 로봇에게 일자리를 빼앗겨 할 일과 가치가 없어지지도 않을 것 같다. 지금도 이미 인류 전체가 먹을 수 있는 양식이 생산되고 있지 않은가. 미래세대가 살아갈 세상은 당장 식량과 에너지 문제가 악화될 수도 있지만, 이를 해결할 기술과 그 기술 이상의 마음과 지혜가 나타날 것이다.

제러미 리프킨 미국 경제동향연구재단^{FOET} 이사장은 『한계비용 제로 사회』에서 "자원의 희소성과 노동의 문제에서 벗어난 인류는 과연 무엇을 할 것인가? 어떻게 살 것인가?"라는 질문을 던졌다.

3D 프린팅과 수소연료, 초연결 공유 등에 의해 기술적으로는 이 질문이 말하는 한계비용 제로 사회가 점점 현실화되고 있으며 우리에게는 이 문제들을 해결할 시간이 많이 남지 않았다. 자연자원과 자본, 지식 등 재산을 가진 사람들은 누구라도 자신이 가진 것과 지위를 유지하고 싶어 하지 불편과 희생이 따르는 변화를 달갑게 여기지 않을 것이다. 하지만 지속가능한 사회, 좀 더 구체적으로 '공생하는 지속가능한 사회 회복'을 위해서는 돌파구가 필요하다.

아인슈타인은 다음과 같이 말했다. "오래된 문제들에 대해 다른 각도로 새로운 기회와 가능성을 제기하고 싶다면, 창조적인 상상력이 필요할 뿐 아니라 과학에서의 실질적 진보를 이루어야 한다."

탐심과 이기심, 관성으로 나타나는 인간 마음과 본성에 관한 진정한 이해와 새로운 관점을 위해서는 창조적 상상력과 함께 과학적 진보가 필요하다. 이러한 질문들은 이제 철학 안에 머무르지 않는다. 과학적 진보를 이루어야 할 부분은 특정 기술이 아니다. 인간 본성에 대한 탐구를 진행할 뇌과학과 의학을 비롯한 '생명과학기술', 인류사회의 비전과 목표에 관한 사회적 합의를 도출할 '사회과학의 의사결정기술', 학문 간 편견의 벽이 무너지게 하는 정보통신기술이 녹아든 '학문융합기술', 끊임없는 변화를 즐길 수 있는 '혁신수용기술' 같은 분야에서 모든 사람이 함께하는 진보가 필요하다.

단순히 지식의 차원이 아닌 태도와 행동의 실천적 차원에서 변화를 이끌어내는 '교육^{배움}'이 모두에게 필요하다. 특히 미래세대가 지금 당장 매달려야 할 교육은 단순히 '코딩'에 그치지 않는다. 더 이상 우리를 근본적으로 변화시키지 못하는 직업과 재산을 얻기 위해 더 중요한 문제를 놓쳐서는 안 된다. 미래사회를 건설하기 위해 우리 아이들에게 필요한 준비는 한국인으로서, 인간으로서 긍지를 가질 수 있는 윤리적인 힘과 근본을 캐내는 과학적인 힘 그리고 알고 행하고자 하는 겸손한 마음과 실천력이다. '과학과 윤리의 새로운 교육^{배움}', 이를 위한 내용과 방법은 우리 모두 앞에 놓인 공동의 절박한 과제다.

황인영
성균관대 행정학과를 졸업하고 서울대 행정대학원에서 통상정책에 대한 연구로 석사학위 논문을 썼으며, 글로벌 지식재산권 정책에 대한 연구로 박사학위를 받았다. 졸업 후 한국과학기술단체총연합회에서 과학기술 및 지식재산 정책 연구를, 이후 기술사업화 전문기업인 델타텍코리아에서 글로벌 기술무역을 수행했다. 주요 관심사는 청소년 과학기술·윤리 교육과 개인 및 사회의 리질리언스^{Resilience·회복력} 문제다. 현재 Ethicwaves 대표로 일하고 있다.

"기후변화는 현실이다. 지금 이 순간에도 일어나고 있다. 전 인류와 동물을 위협하는 가장 긴급한 사안이고, 힘을 합쳐 해결책을 마련해야 한다."

_레오나르도 디카프리오의
2016년 아카데미시상식 남우주연상 수상 소감 중에서

4.3

신기후체제 붕괴가 가져올 재앙

고영주 한국화학연구원 대외협력본부장

기후변화로 닥쳐올 위기의 미래

　지구의 평균기온은 지난 112년간 섭씨 0.89도 상승했다. 이는 화석 연료 기반의 산업 활동으로 이산화탄소 등 온실가스가 과도하게 배출돼 지구온난화 현상이 표준적 상황을 넘어서고 있기 때문이다. 실제 산업화 이전 280ppm 이하를 유지하던 이산화탄소 농도가 산업화가 시작된 이래 급속하게 증가해 2015년과 2016년에는 400ppm을 넘어섰다.〈그림1〉

　이산화탄소는 매우 안정된 화학물질로 대기 중에 계속 쌓인다. 현 추세대로 온실가스 배출이 늘어나면 30년 후에는 지구 평균기온이 섭씨 2도 상승하고 2100년에는 섭씨 4도 정도 상승할 것으로 예측된다.

　이러한 기온 상승은 지구 생태계에 많은 부정적 영향을 미치고 있다. 지난 100년간 해수면은 20cm 상승했으며 이대로 계속 가면 2100년 63cm까지 올라갈 것으로 전망된다. 지금도 빙하가 계속 녹고 있으며

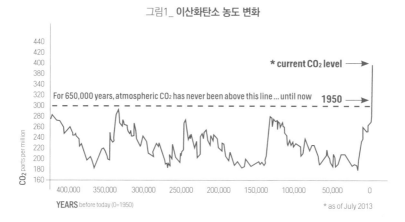

그림1_ 이산화탄소 농도 변화

출처 NASA(2016), Four Graphics (and a Book) that Help Explain Climate Change

지난 10년간 13%의 빙하가 없어졌다. 낮은 지대의 육지는 잠길 뿐 아니라 평균수온도 섭씨 0.5도 상승하고 해양의 용존산소량 감소와 산성화가 동시에 일어나고 있다. 이에 따라 해안 백화현상 및 생물다양성 감소가 급속하게 진행되고 있다. 빙하가 녹으면 그 속에 녹아 있던 온실가스가 배출될 뿐 아니라 그 자체로 태양광선의 반사율이 줄어 지구온난화는 가속화된다. 전 지구적으로 가뭄과 사막화가 확산되고 집중호우와 폭풍우로 인한 홍수도 빈발하며 신종 질병이 출몰한다. 식량과 물 부족이 확산되고 테러와 전쟁의 원인이 되기도 한다.

이것은 머나먼 미래가 아니다. 지금 나타나고 있는 현실이며 곧 닥쳐올 위기다. 기후 관측에서 지난 500만 년 동안 지구의 평균기온이 산업혁명 바로 이전보다 섭씨 2도 이상 상승한 적이 없다. 섭씨 2도를 넘어 4

도 이상 상승하면 지구와 인류가 한 번도 가보지 않은 길로 들어서게 된다. 지구환경이 통제할 수 없는 상태가 돼 인류문명의 파멸을 가져올 어떤 재앙이 닥칠지 예측하기 어렵다.

한반도는 이미 위기상황

전 지구적 기후변화의 위기상황은 한반도에서 더욱 심각하게 나타나고 있다. 우리나라 6대 도시 평균기온은 지난 100년간 섭씨 1.7도 상승했는데 이는 세계 평균의 2배에 해당한다. 지난 40년간 평균수온이 섭씨 1.31도 상승했으며 바다의 산성화도 30% 증가했다. 한반도를 뒤덮고 있는 미세먼지 공포도 지구온난화로 더욱 심화되고 있다. 2017년 3월 조지아공대 연구진이 국제학술지 『사이언스 어드밴스』에 발표한 연구결과에 따르면 지구온난화로 북극 해빙이 감소하고 이로 인해 제트기류와 북서계절풍이 약해져 동북아와 한반도에 대기 정체가 심화되면서 미세먼지가 흩어지지 않고 쌓이고 있다고 한다. 중국의 산업화 및 사막화와 맞물려 이는 더욱 심각한 상황을 예고하고 있다.

이런 상태로 우리나라와 주변 지역의 산업화와 지구온난화가 지속되면 2100년에는 평균기온이 섭씨 4.8도 상승하고 동해 해수면은 138cm 올라가며 초미세먼지는 계속 최고치를 경신할 것이다. 한반도에서 꿀벌이 사라지고 사과 재배가 불가능해지며 폭염과 홍수가 더욱 빈번해질 것이다. 기후변화로 신종 질병의 공포는 더욱 확대된다. 기후변화가 한반도의 재앙으로 현실화할 가능성이 그 어느 때보다 커진 것이다.

인류 최초의 전 지구적 합의 '파리협정'

유엔 산하 기후변화에 관한 정부 간 협의체IPCC가 2014년 발표한 'IPCC 제5차 기후변화 평가보고서'는 다음과 같이 경고했다.

"지구의 평균기온 상승이 심각하며 이는 인류의 산업화 이후 급증해 온 온실가스 배출이 원인이다. 지금부터 인류가 노력해도 기온 상승을 줄일 수 있을 뿐이지 산업화 이전1850~1900년의 평균기온으로 돌아가지 않는다. 평균기온이 산업화 이전보다 2도 이상 오르면 인류에게 심각한 위협이 될 것이다."

IPCC 보고서에는 전 세계 과학자들이 참여했으며 이전 보고서에 비해 더욱 강력한 메시지를 담았다. 실제 전 세계 과학자의 95% 이상이 IPCC의 견해에 동의하고 있다. 물론 이러한 기후변화와 환경 문제 인식은 1970년대 이후 확산돼 1992년 브라질 리우데자네이루에서 유엔기후변화협약UNFCCC이 채택돼 1994년 발효됐으며, 1995년 제1차 당사국총회Conference of Parties·COP1가 개최되고, 1997년 일본 교토에서 열린 COP3에서 '교토의정서Kyoto Protocol'가 채택되는 결실을 맺었다. 교토의정서는 2005년 발효돼 37개 선진국이 2008~2012년 온실가스를 1990년 대비 5.2% 감축을 의무화하고 이를 위반하면 제재하는 방안을 핵심 내용으로 포함했다.

그러나 37개국 가운데 온실가스 다량 배출국인 중국, 인도는 제외됐고 미국은 탈퇴했으며, 일본, 러시아, 캐나다는 2013년 이후 감축 대상에서 제외됐다. 실제 교토의정서는 전 세계 온실가스 배출량의 15% 정도만 해당되며, 그나마 주요 선진국이 탈퇴하거나 지키지 않음으로써 휴지조각이 됐다. 2009년 덴마크 코펜하겐에서 열린 COP15에서 교토 의정서를 2020년까지 연장해 살려보려 했으나 그마저도 실패했다.

그래도 2011년 남아프리카공화국 더반에서 열린 COP17에서 교토 의정서를 2020년까지 연장하고 그 이후에는 전 세계 모든 나라가 참여하는 기후변화협약 협상을 시작하기로 결정한 것은 다행한 일이었다.

2014년 IPCC가 발표한 평가보고서는 이러한 전 지구적 노력에 경각심을 주고 실질적인 온실가스 감축에 나서라는 강력한 과학적 메시지였고 이에 많은 환경단체가 가세했다. 2015년 9월 뉴욕에서 열린 유엔 지속가능 발전 세계정상회의에는 193개국이 참가했다. 여기서 채택된 '지속가능 발전 목표Sustainable Development Goals·SDGs'는 17개 목표와 169개 세부의제로 이루어져 있는데 빈곤, 교육, 불평등, 에너지 문제 등과 함께 기후변화 대응을 주요 의제로 포함했다.

더 나아가 2015년 11월 30일부터 파리에서 열린 COP21에서는 195개국이 참여하는 최초의 전 지구적 기후변화 대응 합의라 할 수 있는 파리협정Paris Agreement이 체결됐다. 미국과 중국의 견해 차이로 예정된 일정보다 하루를 연기하면서까지 협상이 계속됐고, 마침내 12월 12일 역사적인 파리기후변화협약이 타결됐다.

파리협정은 산업화 이전과 비교해 지구 평균기온의 상승폭을 섭씨 2도 이하로 유지하며 나아가 1.5도까지 제한하기 위한 노력을 촉구하는 내용을 담았다. 195개 국가는 자발적으로 이미 제출한 감축 목표INDC

를 구체화해 2020년까지 온실가스 감축 및 적응 계획을 제출해야 하며, 2023년부터 5년마다 이행 실적을 투명하게 보고하는 동시에 자발적으로 감축 목표를 상향조정하도록 했다.

2020년 이후부터 선진국은 의무적으로 매년 1000억 달러 이상의 재정을 세계기후기금GCF으로 조성하도록 했다. 특히 파리협정의 실질적 효과를 위해 국제탄소시장 메커니즘을 개발해 활성화하고 감축과 적응을 위한 혁신기술 개발과 상호 이전 활용 프레임을 구축하기로 했다. 파리협정은 교토의정서와 달리 모든 선진국과 개발도상국의 자발적 참여를 전제로 했으며 감축 방식도 선진국은 온실가스의 절대량을 감축하되 개발도상국은 추가 산업화의 불가피성을 인정해 2030년까지 온실가스 예상 증가량 대비 감축하는 BAUBusiness as Usual 감축 방식을 인정했다.

또 목표 불이행 시 제재 대신 투명한 국제적 공개를 통한 간접적 압박 방식을 채택했다. 교토의정서와 달리 정책, 재정, 기술의 3박자가 서로 연계해 효과를 보도록 정책은 기술집행위원회TEC, 재정은 세계기후기금GCF, 기술은 기후기술센터CTCN를 중심으로 추진하도록 체계화했다. 각국은 특정 부처를 책임조직NDE으로 지정해 총괄하도록 했다. 이른바 지구와 인류의 새로운 신기후체제의 출범이다.

온실가스 줄이기 위한 대한민국의 도전

우리나라는 2030년까지 총 8억5000만 톤의 온실가스 배출이 예상된다. 우리나라가 약속한 온실가스 감축 목표는 이 8억5000만 톤의

37%인 3억1000만 톤이며 국내 감축분 25.7%, 해외 감축분 11.3%로 구성돼 있다. 이러한 목표는 기존의 산업정책이나 온실가스 감축 기술 개발 정책으로는 실현이 불가능한 것이다.

정부는 과학기술정보통신부를 NDE로 지정하고 우선 2016년 6월 기존 13개 부처에서 추진하던 4833억 원, 718개 과제를 온실가스 저감, 탄소자원화, 온실가스 적응의 3대 분야 50개 세부 연구군으로 나누어 현재 상태를 분류함으로써 연구개발 진행 상황을 종합적으로 파악하고 상호연계 관리할 수 있는 기후기술 로드맵을 만들었다.

온실가스 저감 분야는 태양전지, 연료전지, 바이오연료, 2차전지, 전력 IT, 온실가스 포집 및 저장기술 등 6대 기술로 돼 있으며 탄소자원화 분야는 부생 가스 전환, 이산화탄소 전환, 이산화탄소 광물화 등 3대 기술로 정리했다. 그리고 온실가스 적응 분야는 공통 플랫폼기술로 단일화해 모니터링, 예측, 대응 분야를 체계화했다. 탄소자원화기술은 2017년부터 사업단을 구성해 본격적으로 실증사업을 추진하고 있다.

2016년 12월에는 저탄소녹색성장기본법 제40조에 근거해 제1차 기후변화 대응 기본계획2017~2036년을 관련 부처 합동으로 마련했다. 기본계획은 신기후체제 출범에 따른 국가 차원의 효율적 대응을 위한 비전과 정책 방향 제시를 목적으로 했다.

기존의 관련 계획이 온실가스 감축에만 목적을 둔 부분적인 계획이었다면 제1차 기본계획은 감축, 활용, 적응 및 국제협력을 망라한 최초의 종합적인 계획이다. 특히 2030년 37% 감축 목표 달성을 위해 관련

업계와 협회 등의 참여를 확대했다. 민간의 참여를 촉진하기 위해 규제 위주에서 연구개발R&D, 시장, 신산업, 배출권 거래제 등 기술과 시장의 연계를 강화했으며 이후 국제탄소시장 메커니즘과 글로벌 시스템에 효과적으로 대응하는 내용을 포함하고 있다.

이후 신기후체제가 본격적으로 가시화되는 2020년을 기준 시점으로 녹생성장 5개년 계획, 에너지 기본계획, 기후변화 적응대책, 2030 온실가스 감축 이행 로드맵, 배출권 거래제 기본계획 등의 국가계획 수립 시기 등을 조정하며 연계를 강화하기로 했다. 정책의 일관성과 효과성을 위해서는 경제 전망, 인구 추이, 에너지 사용량, 온실가스 배출 동향 등을 지속적으로 점검해 조정할 필요가 있다는 점도 주목했다. 물론 기본계획은 국제사회의 후속 대응 동향과 미국의 탈퇴 등을 염두에 두며 이후 조정을 거칠 것으로 보인다.

혁신적 기후기술 개발 필요

파리기후변화협약에서 약속한 195개 국가의 온실가스 감축 목표가 모두 달성된다 해도 지구 평균기온은 섭씨 2.7도 상승할 것으로 예측되고 있다. 그나마 각국의 피나는 노력이 없으면 달성하기 쉽지 않은 목표다. 그런데 평균기온 상승을 섭씨 2도 이하, 특히 1.5도 이하로 묶어두려면 5년마다 감축 목표를 계속 상향조정해야 하고, 실질적인 감축이 추가로 이루어져야 한다. 그러나 기존의 화석연료 산업과 이해관계자 네트워크는 살아 움직이고 있고, 중국과 인도 등 개발도상국의 산업화는 빠른 속도로 이루어지고 있다. 파리기후변화협약을 규제가 아닌 탄소시장 확대와 비즈니스 기회, 사회 시스템 혁신의 기회로 활용하려는 노력은 더디고 아직 멀기만 하다.

　이런 가운데 파리기후변화협약은 출발하자마자 도널드 트럼프 미국 대통령의 기후기술 연구개발 투자 축소와 탈퇴로 위기를 맞고 있다. 선진국의 세계기후기금 재정 투자 약속과 공동기술 개발 및 이전 노력이 어려워지면 당장 중국의 온실가스 감축 노력을 강제할 수 없다. 이는 어렵게 타결한 파리기후변화협약의 붕괴로 이어질 수 있으며, 인류문명의 파멸적 재앙이 될 수도 있다. 다행히 2017년 7월 독일에서 열린 G20_{주요 20개국} 정상회담에서 미국 탈퇴 결정과 무관하게 파리기후변화협약의 충실한 이행을 약속하는 성명을 발표했다. 미국은 주마다 정책이 다르기 때문에 많은 주에서 파리기후변화협약을 따른다면 미국 탈퇴 효과는 크지 않을 것으로 예상되며, 향후 미국의 재가입 여지가 충분히 있다.

　우리나라의 첫 번째 기본계획은 비전과 방향을 적기에 잘 잡았다. 그러나 거기에 담긴 내용만으로는 37% 감축 목표 달성이 불투명하다. 5년마다 목표를 상향조정하는 것은 더욱 어렵다. 현재 신재생에너지 대체 비율은 3%에도 못 미치고 있고 새 정부의 2030년 목표인 20% 달성은 신재쟁에너지에 대한 획기적인 투자와 제도 개선, 기업과 국민의 동참을 필요로 한다. 온실가스 포집 및 저장, 활용기술은 현 수준으로 2000만~3000만 톤 정도의 감축이 가능할 뿐이다. 우리나라의 산업 공정기술은 세계 최고 수준의 효율을 보이고 있어 공정혁신으로는 더 이상 온실가스 감축이 쉽지 않다. 감축 목표치인 37%, 3억1000만 톤 중 2억 톤의 추가 감축 가능성이 손에 잡혀야 한다.

　이것을 규제로만 이룰 수는 없다. 온실가스 배출과 대기업 수출주도형 제조업으로 성장해온 한국 경제가 온실가스 규제로만 접근해 현 상태에서 주력 산업이 더 어려워지면 일자리 부족과 경제적 어려움이 가중돼 사회적 갈등으로 이어지고, 이는 정치권의 온실가스 감축 정책 노력을 약화시킬 수 있다. 실제로 정치권과 국민의 온실가스 감축 절박성에 대한 인식은 취약하다. 여전히 1인당 에너지 소비량은 세계 최고 수준이며, 기후변화 적응을 위한 전반적인 시스템과 인프라에 대한 인식도 미미하다.

　파리기후변화협약을 지켜내고 지구 평균기온 상승을 섭씨 2도 이하로 제한하기 위한 전 인류와 각국의 노력은 상호지지와 연대를 통해 더욱 확산, 강화해야 한다. 무엇보다 지금보다 획기적인 혁신적 기후기술 개발이 필요하다. 온실가스 감축 효과가 크면서도 비용을 줄일 수 있는 미래 혁신기술에 대한 투자를 확대해야 한다. 탄소 배출 과세 및 적절한 규제와 함께 탄소시장을 활성화하고 기후기술 투자 인센티브를 강화하는 정책을 강화해 혁신적 기후기술과 비즈니스가 만날 수 있도록 새로운 전략과 프로그램을 개발해야 한다. 사회의 에너지 소비 시스템과 도시 자체를 저탄소 에너지 시스템으로 전환하는 장기적 전환 전략도 준비해야 할 것이다. 빅데이터와 인공지능, 기술별 경계가 무너지는 4차 산업혁명의 방향과 기제를 잘 연결하면 또 다른 가능성이 열릴 것이다.

　　이 과정에서 각국별 경쟁과 정치에서 인류와 지구의 미래, 후손의 환경을 지키기 위한 국제협력의 새로운 플랫폼이 필요하고 유엔의 역할은 더욱 강화돼야 한다. 현재의 번영을 위해 후손의 위기를 가속화하는 인류문명의 방식을 전면적으로 바꿔나가야 한다. 과학자, 정부와 정치권, 정책 전문가, 산업체, 시민, 청년이 함께 모여 토론하고 인류와 지구, 한반도의 생존을 위한 비전과 대응 전략을 지속적으로 모색해야 할 때다.

고영주
한국화학연구원 대외협력본부장으로 과학기술 혁신 연구, 정부출연연구소 정책, 화학산업 정책, 국제협력, 과학문화 확산 등의 업무를 하고 있으며, 과학기술연합대학원대[UST]에서 과학기술경영정책과정 겸임교수를 맡아 석·박사과정 학생을 양성하고 있다. 2015년 12월 파리기후변화협약 체결 현장에 과학기술정보통신부의 자문위원 자격으로 참여했으며 정부의 기후기술 로드맵, 탄소자원화 전략, 기후변화 대응 기본계획 작성에 기여했다. 국가과학기술심의회 전문위원, 과학기술정보통신부 기후변화대응 기후기술개발추진위원회 위원, 국가과학기술연구회 전략자문위원 등을 역임했으며, 대전시 초대 과학부문 명예시장과 과학도시포럼 대표 등을 맡아 지역혁신과 과학문화 발전에도 기여하고 있다.

"인간의 활동이 지구
시스템을 변경시키는
인류세^{Anthropocene}에
들어섰다."

_파울 크루첸(1995년 노벨화학상 수상자)

4.4

지속가능하고 공정한 세계로의 전환 위한 도전

윤순창 서울대 명예교수

인류 존립 위협하는 인간의 활동

지구의 지속가능성은 인류의 안녕을 위한 전제조건이지만, 안타깝게도 인간의 활동이 지구 시스템의 변화를 일으키고 자연자원과 생태계를 악화시켜 인류의 안녕과 번영을 위협할 정도가 됐다는 데 과학자들이 동의하고 있다.

아울러 과학자들은 이미 인간 활동이 지구 시스템을 변화시키는 새로운 지질학적 시대인 인류세Anthropocene에 들어섰다고 본다. 지구를 이대로 방치하면 홍수, 가뭄, 토지변화, 생물다양성 상실 및 해수면 상승으로 식량, 물, 에너지 공급이 타격을 입어 인간의 삶의 질, 나아가 존립 자체가 위협받게 될 것이다.

또한 오늘날의 세계는 국지적인 정치·경제·사회적 위기가 전 지구의 위기로 직결되기 때문에 인류의 미래 번영을 위해서는 빈곤을 퇴치하고, 경제·사회·환경적 불평등을 해소해 지속가능하고^{Sustainable} 공정한^{Equitable} 지구사회로의 전환이 시급하다.

이러한 인식에 대한 국제적 합의에 따라 유엔은 2012년 6월 브라질 리우데자네이루에서 개최된 제3차 '지속가능 발전 정상회담^{리우+20}'에서 '우리가 원하는 미래^{The Future We Want}'라는 선언문을 채택했다.

유엔은 이 선언문에 기초해 2014년 12월 지속가능 발전 목표^{Sustainable Development Goals·SDGs}를 발표했다. 지속가능 발전 목표는 모든 국가에서 빈곤과 기아의 종식, 건강한 삶과 양질의 교육 보장, 양성평등, 깨끗한 식수와 지속가능한 에너지 보급, 양질의 일자리 제공, 친환경적인 도시계획, 지속가능한 소비와 생산, 해양자원 보존과 육상생태계 보호, 기후변화 대응과 글로벌 파트너십 강화 등 2016~2030년 이루어야 할 17개의 발전목표와 169개 세부목표로 구성돼 있다.

한편 각국의 과학아카데미^{한림원}를 중심으로 구성된 세계 최대 민간과학기구인 국제과학연맹이사회^{International Council for Science·ICSU}는 지속가능하고 공정한 지구사회로의 신속한 전환이 목표인 '미래지구^{Future Earth}'라는 국제연구 플랫폼을 제안하고, 향후 10년간 세계 과학계가 SDGs의 달성에 기여할 '미래지구' 연구에 노력을 결집하기로 결정했다.

'미래지구'는 인류·생태계의 지속적인 생존기반을 추구하기 위한 자연과학과 인문·사회과학의 학제 간^{Interdisciplinary} 융합연구와, 과학자와 사회의 다양한 이해당사자(정부와 지방자치단체, 국제개발기구, 기업과 산업체, 교육과 언론 및 시민사회)와의 협업으로 최종 의사결정자에게 가치 있는 지식과 사회 발전에 필요한 해법을 제공하는 것을 목표로 하는 연구 플랫폼이다. 과학자와 다양한 이해당사자가 초기 연구기획 단계부터 최종 정책제안 단계까지 공동설계Co-Design, 공동생산Co-Production, 공동인계Co-Delivery를 하는 새로운 접근방식의 초학제적이고 범세계적인 연구 플랫폼Research Platform이며, 사회의 다양한 이해당사자가 함께 참여하는 참여 플랫폼Engagement Platform이다.

'미래지구'는 기후와 환경의 급격하면서 비가역적인 변화를 극복하고 지속가능하면서 공정한 미래사회로 나아가는 것이 목표다. 이러한 목표를 달성하기 위해 기존 연구 프로그램 및 지식체계를 아우르면서 정부, 시민사회, 지역기반 지식, 연구 지원기관, 그리고 기업의 노력을 수렴하는 기구로 설립된 국제적인 연구 플랫폼이다.

'미래지구'는 GEC인 지구 시스템 과학연대ESSP를 통해 수행 중인 국제 지구권·생물권 연구계획IGBP, 지구환경 변화와 관련한 인간 차원 연구프로그램IHDP, 국제 생물다양성 과학 연구프로그램DIVERSITAS 및 세계기후 연구프로그램WCRP을 기반으로 재탄생돼 현존하는 지구 연구네트워크를 확대하고 여러 기관과 연구자를 포괄하는 형태로 발전하고 있다.

'미래지구' 위한 전략 연구의제

'미래지구'의 비전은 인류가 지속가능하고 공정한 사회에서 번영을 이루는 것이다. 이러한 비전을 달성하려면 가장 합리적인 과학적 증거를 바탕으로 관련 이해당사자가 합의하는 결정을 내리고 이를 추진해야 한다. '미래지구'는 제한된 연구재원을 효율적으로 투자해 지속가능하고 공정한 지구사회로의 전환을 가속화하기 위한 목적으로 향후 10년 동안 가장 우선적으로 수행돼야 할 전략 연구의제와 추진 방향을 제시하고 있다. '미래지구'의 전략 연구의제는 ①역동하는 지구^{Dynamic Planet} ②글로벌 지속가능 발전^{Global Sustainable Development} ③지속가능성으로의 전환 ^{Transformations towards Sustainability}이라는 3가지 대의제와 함께 총 62개 세부 연구의제를 엄선해 제시하고 있다.

　다음은 '미래지구' 프로그램이 지속가능성에 대한 도전 분야에서 크게 기여할 것으로 기대되는 과제다.

· 현재와 미래에 세계 모든 사람에게 깨끗한 식수, 깨끗한 공기, 그리고 식량을 지속적으로 공급하려면 어떻게 해야 할 것인가.

· 지구의 지속가능성을 촉진하기 위해 위기관리 방식을 어떻게 적응시킬 것인가.

· 전 세계적인 경제성장과 산업 발전에 따라 초래된 생태계 위기로 현재 인류가 직면한 위험은 무엇인가. 지구 시스템이 티핑포인트를 넘어서면 기후변화가 인류 사회, 지구 시스템의 기능, 그리고 지구상의 생태계 다양성에 어떠한 영향을 미치고 얼마나 심각할 것인가.

· 지구의 지속가능성을 향상시킬 혁신 과정을 촉진하려면 세계경제와 산업이 어떻게 변화해야 하는가.

· 도시화가 급속하게 일어나는 현재의 세계에서, 더 많은 사람의 삶

의 질을 높이고 유지하기 위해서는 도시가 어떻게 설계돼야 하는
가. 인간과 자연자원을 함께 고려한 지속가능한 도시 발전을 어떻
게 이루어갈 수 있을까.

· 인류 모두의 에너지 사용을 보장할 수 있는 '저탄소 경제'로의 신속
한 전환에 성공하기 위해 어떻게 해야 할 것인가.

· 지구온난화에 의해 약화되는 사회·생태학적 결과에 우리 사회는
어떻게 적응해야 하며, 적응에 대한 장벽이나 한계는 무엇인가, 그
리고 기회는 무엇인가.

· 생태진화 시스템 본연의 상태, 다양성, 기능성을 지속시키려면 어
떻게 해야 하는가. 이를 통해 지구상의 생명과 생태계를 유지하면
서 인간의 건강과 삶의 질을 공평하게 증진시킬 수 있을까.

· 환경을 지키면서 인간 복지에 도움이 되는 삶의 형태, 윤리 그리고
가치는 무엇이며, 이는 지속가능성으로의 전환을 이루는 데 어떻
게 공헌할 것인가.

· 지구환경 변화가 인류의 빈곤과 발전에 어떻게 영향을 미치며, 세
계가 지구의 지속가능성을 달성하는 방향으로 가면서 어떻게 빈곤
을 완화시키고 생계를 보장할 수 있을까.

'미래지구'의 운영체계와 지역구조

'미래지구'의 최고의사결정기구인 운영이사회Governing Council는 국제학
술단체인 ICSU국제과학연맹이사회와 ISSC국제사회과학연맹이사회, 유엔기구인 유엔환

경계획^{UNEP}과 유네스코, 유엔대, SDSN^{Sustainable Development Solutions Network·지속} 가능 발전 해법네트워크 및 연구재원 지원기구인 벨몬트^{Belmont}포럼과 STS^{Science and} Technology for Society포럼으로 구성돼 있다.

'미래지구' 집행부 본부는 프랑스 파리에 있고, 5개의 글로벌 허브 사무국을 미국^{콜로라도}, 캐나다^{몬트리올}, 프랑스^{파리}, 스웨덴^{스톡홀름} 및 일본^{도쿄}에 두고 있다. 또한 4개 지역센터를 유럽^{영국}, 아프리카^{사이프러스}, 라틴아메리 카^{우루과이} 및 아시아^{일본 교토}에 지정해 지역적 특성에 맞는 '미래지구' 연구 활동을 지역별로 주도하도록 하고 있다. 각국에는 '미래지구 국가위원 회^{National Committee for Future Earth}'를 구성해 지역센터와 협력해 '미래지구' 연 구를 수행하도록 하고 있다.

미래지구 국가위원회는 반드시 과학자와 다양한 이해당사자가 같이 포함돼야 하며, 각국의 국제과학연맹이사회 회원기관^{주로 과학한림원} 또는 회 원기관이 인준하는 기구에 설립하도록 하고 있다. 우리나라는 2016년 4월 국제과학연맹이사회 회원인 대한민국학술원의 인준을 받아 한국과 학기술한림원에 '미래지구한국위원회^{National Committee for Future Earth in Korea}'를 설치하고, 한국의 '미래지구' 연구 활동 기반 조성과 '미래지구' 국제협 력을 위한 창구 역할을 하고 있다.

미래지구-한국 위한 3가지 과제

'미래지구'는 3가지 대주제, 즉 ①역동하는 지구^{Dynamic Planet} ②글 로벌 지속가능 발전^{Global Suatainable Development} ③지속가능성으로의 전환

2016년 4월 25일 열린 미래지구한국위원회 출범식.

Transformations towards Sustainability에 대한 세부 연구의제를 각 지역과 국가의 지리·문화·사회적 특성을 고려해 설정하도록 제안한다. '미래지구한국위원회'는 2016년 4월부터 '미래지구-한국' 월례 워크숍을 개최해 한국의 '미래지구' 연구의제 설정 방향을 다음과 같이 수립했다.

① 역동하는 지구 관련 중과제

· 지구 시스템(해양·대기·빙권·지권·생태계) 상호작용의 이해 및 사회·경제 통합 모델링(관측과 예측)

'미래지구'의 최우선 연구의제인 지구 시스템의 구성 요소^{해양·대기·빙권·지권·생태계} 간 상호작용을 이해하고 이를 통해 인간 활동과 밀접한

연관성이 있는 사회·경제 시스템을 통합해 인간과 지구환경의 상
호작용을 모델링해 예측이 가능하게 하는 연구과제.

· 동아시아 대기오염 농도 변화에 기인한 기후변동성 연구

아시아는 세계인구의 60%가 살고 있고, 도시화 및 공업화로 대기
오염 물질을 가장 많이 배출하고 있으며, 대기오염에 의한 피해가
가장 극심한 지역이다. 이와 같은 동아시아 대기오염의 농도 변화
가 다양한 물리 및 화학 과정을 통해 기후변동성^{기온,강수}에 어떻게 영
향을 주는지 연구하는 과제.

· 기후변동성 및 인간 활동

한반도는 지정학적 특성상 몬순 지역에 위치해 있기 때문에 이와
관련된 다양한 기후변동성의 영향을 받고 있다. 따라서 몬순과 연
관된 여러 기후변동성이 어떤 과정을 통해 인간, 사회·경제적 인프
라, 환경에 영향을 주는지 연구하는 과제.

· 기후변화 티핑포인트와 급격한 한반도 환경변화

기후변화 티핑포인트는 기후가 균형을 이루고 있다가 작은 충격으
로도 급격하게 변하는 시점을 말한다. 지구도 인간 활동에 의한 충
격에 서서히 반응하고 있지만 어느 순간 작은 충격으로도 급격한
변화를 겪는 시점이 존재할 수 있다. 이 과제는 중대한 사회·생태

계적, 나아가 기후적 시스템의 티핑포인트는 무엇인지 연구하고
이들의 예측 가능성 그리고 티핑포인트와 한반도 환경의 급격한
변화와의 연결성을 연구하는 과제.

② 글로벌 지속가능 발전 관련 중과제

· 환경변화에 따른 생물다양성 및 연안·도서 생태계 보전

지구환경변화에 따른 생물다양성 훼손을 방지하고 생물다양성이
어떻게 환경변화와 연결되고 영향을 받는가에 대한 문제를 연구하
며, 나아가 환경 및 생물 다양성의 취약 지역인 연안·도서의 생태
계 보전을 연구하는 과제.

· 지속가능한 도시 발전

인구밀도가 높은 도시를 구성하는 다양한 요소생태계, 환경 등의 지속가
능성에 초점을 두고 있는 과제로 지속가능한 도시 발전을 위한 공
동설계의 프레임을 구축하고 제시하는 연구과제.

· 지속가능한 식량, 물, 에너지 시스템 구축

우리나라를 포함해 아시아에서 인구 증가와 지구환경변화에 따라
물, 식량 및 에너지에 대한 수요가 지속적으로 증가하고 있다. 이에
따라 인간의 안전과 자연생태계의 안전이 함께 균형을 이루면서

물, 식량, 에너지의 지속적인 확보 방안을 담을 수 있는 시스템 구축을 연구하는 과제.

· 질병 및 재해 취약성 대응
기후변화와 지구환경변화에 따른 유독 화학물질, 공기, 토양, 조류인플루엔자AI, 전염병, 수질 및 환경오염에서 야기되는 질병을 경감시키고 이에 동반되는 재해의 취약성을 저감하기 위한 연구과제.

③ 지속가능성으로의 전환 관련 중과제

· 전략 수립(에너지, 물, 사회 시스템, 식량, 질병, 자연재해를 위한 전략)
에너지, 물, 사회 시스템, 식량, 질병, 자연재해 저감을 위한 국제협력에 대한 전략 및 차별화된 책임, 국가 역량 및 여건을 감안해 지속가능한 전략을 수립하는 연구과제.

· 한반도(남북한) 생태·사회 시스템 지속가능성으로의 전환 연구
북한을 함께 고려한 한반도에서의 생물다양성과 생태·사회 시스템의 지속가능성을 확보하기 위한 여러 난제에 대한 사회, 과학 및 기술기반 해법을 연구, 도출하고 지속가능한 시스템으로 전환하기 위한 연구과제.

· 거버넌스

기후변화와 지구환경변화에 따른 한반도의 지속가능한 미래 발전 운영 및 보편적 위협을 관리하는 거버넌스 메커니즘을 강화하기 위한 연구과제.

지속가능 사회 위해 정부 지원 절실

현재까지 국내 과학 정책은 국제과학계의 흐름과 동떨어져 있는 경우가 매우 많았다. 우리나라 R&D 방향은 실용성을 내세우며, 단기간 산업 적용 기술이나 국내 지엽적인 연구주제에 대한 지원이 우선이었다. 기후변화 연구도 자연과학 분야와의 협업이 무시된 채 점진적 기후변화를 가정한 산업계, 사회·경제적 시스템의 기후변화 적응기술에만 초점을 두어왔다. 따라서 기후변화 관련 국내 정책 방향도 최신 과학적 성과가 적절하게 반영되지 못하고 국제적 연구 추세와 괴리가 있게 결정됐다. 이러한 국제적 흐름과 동떨어진 근시안적이고 현안 위주의 연구방향 추진은 우리나라 과학기술이 일정 수준에 도달하면 더 이상 진보하지 못하고 정체되고, 장기적으로는 국가경쟁력을 저해하는 주원인으로 지목되고 있다.

지금의 과학기술 정체를 해결하려면 세계 과학계의 흐름을 주도할 수 있고, 기존의 연구 틀을 벗어난 연구 방향이 추진돼야 한다. 또한 단기간의 현안 문제를 넘어 과학의 성과가 지속가능한 사회로의 장기적 전환에 이바지할 수 있는 장기적 안목을 가진 연구 방향의 설정이 반드시 필요하다. '미래지구'는 인류가 가장 시급하게 해결해야 되는 핵심 이슈를 제공할 뿐 아니라 국내 과학계의 체질 개선과 과학적 진보의 정체를 해결할 수 있는 중요한 기회가 될 것이다.

　'미래지구'는 우리나라가 지속가능하고 공정한 미래사회로 번영할 수 있는 지름길이며, 과학기술자와 인문·사회과학자, 정부 및 지방자치단체, 기업과 산업계, 언론계와 시민사회NGO가 초학제적으로 협력해 성취해야 할 과제다. '미래지구'와 지속가능학Sustainability Science 연구에 정부의 조속한 지원이 절실하다.

윤순창

서울대 물리학과를 졸업하고 미국 오리건주립대에서 대기과학으로 박사학위를 받았다. 서울대에서 30년간 지구환경과학부 대기과학 교수로 봉직하고 2014년 정년퇴임했다. 한국기상학회장과 APEC 기후센터 이사장, 한국외국어대 석좌교수를 역임하고, 현재 한국과학기술한림원 대외협력담당 부원장, '미래지구한국위원회' 위원장 및 미세먼지 국가전략프로젝트 운영위원장으로 활약하고 있다. 황사와 미세먼지 측정과 동아시아 에어로졸의 기후영향 연구에 기여한 공로로 한일국제환경상과 한국기상학회 운재학술상 등을 수상했고, 정부로부터 홍조근정훈장을 수여받았으며, 대기환경과 기상과학 분야에서 많은 제자를 배출했다.

"승리는 준비된 자에게
찾아오며, 사람들은
이를 행운이라 부른다."

_로알 아문센(노르웨이의 극지탐험가)

4.5

낮선 자연, 극지에서 미래를 찾다

이홍금 한국해양과학기술원 부설 극지연구소 책임연구원

극지는 지구 문제 연구의 최적지

지구의 양끝에 위치한 춥고 낯선 곳인 남극과 북극은 19세기만 하더라도 물개와 고래잡이의 근거지였다. 1900년대 들어 아문센, 스콧, 피어리, 새클턴 등 위대한 탐험가들이 세기의 이목을 받으며 차례로 이곳을 정복했다. 아울러 남극에 대한 영유권 주장이 시작됐으나 1957~58년 국제지구물리관측년을 통한 성공적인 과학적 탐험 활동을 계기로 1959년 남극조약이 채택됨으로써 남극의 평화적 이용과 과학적 탐사의 자유 및 국제협력 지속을 보장하고 있다.

1982년 제정된 유엔해양법은 북극해에 대한 개별 국가의 주권을 인정하지 않고 북극해와 인접한 5개국의 200해리 경제수역만을 인정하고 있다. 1987년 '무르만스크 선언'으로 북극권 개방과 북극 평화 지역의 설립이 제안됐고, 이를 계기로 1990년 8월 민간기구인 국제북극과학위원회IASC가 발족했다. 북극권 8개 국가는 북극해 해양환경 보전을 위한 정부 간 논의를 시작하고 1996년 북극이사회Arctic Council를 설립했는데 북극권의 과학적, 정치·경제적 중요성이 근래 크게 부각되고 있다.

남극 빙붕의 붕괴로 인한 해수면 상승, 북극해 해빙 감소의 최고 기록, 한파와 폭염의 이상기후, 북극 항로와 자원 개발에 대한 경제적 효과 상승으로 얼음나라 남북극은 핫스폿Hot Spot이 되고 있다. 각 국가가 추구하는 이권은 다르나 인류 공동의 문제를 함께 해결해야 하는 이 시대에 지구 문제, 기후변화 문제의 중심에 있는 극지 연구는 국가 간 마찰 없이 국제사회에 기여하고 국가의 파워를 입증하는 성공적인 국제화라 할 것이다.

또한 국가가 필요로 하는 자원, 바이오 과학기술 개발을 통해 국가경쟁력을 높일 극지과학기술을 확보해야 한다. 현재 우리나라는 쇄빙연구선 '아라온호'를 비롯해 남극 상주기지인 세종과학기지 및 장보고과학기지와 북극의 다산과학기지를 운영하고 있으며, 이를 활용한 과학 활동으로 극지과학 선진국으로 도약할 수 있는 기반이 마련됐다. 여기서는 극지 현황과 극지과학기술에 대해 소개한다.

지구온난화와 남북극환경 변화

지구온난화에 따른 남극과 북극에서의 기온 상승, 빙붕의 붕괴, 해빙海氷 면적 감소, 대서양 해수온도 상승, 그린란드 빙하 소멸, 영구동토지역 온도 상승은 해수면의 상승을 불러오고 기후변화와 함께 전 지구환경에 돌이킬 수 없는 변화를 초래한다. 현재 지구의 해수면은 연간 3mm씩 상승하고 있다. 해수면의 상승은 연안 지역의 재난과 깊은 연관이 있으며 장기적으로 국토 이용의 안전을 위협하는 요소다.

과학자들에 따르면 남극과 북극의 얼음이 급격히 줄고 있다고 한다. 남극해 해빙의 규모는 2017년 2월 215만km²로 관측됐는데, 이는 2000년에서 2009년까지 관측된 양의 70% 정도로 1978년 인공위성을 이용해 관측을 시작한 이후 최저치를 기록했다. 2016년 4월에는 남극 장보고과학기지에서 남서쪽으로 50km 떨어진 난센 빙붕 끝부분이 2개의 빙산으로 쪼개지고 두께 250~270m, 면적 100km²에 달하는 빙산이 아리랑 5호 위성에 선명하게 포착됐다. 올해는 서울시 면적의 9배가량인 5200km²의 남극 라르센C 빙붕에 균열이 확대된 것이 관측됐다.

북극해의 얼음은 3년 연속 최저치를 기록하면서 빠른 속도로 줄고 있다. 올해 북극의 해빙 면적은 1979년 위성관측 이래 최저치인 약 1442만km²가 관측됐다. 1990년대 이래 그린란드의 얼음 감소량은 두 배로 늘었는데 지난 4년 동안 1조 톤 이상의 얼음이 사라졌다. 그린란드의 빙하가 녹으면 지구 해수면은 7m 정도 상승할 것으로 본다.

북극해는 지구의 대기와 해양의 순환을 조절하며 지구기후 시스템의 균형을 위해 반드시 존재해야 하는 곳으로, 뜨거운 표층해류가 식어 차가운 심층 해수로 바뀌는 해수 순환의 발원지다. 지구온난화에 따라 북극해 해수온도가 오르고 그린란드의 빙하가 녹아 해수 염분이 낮아지면 북대서양 열 염분 순환 시스템의 변화가 생긴다.

이는 전 지구의 해양 컨베이어벨트라 불리는 지구적 해양 순환 시스템 조절에 큰 영향을 미치고 지구환경은 급격히 변해 북반구는 추워지고 농업 생산량도 감소하게 된다. 북극의 빙하가 녹고 해빙이 감소하면서 북미, 유럽, 동아시아 지역에 한파와 폭설, 폭염 등 극한기상이 발생하고 우리에게도 재앙으로 다가오고 있다.

남극환경 보호에 주도권 행사

1978년 남극해 크릴 조업으로 시작한 우리나라의 극지 활동은 정부가 1985년 남극해양생물자원보존위원회CCAMLR에 가입하고 1985년 한국남극관측탐험대가 킹조지섬 필데스반도에 첫발을 내딛으면서 본격화됐다. 이를 계기로 1986년 남극조약에 33번째 국가로 가입하면서 남극에 대한 관심을 나타내기 시작했다.

1988년 세종과학기지가 준공돼 남극 상주기지를 운영하는 18번째 국가로 남극해 연구를 수행함으로써 1989년에는 남극조약협의당사국회의ATCM 자격을 획득하고 남극에 관한 의견을 제안할 수 있는 자격과 중요한 사안에 대한 결정권을 확보했다. 1990년에는 세계 22번째로 민간과학기구인 남극과학연구위원회SCAR 정회원국으로 가입했다.

우리나라의 남극 활동을 위한 기반으로 '남극 활동 및 환경보호에 관한 법률'이 2004년 4월 제정돼, 남극의 환경보호에 관한 내용과 연구 활동 진흥을 위해 5년마다 남극 연구 활동 진흥 기본계획을 수립해 추진하고 있다.

지난 1·2차 기본계획2007~2011년, 2012~2016년 기간 쇄빙연구선 아라온호·
장보고과학기지 등 연구 인프라 구축, 극지기초과학 연구 강화와 응용
기술 실용화 역량 축적, 주요 선진국과의 국제협력 관계망 형성에 주력
했다. 3차 기본계획2017~2021년에서는 이를 적극 활용해 '인류 공동의 현안
해결에 기여하는 남극 연구 선도국'이라는 비전 아래 기후변화, 생태계
보존 등 국제 현안과 관련된 남극 연구 지평을 확대하고, 안전하고 지속
가능한 연구를 위한 지원 기반 선진화, 남극 과학연구 및 거버넌스에서
한국의 리더십 제고라는 3대 전략을 수립했다.〈그림1〉

　　세종과학기지는 세계기상기구의 지구대기 감시 지역급 관측소로 등

그림1_ 남극내륙 진출 및 빙저호 탐사 모식도

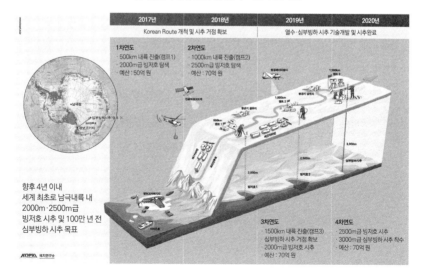

재, 운영되고 있다. 2009년 남극조약협의당사국회의에서 세종과학기지 인근 펭귄마을에 위치한 나레브스키 포인트가 남극특별보호구역으로 지정, 승인됨에 따라 보호구역에 대한 생태계 모니터링 및 출입 통제 등 펭귄마을의 적극적 보호대책으로 남극환경 보호에 관한 주도적 권한을 행사하게 됐고, 남극환경에 대한 우리나라의 위상을 높이고 있다.

우리나라는 1969년부터 베링해에서 명태를 잡기 시작했으나 북극 연구에 관심을 갖기 시작한 것은 1993년부터다. 2002년 4월 국제북극과학위원회IASC에 가입하고 노르웨이령 스발바르군도 니알슨 기지촌에 다산과학기지를 설치했다. 니알슨 기지촌은 현재 10개 나라가 공동 사용하고 있다.

1925년 스피츠베르겐군도에 관한 조약스발바르조약이 발효됐는데, 2012년 9월 우리나라도 이 조약에 가입함으로써 스발바르군도에서 해양, 산업, 광업, 상업 활동을 수행할 수 있게 됐다. 2008년부터 북극이사회에 잠정 옵서버로 참여하다가 2013년 5월 북극이사회 옵서버의 지위를 획득함으로써 북극이사회 워킹그룹뿐 아니라 지구 기후변화 등 다양한 채널의 북극 논의에 참여하며 본격적으로 북극 경쟁에 뛰어들었다. 정부는 북극이사회 진출을 계기로 북극을 새로운 성장동력으로 삼겠다는 비전을 세운 후 같은 해 12월 범정부 차원의 '북극정책 기본계획'을 수립해 해운·항만, 자원 개발, 수산자원 협력 등 북극 활용 청사진을 마련하고 북극 연안국과 적극적 협력을 통해 다양한 기회를 창출하고 있다.

4대 전략으로 국제협력 강화, 과학조사 및 연구 활동 강화, 북극 비즈니스 발굴·추진, 제도기반 확충을 수립했다. 2014년부터 기본계획에 따른 연도별 북극 정책 시행계획을 세워 추진 중이며 국제해사기구[IMO], 북대서양국제수산위원회[NAFO], 북극수로위원회[ARHC], 환극지비즈니스포럼 등 북극 관련 국제기구에 적극 대응하고 있다.

극지연구소의 북극 동토층 관측 거점의 확보를 비롯해 북극 관련 국제협력 활동이 강화되고, 북극 연구에 대한 국내 대학의 관심이 높아짐과 동시에 한국해양수산개발원의 북극 정책 관련 활동도 증가했다.

대한조선학회의 극지기술연구회 발족, 대외경제정책연구원의 북극 관련 연구보고서 출간, 극지해양미래포럼 창립, 한국북극연구컨소시엄 운영 등 다양한 주체가 북극 활동을 시작했고 북극 융·복합 연구 수요 도출과 북극 연구 관련기관의 협력이 활성화됐다.

장보고과학기지의 중점 연구과제

극지는 지구환경변화 감지와 예측의 최적지다. 남극대륙은 최근 50년간 평균기온이 섭씨 4도 정도 상승하는 등 지구온난화의 영향을 가장 많이 받는 대표 지역이다. 또한 지구오존층 파괴와 자외선 변화를 연구할 수 있는 강한 오존홀 영역이 존재하고 있다.

기후변화의 예측을 위해서는 지구의 옛 기후의 변화도 복원돼야 한다. 해양 퇴적물과 수만 년의 눈이 쌓인 만년빙은 타임캡슐처럼 지구의 대기 조성 변화를 알 수 있는 지구상 유일한 시료다. 지구 표면의

약 10%를 차지하는 만년빙은 염분을 포함하지 않으며 전 세계 담수의 75%를 저장하고 있다. 유럽 심부빙하 시추 프로그램으로 채취한 남극 돔C 빙하코어는 현재까지 시추된 가장 오래된 빙하로 지난 80만 년 동안 일어난 기후변화가 복원됐는데 빙하기와 간빙기가 10만 년 주기로 반복됐음이 밝혀졌다.

지구온난화가 우리나라 및 전 지구에 미치는 영향을 파악하고 이에 대응하려면 남북극을 중심으로 지구환경변화 진단 및 예측 연구가 지속적으로 수행돼야 한다. 또한 남극권과 북극권을 이해하기 위해서는 대기, 바다, 육지, 생물, 빙하의 거대한 상호작용의 규명이 기초가 돼야 한다.

동남극에 위치한 장보고과학기지와 서남극의 아남극권에 위치한 세종과학기지는 위도와 경도가 다른 만큼 기후와 환경도 다르다. 두 기지를 기반으로 한 연구를 종합해 남극권의 기후모델을 만들 수 있다. 쇄빙연구선을 활용한 남·북극해의 해양물리·화학·지질학적 환경특성, 해수순환 및 해양물질 순환, 해양·대기 상호작용에 의한 해양기후변화, 극지해양 원격탐사, 해빙 구조 및 분포 특성 등에 대한 연구의 수행이 필요하다.

장보고과학기지를 중심으로 빙하의 빙붕모델 연구, 대기변화 연구가 대표적으로 수행돼야 할 과제다. 또 북극권 연안국과의 공동연구 협력의 하나로 국제협력 연구프로그램인 '북극기후 및 환경변화 규명을 위한 SIOS 프로그램'에 참여해야 한다. SIOS 프로그램은 노르웨이 등

28개국이 공동참여해 북극의 일정한 지역을 대상으로 지질 및 환경, 해양생태계 등을 연구하는 프로젝트다.

극지는 미래자원의 보고

북극의 빙하가 급속히 녹기 시작하자 북극 항로와 북극에 매장된 에너지자원 개발의 가능성이 제기되면서 경제적인 관심이 북극으로 쏠리고 있다. 북극해와 연안의 동토층에 전 세계 자원 매장량의 22%에 달하는 원유와 천연가스가 매장돼 있다는 보고가 나왔다.

지구온난화가 가져온 기회인 북극 항로 개발은 국내총생산GDP 대비 무역 비율이 90%에 이르는 우리나라의 경제 활동에 새로운 블루오션임이 확실하다. 21세기 IT산업의 핵심 원료인 희귀금속 광물이 북극권 콜라반도, 북시베리아 등지에 다량 매장돼 있다. 만년빙이 녹아서 땅이 드러난 그린란드 남서부의 쿠아네르수이트에는 희토류 금속이 1000만 톤가량 매장된 것으로 추정된다. 이는 전 세계 수요량의 20~25%에 달하는 연간 4만 톤을 채굴할 수 있어 여러 나라가 개발을 통해 경제적 기회를 잡으려 하고 있다.

극지 미래자원 연구를 위해 극한지 북극권 광물자원 분포 및 개발 방안 연구가 수행돼야 한다. 자원탐사와 관련한 국제협력 연구로 '국제해저시추프로그램IODP'의 참여를 들 수 있다. IODP는 미국을 포함한 22개국이 전 세계 해양을 10개 주요 해역으로 구분해 최첨단 시추장비로 심해저 시추 및 분석연구를 수행하는 협력연구 프로그램이다.

극지에서는 지구온난화에 따른 생물체와 생태계의 반응을 쉽게 관찰할 수 있는데, 생물다양성과 분포 조사를 기반으로 장기적 관찰이 필요하다. 생태계의 미래를 예측하려면 분자생물학적 방법으로 생태계가 어떤 방식으로 작동하고 있고, 생물은 어떻게 진화하며, 생물반응이 어떻게 일어나고 있는지에 대한 연구가 필요하다.

세종과학기지가 위치하고 있는 바톤반도에서의 생태계 연구는 남극 연안·육상 관측시스템ANTOS 프로그램과 공조해 향후 남극 전역으로 활동 영역을 확대해야 한다. 남극해는 평균수온이 섭씨 영하 2도임에도 220여 종의 남극 고유 어류종이 서식하고 있다. 남극대구의 유전체 분석으로 남극 어류의 고유 유전자가 밝혀졌으며 남극대구의 진화 단계를 밝히는 연구가 수행 중이다. 유전자 정보를 이용해 동상이나 고지혈증과 같은 질병치료 방법을 찾을 수 있다.

극지에는 미이용 대상인 다양한 생명자원이 존재한다. 신약과 결빙 방지 물질 등 생물소재의 발굴, 냉해에 강한 농작물 연구 등 유용 생물자원 활용 방안에 대한 연구가 기대된다. 남극 해양생태계는 크릴 등 미래에 식량 대체가 가능한 생물자원의 보고다. CCAMLR에서 우리나라의 지위를 확보하기 위해 환경변화에 따른 해양생태계 기능 및 구조 연구, 수중음향을 이용한 해양생물자원 분포와 이용에 대한 연구가 수행돼야 한다.

북극해는 세계 어업량의 39%를 차지하고 있다. 북극해의 해빙이 사라지면 북극 공해역의 수산자원 관리와 수산업 문제가 대두될 것이다.

모범 조업국으로서 쇄빙연구선을 활용한 북극해 생태계와 수산자원에 특화된 환경보전 연구로 북극사회에서의 위상을 높일 수 있다.

우주 기원 풀 수 있는 중성미자 최초 발견

극지는 우주로 열린 지구의 창이라고 한다. 극지는 청정지역이며 지자기극 근접 지역으로 우주연구의 최적지이기 때문이다. 또한 우주 개발시대에 극궤도 위성의 추적 시스템 운영에 최적지이기도 하다. 남극의 블루아이스는 운석을 발견하기에 최적의 장소인데 세계 5대 운석 보유국인 우리나라는 지구와 우주의 역사를 함께 연구할 수 있는 운석의 수집, 국제 등록을 위한 기반을 구축해놓았다. 태양 입자가 지구 자기장을 교란하는 지자기 폭풍, 열권, 이온층 등 고층대기 연구를 수행할 수 있는 장비와 인력의 기반을 마련하는 것도 진행 중이다.

국제적으로는 미국 국립과학재단[NSF]의 지원으로 남극점에 설치된 아이스큐브에서 최초로 중성미자를 발견했다. 중성미자는 전기적으로 중성이라 다른 물질과 거의 반응하지 않으며, 모든 물체를 뚫고 지나가는 성질을 가진 가장 작은 단위의 입자로 우주의 기원이나 생성 과정과 같은 비밀을 풀 수 있는 열쇠가 될 수 있다.

북극의 다산과학기지 주변에서도 종종 탐사 로봇을 볼 수 있는데, 화성과 태양계 내의 행성 및 위성 탐사를 위해 지구의 극한 환경에서 여러 가지 탐사 활동이 진행 중이다. 미국 항공우주국[NASA], 유럽 우주국[ESA], 카네기연구소 등이 공동으로 화성과 유사한 지구 육상환경에서 행성 탐사와 데이터 수집을 훈련 중이다.

얼음 아래의 남극 호수에서 자체적으로 이동하며 생지화학적 데이터를 수집하고 3차원 지도를 작성할 수 있는 수중탐사 무인로봇인 인듀어런스Endurance는 궁극적으로 목성의 위성인 유로파의 대양 탐사에 활용될 계획이다. 남극의 보스톡호수를 비롯한 빙저호 탐사와 생명체 연구는 유로파를 비롯한 행성에서의 우주생명체 탐사에 새로운 방향을 제시하고 있다. 남극 대륙 연구를 위한 우리나라의 첨단 탐사기술과 장비 개발은 장차 전개될 방대한 규모의 우주과학과 우주산업의 교두보를 마련하기 위해 꼭 필요하다.

환경 및 과학의 대발견, 남극 오존홀

극지과학과 지구환경에 대한 국제적 관심과 리더십의 대표적인 사례로 남극에서의 오존홀 연구를 들 수 있다. 프레온가스라는 상표명으로 알려진 염화불화탄소CFC는 냉장고 냉매나 스프레이 분무제로 각광받은 환상적인 소재였으나 1970년대 들어 오존층의 감소와 오존홀을 생성할 수 있다고 경고를 받기 시작했다. NASA는 1978년부터 고가의 정교한 장비인 TOMS를 님버스-7 위성에 장착하고 남극에서 오존수치를 측정했다. 당연히 오존 감소를 감지할 것으로 기대됐으나 데이터 분석 소프트웨어의 오류로 오존홀을 발견하지 못했다. 영국은 1956년부터 영국의 남극기지가 위치한 핼리베이에서 측정을 시작했는데, 1985년 조지프 파르만 팀이 지상형 오존 관측장비를 사용해 오존홀을 발견했다.

이에 세계 각국은 1987년 오존층 파괴물질 규제에 관한 국제협약인 '몬트리올의정서'를 채택하고 프레온가스의 제조와 수입을 모두 금지했다. 2016년에는 남극 오존홀이 2000년과 비교해 400만km² 감소한 것으로 나타났으며, 2050~2060년이 돼야 오존층이 회복될 것으로 전망된다. 이는 지구환경 문제인 오존층 파괴를 해결하기 위해 전 세계가 함께 노력한 모범적 사례다.

한편 파르만과 동료들이 1985년 5월 『네이처』에 발표한 남극 오존홀의 존재는 20세기 가장 큰 환경 및 과학 발견의 하나로 인정받고 있다. NASA 과학자들도 발견하지 못한 오존층의 감소를 영국 남극연구소[BAS]가 세계 최초로 발견함으로써 영국은 로버트 팰컨 스콧의 후예로서 남극 종주국이라는 자부심과 함께 남극 활동과 연구에 대한 관심도 급격히 증가했다. 또한 BBC에서는 BAS와 함께 지구온난화에 따른 남극의 환경과 생태계 변화 등에 대한 최고의 다큐멘터리를 제작해 전 세계에 보급하고 있다.

극지 강국으로 가는 길

극지 활동은 국가 자긍심을 고취할 뿐 아니라 청소년의 과학적 호기심과 도전정신을 함양하고 국내 기초과학 역량 및 과학기술 문화 확산을 위한 매개가 된다. 가혹한 자연조건을 극복한 연구 활동을 하려면 IT 등 첨단 과학기술과 국제적인 공동노력이 필수다. 남북극에서의 지구환경변화 연구는 향후 가속될 21세기 기후변화협력과 관련한 국제조약

대응에 필요한 과학자료 확보와 함께 경제규모에 걸맞게 국제사회에 기여할 것이다. 또한 북극해 항로 개발을 위한 기초자료 확보뿐 아니라 지구환경변화에 따른 환경재해에 대비한 국가전략 수립에 필요한 과학적 자료를 제공할 것이다.

　극지 강국으로 도약하려면 정부로부터 독립된 극지전문연구기관 운영, 극지연구 상설기지 확장 및 쇄빙연구선을 비롯한 제반시설 이용 증대, 국가 과학기술 역량으로서 극지연구 집중, 국가 주도의 집중 관리에서 벗어난 일반 대중, 시민단체, 국제기구, 지방자치단체, 대학연구소 등의 참여 유도 및 정보 공유, 다학제 간 협력을 통한 극지 프로젝트 개발 및 공동연구 수행, 국제 공동협력을 통한 극지 관련 프로젝트 개발 및 연구 수행, 극지 과학기술 연구 중요성에 대한 대내외 홍보활동 강화 등이 전제돼야 한다.

이홍금

서울대 및 동대학원 미생물학과를 졸업하고 독일 브라운슈바이크공과대에서 미생물학으로 박사학위를 받았다. 2007년부터 2013년까지 한국해양과학기술원 부설 극지연구소 소장으로 일하며 쇄빙연구선 아라온호의 건조와 운영, 남극 장보고과학기지 건설을 주도했다. 북극과학최고회의 개최를 비롯해 북극권 국가와의 협력체계와 국제공동연구망 운영을 강화했다. 국제과학연맹이사회ICSU 아시아·태평양지역위원회 위원 및 위원장, 극지포럼 공동대표로 활동했고, 국내 연안과 남북극을 다니며 새로운 미생물 발견, 적조 퇴치 및 항산화 물질 상용화 등 해양과 극지 미생물 자원의 확보와 활용 연구를 했다.

"지구는 인류의 요람이다.
하지만 인류가 영원히
요람에만 머물 순 없다."

_콘스탄틴 치올콥스키(옛 소련의 물리학자)

4.6

우주 개척으로 미래를 연다

이지혜 국가생존기술연구회 연구원

기회의 공간, 우주

과거 우주는 인류에게 미지의 영역이자 신의 뜻으로 여겨졌다. 하지만 400여 년 전 갈릴레오 갈릴레이가 망원경으로 천체 관측을 시작하면서 우주는 더 이상 신의 영역이 아닌 우리가 밝혀내야 할 과학의 영역으로 넘어왔다. 그리고 인류가 달에 첫발을 디딘 지 50년이 돼간다. 이제 우주는 그저 바라만 보던 대상이 아니라 적극적으로 탐험하고 활용해야 할 대상이자 공간인 것이다.

우주 공간은 공해와 심해저, 남극대륙과 마찬가지로 어느 나라의 소유도 아니기 때문에 우주에 대한 소유권을 주장할 수 없다. 누구나 우주를 탐험할 수 있고 각자의 이익을 위해 우주자원을 이용할 수 있지만, 경쟁이 과열되면 마찰이 생기거나 국가 간 분쟁으로 이어질 수 있다.

이러한 문제를 예방하고 해결하기 위해 1967년 유엔은 '외기권 우주조약[1]Outer Space Treaty' 이라는 이름으로 우주 활동에 대한 기본원칙[2]을 발표했다. 이 원칙에 따르면 우주는 어떤 나라도 소유할 수 없고, 모든 나라에 개방돼 있으며, 우주 탐사와 이용은 평화적인 목적으로만 수행돼야 하고, 우주 공간에서 군사 목적의 핵실험, 기지 건설 등을 금지한다.

　　우주 개발에는 기본적으로 많은 초기 투자자본과 자원이 필요할 뿐 아니라 개발에 필요한 시간도 다른 분야에 비해 훨씬 길고 실패 확률도 매우 높다. 그렇기 때문에 우주는 모두에게 개방돼 있음에도 아무나 갈 수 없는 곳이기도 하다. 이처럼 우주 개발에 대한 높은 진입 장벽과 위험 부담 때문에 우주 관련 사업은 민간보다 정부와 공공부문이 주도해왔다. 또한 기존의 우주 개발 사업은 환경감시, 기상관측, 과학적 연구 등 공공 목적을 위해 이루어졌고 국가 안보와도 연결된 중요한 특성으로 인해 대부분의 경제협력개발기구OECD 회원국 역시 정부 주도 하에 연구개발과 투자가 진행됐다.

---

1) 외기권 우주조약의 정식 명칭은 '달과 그 밖의 천체를 포함하는 우주 공간의 탐사 및 이용에 있어서의 국가 활동을 규제하는 원칙에 관한 조약(Treaty on principles governing the activities of states in the exploration and use of outer space, including the moon and other celestial bodies)'이다.

2) ①우주 이용의 원칙: 우주는 전 세계인의 이익을 위해 이용된다. ②우주 활동 자유의 원칙: 우주 공간과 천체에 대해 각국은 평등한 권리를 가지고 국제법에 따라 자유롭게 탐사하며 이용할 수 있다. ③영유 금지의 원칙: 우주 공간과 천체는 인류의 공동자산으로 특정한 국가가 소유권 및 기타 권리를 주장할 수 없다. ④국제 협력의 원칙: 우주 활동은 국제협력과 상호협력의 원칙에 따라야 한다. ⑤타국 이익 존중의 원칙: 우주 활동이 다른 나라의 이익에 영향을 미칠 수 있는 경우에는 활동을 하기 전 미리 국가 간 협의가 있어야 한다.
https://www.kari.re.kr/kor/sub07_02_05_13.do

우주 개발, 민간 참여가 중요한 이유

장기적 관점에서 우주 산업의 성장을 위해 정부나 공공부문 외에 민간기업의 참여가 중요한데 최근 10년 동안 전 세계적으로 민간 부문의 우주 산업 참여가 증가해왔다. OECD 회원국의 민간기업들은 이미 활발하게 우주 관련 연구개발에 참여하고 있고, 새로운 비즈니스를 만들어나가고 있다. 미국의 경우 민간의 우주 개발 참여가 점차 증가하고 있는데, 미국항공우주국NASA의 2013~2014년 연구개발 구매 및 조달의 절반 이상이 기업에서 이루어졌다.

유럽연합에서는 우주 산업의 가치사슬을 제조부터 최종 소비자까지 이어지는 생태계에 따라 업스트림Up-Stream, 미드스트림Mid-Stream, 다운스트림Down-Stream으로 정의하고 있다. 업스트림에는 위성체, 발사체, 지상국 시스템 제작 산업이 포함되고, 미드스트림에는 위성 운영 및 관련 서비스 제공, 지상 장비 제작 산업 등이 포함되며, 다운스트림에는 위성 활용 서비스 제공에 따른 부가가치, 소비자 사용 장비DTH TV 장비 및 서비스, 위성항법 장비 및 서비스 등 등과 관련된 산업이 포함된다.〈표1〉

이와 더불어 우주 관련 연구 활동도 1990년대 이후부터 BRICs[3] 등 신흥국의 우주 활동 참여가 확대되면서 우주과학, 기술 및 활용 등의 관련 분야에서 논문이나 특허 발표가 급격히 증가하고 있다. 2000년대 초

---

[3] 2000년대 등장한 신흥경제개발국가인 Brazil(브라질), Russia(러시아), India(인도), China(중국)를 일컫는 용어로 BRIC Countries 또는 BRIC Economies를 줄인 용어.

표1_ 우주 산업의 가치사슬

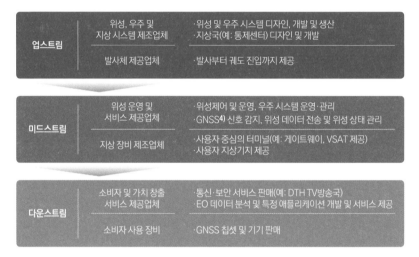

업스트림	위성, 우주 및 지상 시스템 제조업체	·위성 및 우주 시스템 디자인, 개발 및 생산 ·지상국(예: 통제센터) 디자인 및 개발
	발사체 제공업체	·발사부터 궤도 진입까지 제공
미드스트림	위성 운영 및 서비스 제공업체	·위성제어 및 운영, 우주 시스템 운영·관리 ·GNSS4) 신호 감지, 위성 데이터 전송 및 위성 상태 관리
	지상 장비 제조업체	·사용자 중심의 터미널(예: 게이트웨이, VSAT 제공) ·사용자 지상기지 제공
다운스트림	소비자 및 가치 창출 서비스 제공업체	·통신·보안 서비스 판매(예: DTH TV방송국) ·EO 데이터 분석 및 특정 애플리케이션 개발 및 서비스 제공
	소비자 사용 장비	·GNSS 칩셋 및 기기 판매

출처 Socio-Economic Impacts from Space Activities in Europe, Booz&Co. 2014

반에 비해 최근 논문 발표 수는 64% 증가했고, 최근 20년 동안 특허 출원 수는 약 4배 늘었다. 우주 관련 분야 전반에서 양적 성장이 이루어졌는데, 큐브위성 및 나노위성을 포함한 소형위성 분야, 전기추진위성, 위성항법 활용 등의 분야에서 두드러진 증가세를 보이고 있다.

초기 우주 개발은 냉전 시대에는 미국과 소련이 국가경쟁력을 과시하기 위한 대상으로 투자가 이루어졌고, 이후에는 주로 국가 안보 차원이나 연구 목적으로 기술 개발이 됐기 때문에 우주개발기술이 실제 우

4) Global Navigation Satellite System·위성항법시스템

리 생활에 미치는 영향력이 크지 않아 보일 수 있다. 실제로 미국은 금융 위기로 경제가 침체에 빠지자 NASA 예산부터 삭감했고 우주 비행사들을 해고하기도 했다.

우주개발기술이 우리에게 미치는 영향

하지만 우주개발기술은 알게 모르게 우리의 삶에 깊숙이 파고들었다. 대표적인 것이 각종 인공위성과 위성영상처리기술, 우주발사체기술 등이다. 이러한 기술은 직간접적으로 TV방송망, 의료기술, 스포츠팀, 광고업체, 전화 및 인터넷 기업, 금융데이터 공급업체 등에 영향을 주고 있다.

우리가 현재 사용하고 있는 위성전화나 디지털TV, 인터넷 등은 모두 통신위성이 개발되면서 가능해진 서비스다. 요즘 차량에 하나씩 있는 내비게이션과 스마트폰에 연결돼 실시간으로 위치정보를 알려주는 GPS 서비스 역시 위성항법기술에서 비롯됐다. 그뿐 아니라 이 기술은 항공기 관제 시스템, 유통 시스템, 노선 항해, 해상 탐색, 조난 신호 등을 가능하게 했다. 이 밖에 각종 관측위성은 기후, 해양 및 생태계 변화를 관측하고 모니터링하고 있다.

우주개발기술은 의학 분야에도 큰 영향을 미쳤다. 우주에서 촬영한 영상을 처리하기 위해 개발된 디지털 영상처리기술은 자기공명영상MRI과 컴퓨터단층촬영CT 기기 개발에 이용됐고, 우주비행선의 자동 랑데부와 도킹기술, 인공위성 원격탐사기술은 라식 수술 기기와 엑시머 레이저 시술 시스템을 만드는 데 이용됐다. 심장박동 조절장치는 인공위성과 기지국 간 통신기술을 활용해 개발됐고, 인공 귀 청각장치, 신장병 투석액 등 각종 질병 연구에도 우주 개발에 사용된 기술을 활용하고 있다.

일상생활에서 흔히 볼 수 있고 많이 사용하고 있는 화재경보기와 정수기, 전자레인지, 오븐, 충전식 배터리, 심지어 골프채나 안경테 등 우리가 인지하지 못하는 사이 생활 곳곳에 우주기술이 활용되고 있다. 이와 같이 우주개발기술과 다른 분야의 기술이 만났을 때 만들어내는 시너지 효과는 매우 크며, 때로는 새로운 방식의 결과물을 만들어내기도 한다.

우주 개발로 인한 경제적 효과

미드웨스트리서치연구소Midwest Research Institute에서는 NASA에 1달러 투자할 때마다 미국의 국내총생산GDP이 9달러씩 증가한다고 평가했다. 이것이 과대평가라 해도 실제 우주 활동이 경제 활동에 미치는 영향은 크다고 볼 수 있으며 그 규모도 계속 커지고 있다.

2016년 '스페이스 리포트Space Report'가 발표한 자료에 따르면 세계적으로 우주에서의 경제 활동 규모는 약 3229억 달러이며, 4분의 3 이상이 상업 부문이었다. 상업용 우주 제품 및 서비스가 전체 활동의 약 39%1263억 달러로 가장 많은 비중을 차지했다.〈그림1〉 이미 많은 나라와 기업이 상업용 인공위성이나 통신, 방송 및 지상 관측 등과 관련된 비즈니스 활동을 하고 있다. 2015년 기준 인공위성 86개가 활동 중이며, 최소 19

개국 이상이 우주발사체와 관련된 인프라 시설을 가지고 있거나 구축할 예정이다.

우리나라도 현재 10개의 독자적인 인공위성을 소유하고 있고, 한국형 우주발사체KSLV-II를 2018년 10월 발사를 목표로 추진 중이며, 이후 독자적인 달 탐사 계획도 가지고 있다. 하지만 전체 시장 규모의 1% 이하로 비중이 매우 미미한 실정이다. 향후 우주 활동을 할 수 있는 인프라 시설이 갖춰지고 이를 상업적으로 이용할 수 있도록 개방된다면 국내에서도 우주 활동과 관련된 비즈니스 영역이 확대될 것으로 예상된다.

미국이나 유럽은 지속적으로 우주 분야의 상업화를 유도하고 있으며 최근 민간자본의 투자까지 이끌어내면서 우주 산업의 발전 속도가 빨라지고 있다. 우주 분야에 대한 벤처캐피털의 투자가 2015년 전년 대

그림1_ 2015년 세계 우주 활동(Global Space Activity)

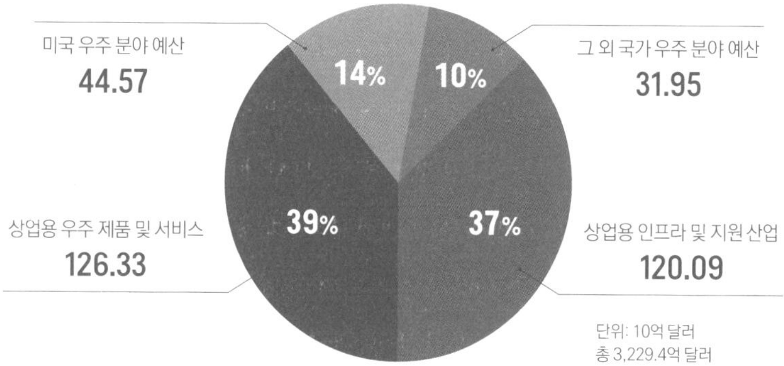

미국 우주 분야 예산
44.57

그 외 국가 우주 분야 예산
31.95

14% 10%

상업용 우주 제품 및 서비스
126.33

39% 37%

상업용 인프라 및 지원 산업
120.09

단위: 10억 달러
총 3,229.4억 달러

출처 Space Foundation

비 253% 증가했다. 이는 2012년보다 2052% 늘어난 수치로 많은 투자자와 창업가의 관심을 받고 있다. 물론 OneWeb^{고속 인공위성 인터넷망 기업}, O3b Network^{인공위성 네트워크 기업}나 SpaceX^{우주수송 장비 제조기업} 같은 몇몇 기업에 집중돼 있지만, 민간자본의 투자는 계속 증가하는 추세다.

스타트업의 창업 아이템은 소형 인공위성 개발 같은 전통적인 우주기술 개발부터 우주관광, 우주자원 채굴^{Mining}, 우주잔해 청소, 제약 임상실험, 새로운 광고 모델 등 다양하고 새로운 아이디어와 기술이 포함돼 있다.

우주 시대를 준비하는 우리의 자세

우주 분야는 제품의 개발 주기가 매우 길고, 고급 인적자원을 필요로 한다. 자본과 기술의 진입 장벽이 높은 만큼 실패할 확률도 매우 높다. 따라서 민간기업이 우주 시장에 뛰어들기에는 위험 부담이 크다. 하지만 일단 시장 진입에 성공하면 장기간 안정적인 수익을 창출할 수 있는 분야이기도 하다.

이를 보완하기 위해서는 정부 및 공공기관과 민간기업의 협력이 매우 중요하다. 위험 부담이 큰 우주 개발 초기 단계에는 정부와 공공기관이 주도하고 주요 성과를 새로운 사용 제품 및 서비스 개발, 스핀오프^{Spin-off·분사} 창업 등을 할 수 있도록 민간기업의 참여를 유도한다면 일자리 창출과 경제적 성과를 이룰 수 있을 것이다.

지금까지 우주 개발 사업이 몇몇 선진국에서 정부 주도 하에 이루어졌다면 현재는 더 많은 나라와 민간기업이 참여하는 구조로 변화하고 있으며, 그 규모도 급격히 증가하고 있다. 앞으로 우주 시장에 대한 세계 각국의 소리 없는 경쟁은 치열해질 것이다. 현재 우주 시장에서 절대 우위를 차지하고 있는 나라나 기업이 없다. 다시 말해 우주 시장은 우리에게 아직 많은 기회와 이익을 제공할 수 있는 파이가 크다는 것을 의미한다.

이러한 기회를 잘 살릴 수 있도록 우주 개발에 대한 명확한 전략과 우선순위를 정해야 한다. 우주 분야는 다른 분야에 비해 초기 투자 자본이 많이 필요하고, 기술 개발 기간도 길기 때문에 더욱 장기적인 안목에서 바라봐야 한다. 또한 우주 공간이 갖는 특성상 많은 이해 관계자가 얽혀 있는 구조로 국제사회에서 비즈니스를 하기 위한 법적·제도적 지원 또한 함께 수반돼야 한다.

우주를 활용한 기술과 활동이 활발해질수록 우리의 삶의 공간은 지구로 한정되지 않고 우주로 확장돼갈 것이다. 이는 우리 삶에 필수불가결한 변화를 가져오며 사회·경제 환경에도 변화가 생길 것이다. 이러한 변화의 흐름에 적극적으로 대응하고 수용하고자 노력한다면 절대 강자가 없는 우주 시장에서 우위를 선점할 수 있을 것이다.

이지혜

연세대에서 천문우주학과 물리학을 전공하고 동대학원에서 천문우주학 석사학위를 받았다. 이후 한국여성과학기술인지원센터, 한국극지연구소, 연세대 천문대에서 연구원으로 근무했다. 이화여대 융합콘텐츠학과에서 미디어공학 박사과정을 수료했고, 현재 (사)국가생존기술연구회에서 활동하고 있다. 주요 관심 분야는 과학기술 정책, 과학 교육 및 문화 활동, 기술경영, 기술창업 등이다.

"숲은 생명의
근원이다."
_유엔식량농업기구FAO

4.7

신기후체제의 출구, 숲

박현 <small>국립산림과학원 국제산림연구과장</small>

숲은 온실가스 흡수원

생물이 거의 없었던 원시지구의 대기는 이산화탄소^{CO_2}가 97%를 차지하고 있었다고 한다. 반면 수많은 생물이 조화롭게 살고 있는 현재의 지구 대기에는 질소^{N_2}가 78%, 산소^{O_2}가 21%, 0.4% 수준의 이산화탄소를 포함한 다른 기체가 나머지 1%를 차지하고 있다. 즉 지구온난화, 기후변화의 주범으로 취급받는 이산화탄소는 원래 엄청나게 많았지만 점차 줄어들어 거의 존재 여부를 알 수 없는 수준에 이르렀는데, 최근 다시 조금씩 늘고 있는 것이다. 이러한 변화가 일어나게 된 이유는 무엇일까.

원시대기의 이산화탄소는 점차 물에 녹아들고 물속에 있던 남조류에 의해 광합성이 이루어지면서 산소가 조금씩 형성된다. 이후 식물이 등장하는데 왕성한 광합성을 하는 식물은 대기 중 이산화탄소^{6CO_2}와 물 $6H_2O$을 합성해 포도당$^{C_6H_{12}O_6}$과 산소^{6O_2}를 만들기 시작한다. 특히 다년생 식물인 나무는 다량의 이산화탄소를 흡수해 줄기에 축적하면서 산소를 내뿜었고, 나무가 모여 있는 숲은 이산화탄소를 산소로 바꾸는 공장 역할을 했다. 또한 지각 변동에 따라 흙에 묻힌 일부 나무와 고사리 등은 땅속에 머물면서 탄화돼 이산화탄소가 대기로 방출되지 못하도록 저장하고 있었다.

19세기 산업혁명이 전개되면서 땅속에 저장됐던 식물이 화석연료^석라는 이름으로 지상으로 나오기 시작했다. 인류의 화석연료 사용은 이산화탄소가 대기로 다시 환원되는 사태를 낳았고, 이들이 대기 중에 다시 많아지면서 지구는 서서히 생물이 살기 어려운 원시지구의 대기권 모습으로 돌아가는 사태가 벌어지고 있다.

이러한 문제의 심각성이 대두되자 1992년 6월 브라질 리우데자네이루에서 개최된 유엔환경개발회의^{UNCED}에서 지구온난화 방지를 위한 온실가스 규제를 목적으로 '기후변화에 관한 유엔 기본협약^{기후변화협약}'이 채택됐다. 지구온난화, 기후변화가 인류의 삶에 직접적이며 가시적인 영향을 주고 있고, 이에 대해 적극적인 대응이 필요함을 지구촌 가족이 공감한 순간이다. 5년 후 일본 교토에 모인 인류는 기후변화의 주범으로 인식되는 이산화탄소의 흡수와 저장을 위해 숲^{산림}이 매우 큰 역할을 할 수 있음을 깨닫고, 숲을 탄소 흡수원으로 인정하면서 산림관리의 중요성을 제대로 인식하기 시작한다.

산림은 숲에서 자라는 나무와 그 터전을 제공하는 산지를 포괄하는 개념으로, 나무를 통해 흡수된 이산화탄소는 잎이나 가지, 죽은 나무 등

유기물 형태로 산림토양에 유입돼 저장되므로 산림은 온실가스 흡수원과 탄소저장고 역할을 한다. 또한 충분히 자란 나무를 잘라 썩지 않도록 보존처리를 해 목재로 활용하는 것도 탄소가 장시간 대기로 환원되지 않도록 저장하는 좋은 방법이다.〈그림1〉 아울러 임업부산물을 화석연료 대체물로 사용할 경우 화석연료에 비해 상대적으로 짧은 시간에 재생산될 수 있어 '탄소 중립'이라고 평가된다. 반면 산불 등으로 나무가 소실될 경우 오히려 탄소 배출원이 될 수 있으므로 산림이 탄소 흡수원과 저장고의 역할을 다 할 수 있도록 잘 관리하는 것이 중요하다.

그림1_ 지구 탄소순환 체계에서 산림의 역할

모든 국가의 자발적 참여 촉구하는 신기후체제

기후변화협약은 기후변화가 인류에 의해 일어났으므로 인류가 이를 해결하기 위해 함께 노력해야 함을 명시한다. 특히 그동안 화석연료를 많이 사용해 경제성장을 이룬 선진국이 책임감을 갖고 지구촌의 온실가스 배출을 줄이는 데 적극적으로 노력해야 함을 강조하고 있다. 이를 실천하기 위해 1997년 일본 교토에 모인 세계 각국은 교토의정서를 채택하고 적극적인 기후변화 저감 노력을 약속했다. 기후변화협약 체결국은 기후변화 방지를 위한 국가계획을 작성하고 온실가스 배출량과 감축을 위한 노력성과을 조사·보고해야 한다. 이를 포함한 '교토 메커니즘'이 도입됐는데, 이 메커니즘에서 산림은 온실가스 감축 수단으로 인정됐다. 조림숲을 만드는 활동, 산지 전용산림을 다른 용도의 토지로 변경하는 활동, 그리고 산림경영숲의 기능을 증진하는 활동이 중요한 기후변화 관련 활동으로 규정됐다.

하지만 교토의정서는 사실상 제대로 이행되지 못하고 공전 상태를 맞이하게 된다. 개발도상국은 경제발전을 위해 화석연료를 사용할 수밖에 없는 상황이었고, 선진국도 무조건적인 헌신을 할 수는 없었다. 특히 2007년 미국의 서브프라임 모기지 사태에서 파생된 세계의 경제공황, 2011년 일본의 후쿠시마 원전사고 등은 선진국의 적극적인 참여 포기 선언을 유발했다. 이후 선진국은 한국을 포함한 신흥국가가 역할을 해주고, 개발도상국도 나름대로의 노력을 할 것을 요구하면서 모든 당사국이 참여하는 온실가스 논의체계로 변화를 꾀했다.

결국 2015년 파리에서 개최된 제21차 기후변화협약 당사국총회에서는 '공동의 차별화된 책임Common But Different Responsibility·CBDR'의 원칙 아래 모든 당사국이 자발적인 참여를 촉구하는 신기후체제가 탄생했다. 즉 선진국이나 개발도상국을 막론하고 모든 나라가 나름대로 기후변화 저감 노력에 참여할 것을 요구하게 됐다.

신기후체제에서 개발도상국이 가장 관심을 갖는 것은 산림을 포함한 토지 부문이다. '교토 메커니즘'에서도 인정한 것처럼, 산림을 농지 등 다른 용도로 전환해 사용하는 활동은 이산화탄소 흡수 능력을 잃게 하는 활동인 반면, 새롭게 나무를 심거나 숲을 잘 가꾸어 이산화탄소를 더 많이 저장할 수 있도록 하는 활동이 토지 부문에서 일어나기 때문이다. 개발도상국에서는 식량과 에너지 문제를 해결하고 경제성장을 위해 산림훼손은 피할 수 없는 상황이라고 여긴다. 그러나 경제성장에 성공하면서도 산림이 오히려 더 좋아지는 결과를 도출한 사례가 있으니 바로 우리나라, 대한민국이다.

문명 뒤에 사막 대신 숲

남북한을 합한 한반도 전체 면적은 220만km²에 이르며, 그중 산림이 차지하는 면적은 70%다. 남한만 따지면 국토 면적은 100만km² 수준이며 국토 개발로 산림 면적은 지속적으로 줄어들어 약 64%를 차지하고 있다. 즉 북한의 산림 면적이 남한보다 더 넓음을 짐작할 수 있다. 실제 우리나라가 광복을 맞이하는 순간 산악지역이 더 많은 북한은 넓고 울창한 숲을 갖고 있었던 반면, 상대적으로 민가가 많고 저지대에 위치한 남한의 숲은 매우 헐벗은 상태였다.

일제강점기[1910~1945]에 남한의 숲은 일제의 전략적 벌채로 대부분 황폐화됐다. 이러한 상황에서 광복을 맞이한 우리나라는 식목을 통해 숲을 푸르게 만들기 위한 시도를 했지만, 3년간 진행된 한국전쟁[1950~1953]에 따른 폭격의 피해와 광복 이후 그나마 남아 있던 숲마저 황무지가 됐다. 1953년 남한 숲의 평균 임목축적^{자라고 있는 나무의 단위면적당 부피}은 초등학교 운동장 크기에 어른 키 정도의 소나무가 10그루 미만인 헥타르당 6m³ 수준까지 떨어졌다.

대한민국 정부는 한국전쟁 중에도 산림을 보호하기 위한 법령[1951년], 3개년 녹화계획[1952년], 5개년 사방공사계획[1953년]을 수립해 진행했으며, 휴전 이후에는 5~10년 단위의 토양보전이나 사유림 녹화, 연료림 조성 사업 등을 추진했다. 이러한 노력은 임목축적이 5~6년 사이 두 배로 늘어나는 성과를 거두기도 했지만, 헐벗은 숲의 모습을 떨쳐내지는 못했다. 국민은 삶을 위해 숲보다 나무를 원했고, 정부도 녹화를 위해 쏟아부을 예산과 열정이 충분치 못했기에 우리나라의 산야는 여전히 붉은 산의 모습을 벗어날 수 없었다. 그런데 한국전쟁 직후와 현재 모습을 비교하면 우리나라의 변화는 상상을 초월한다. 1인당 국민소득은 67달러에서 2만8000달러로 420배 증가했고, 임목축적은 헥타르당 6m³에서 150m³로 25배 늘어났다. "문명 앞에 숲이 있었고, 문명 뒤에는 사막이 남는다"는 19세기 프랑스 작가 샤토 브리앙의 말을 완전히 뒤집는 사건이 대한민국에 펼쳐진 것이다.

우리나라는 지리적 여건상 추운 겨울을 이겨내는 데 필요한 목재연료 수요와 인구 증가에 따른 식량 문제로 산림의 농지화가 이루어졌고, 장마철에 집중되는 강우량으로 홍수와 산사태가 발생할 수밖에 없다. 그런데 이런 문제를 어떻게 해결할 수 있었을까. 아시아, 아프리카, 라틴아메리카의 다른 개발도상국이 결코 이루지 못하고 있는 경제성장과 산림복원을 동시에 달성할 수 있었던 원동력은 무엇일까.

우리나라가 산림녹화에 성공할 수 있었던 이유

유엔식량농업기구FAO의 1982년 보고서에 따르면 대한민국은 제2차 세계대전 이후 산림녹화에 성공한 유일한 개발도상국이다. 또한 세계적인 환경보호 운동가인 레스터 브라운은 2006년 발간한 'Plan B[2.0]'에서 한국의 산림녹화 성공사례를 개발도상국이 본받아야 할 모델로 소개했다. 사실 우리가 잘 알지 못하고 있던 우리나라의 성공적인 산림녹화 결과를 세계가 놀라며 전파하고 있는 것이다.

세계인들이 배우고자 하는 우리나라의 산림녹화 경험과 기술은 자연과학적인 기술만을 의미하지 않는다. 성공적인 산림녹화는 다양한 요인의 복합적인 산물이다. 물론 사방기술을 통해 토양을 안정화하고 척박한 토양에서 버텨낼 수 있는 풀과 나무를 도입해 잘 키워낸 것은 산림녹화 성공의 기반기술이다. 또한 산악국가에서 농촌의 식량 공급과 주거 안정을 위해 '치산치수治山治水'를 최우선 국가과제로 삼았던 리더십도 산림녹화 성공의 핵심 요소라고 할 수 있다.

하지만 '새마을운동'으로 시작된 지역사회 개발 운동이 대한민국 산야를 푸르게 만드는 원동력이 됐음을 간과해선 안 된다. '근면, 자조, 협동'의 슬로건 아래 '하늘은 스스로 돕는 자를 돕는다'는 격언을 되새기며 작은 성공 스토리를 더 큰 성공 스토리로 만들어간 것이 기적이라 불리는 결과를 만들어낸 것이다.

자세히 살펴보면 첫째, 녹화 실패의 전철을 밟지 않기 위한 연구를 통해 확보된 적정기술과 실질적인 이행을 위한 재정 확보가 초석礎石이 됐다. 광복 이후 미국을 비롯한 선진국의 각종 공적개발원조ODA는 우리나라 산림의 토양 및 자원조사, 사방기술, 적지적수適地適樹 판정을 위한 기술력을 확보할 수 있도록 지원해주었다. 이러한 지원을 토대로 우리 스스로 산림 부문 과학기술력을 확보했는데, 특히 육종기술을 통해 우리나라의 척박한 토양에서 잘 버텨낼 수 있는 리기다소나무, 포플러 종류, 오리나무 종류, 아까시나무 등을 종자에서 묘목까지 양성할 수 있게 됐다.

둘째, 강력한 리더십에 기반한 체계적인 행정 지원이다. 1960년대 사회 변화를 위해 근절돼야 할 것으로 천명된 '5대 사회악'은 밀수, 마약, 도벌盜伐, 폭력, 사이비 언론이었다. 산림보호가 세 번째 항목으로 언급될 정도로 관심받았다. 1967년 농림부의 국 수준이었던 산림조직을 청 단위로 격상시키며 산림녹화를 위한 본격적인 행정조치가 시작됐다. 1973년에는 농림부 소속이었던 산림청을 지방자치단체를 총괄하는 내무부로 이관하고, 지방자치단체에 산림 관련 과나 국을 설치하며 각 지방에서 추진되고 있는 새마을운동과 연계해 식목 활동을 적극적으로 전개했다. 또한 농촌을 비롯한 전국에서 사용되던 목재연료를 석탄으로 대체하면서 연료용 목재 채취가 줄어들게 된 것은 산림관리의 최대 협력요인이 됐다.

　이러한 다양한 요인과 함께 반드시 강조돼야 할 것은 계몽을 포함한 정신운동을 전개하며 지속적인 참여를 유도했다는 점이다. '나라를 사랑한다면 나무를 심자!'는 캠페인과 더불어 나무를 심는 것이 나라를 사랑하고 마을을 아끼는 방법이라는 점을 강조했다. 실제로 산이 푸르게 변하면서 맑고 풍부한 물이 농지에 공급될 수 있었고, 안정된 식량기반을 토대로 국가경제가 발전하는 결과를 낳을 수 있었다.

지구촌을 향하는 산림과학기술

　이제 대한민국 산림청은 우리의 산림녹화 성공 사례를 전 세계에 적용할 수 있도록 발전시키고 있다. 먼저 우리의 강점이라 할 수 있는 산림복원기술을 활용해 사막화 방지에 힘을 쏟고 있다. 또한 최근에는 신기후체제에서 활발히 논의되고 있는 '산지전용 및 산림 황폐화 방지를 위한 기술REDD'로 확대시키고 있다. 이를 통해 우리나라가 과거 선진국에게 받았던 혜택을 국제사회에 돌려주고 지구촌 기후변화 문제 해결에 기여해 국가 위상을 높이고 있는 것이다.

　우리나라 산림복원기술의 국제적인 적용은 가까운 중국에서 시작됐다. 2001년부터 2005년까지 500만 달러를 투자하며 중국 강수성의 8000헥타르에 약 2200만 그루의 나무를 심었다. 또한 2006년부터

2010년까지 쿠비치사막에 녹색벨트를 만들겠다는 꿈을 갖고 30만 달러를 투자하며 2800헥타르에 조림 사업을 진행했다. 중국 정부가 제시하는 곳을 대상으로 조림을 하고 후속 관리하는 협력체제로 운영했다.

하지만 결론적으로 평가한다면 기대한 만큼의 결실을 얻지 못했다. 왜냐하면 나무를 심는 기술에 역점을 두었을 뿐 주민의 협조를 제대로 이끌어내지 못했기 때문이다. 즉 우리나라에서 1960년대까지 숱한 나무를 심고도 성공적인 녹화를 이루지 못했던 전철을 밟았던 것이다.

반면 2007년부터 2016년까지 950만 달러를 투자하며 진행된 몽골의 그린벨트 사업은 이러한 교훈을 되새기며 효과를 거둘 수 있었다. 주요 내용은 다른 나라에서 진행되는 것과 마찬가지로 접근로와 에너지 공급체계를 마련하는 인프라 구축, 양묘장, 관수 시스템, 관리사 건설 등이다. 하지만 처음 시작하는 2007년부터 몽골 관계자들과 함께 연구하며 기술을 연마토록 하고, 현지 사정에 대한 이해를 바탕으로 공동 디자인을 했다. 2년 차부터의 실행 과정도 함께 연구하며 추진됐고, 5년이 경과한 시점에는 중간평가와 더불어 실행 방법 개선을 추구하는 PDCA^{Plan-Do-Check-Act} 방식이 철저히 적용되고 있다.

또한 인도네시아와, 미얀마, 캄보디아 등 아세안 국가와 협력해 우리의 선진 조림기술을 전수하는 사업도 성공적으로 진행되고 있다. 특히 종묘^{種苗} 개발 프로젝트는 온실과 양묘장을 구축하고 능력 배양을 하는 프로그램으로 구성돼 있는데, 채종원^{採種園}과 실험묘포의 개념을 제대로 인식할 수 있도록 우리나라와 해당 국가에서 각각 교육과 실습을 진행해 호평받고 있다.

　과거에는 숲의 중요성을 제대로 인식하지 못했다. 하지만 이제 지구의 환경 문제를 해결할 수 있는 열쇠를 산림에서 찾을 수 있다는 것을 깨닫기 시작했다. 숲 관리는 이제 산, 나무만 관리하는 것이 아니라 지구환경을 관리하는 것으로 위상이 변화된 것이다. 특히 경제발전을 위해 산림 훼손은 필수적인 것이라 여기던 오해를 깨뜨리고, 산림녹화를 토대로 식량자원과 주거환경의 안정적 공급이 이루어질 수 있음을 이해하는 시대가 됐다.

　대한민국은 단기간 경제성장과 산림녹화를 동시에 이룬 멋진 국가로 전 세계 개발도상국의 부러움을 사고 있다. 적정기술을 준비한 과학기술력, 강력한 리더십에 의한 행정체계, 그리고 전 국민의 적극적인 참여로 달성한 지구촌 환경문제의 해결방안을 전 세계에 확산시키며, 우리 민족의 자긍심과 국가 위상 제고에 기여할 시기다. 신기후체제의 열쇠가 되는 산림관리의 노하우가 제대로 빛을 발휘하며 지구촌의 공동번영에 기여하는 대한민국을 기대한다.

박현

서울대 임학과를 졸업하고 미국 위스콘신대에서 이학 박사학위를 받았다. 1994년부터 국립산림과학원에서 연구직 공무원으로 근무하고 있으며 서울대, 서울시립대, 국민대, 건국대 등에서 '숲과 인간' '환경오염론' '토양학' '토양미생물학' 등의 강좌를 맡았다. 산림청 연구개발담당관, 국립산림과학원의 바이오에너지연구과장, 연구기획과장, 기후변화연구센터장을 거쳐 현재 국제산림연구과장을 맡고 있다. 한국임학회, 한국산림바이오에너지학회, 한국기후변화학회, 한국균학회 등에서 총무이사, 학술위원장, 균학용어심의위원장 등을 역임했다. 『숲의 생태적 관리』, 『자연자원의 이해』 저자로 참여했고, 최근에는 대한민국의 산림녹화 성공 사례를 국제사회에 확산하는 전도사로 활약하고 있다.

"기후변화는 느리면서도
꾸준히 진행되는 성격이 있다.
그 변화에 가공할 스피드를
붙인 것이 바로 인간이다.
인간이 이룩한 그 어떤 것도
기온 상승으로 인한 변화만큼
거대할 수 없다. 전면
핵전쟁의 결과에나 비견할
수 있을 것이다. 우리 인류는
핵전쟁에서는 한 발 물러서
있으나 불행하게도 기온
상승을 부추기는 행위에서는
물러서지 않고 있다."

_빌 맥키벤의 『자연의 종말』 중에서

4.8

기후헤게모니 확보가 답이다

이일수 국가생존기술연구회 회장

기후인권을 말하다

국민이 있어야 나라가 있고, 국가는 그 국민을 보호하기 위해 존재한다. 2010년 12월 중동과 아랍 지역에 대규모 시위와 혁명의 물결이 번졌다. 중동과 북아프리카에서 일어난 반정부 시위다. 알제리, 바레인, 이집트, 이란, 요르단, 리비아, 모로코, 튀니지, 예멘, 이라크, 쿠웨이트, 모리타니, 오만, 사우디아라비아, 소말리아, 수단, 시리아 등에서 크고 작은 반정부 시위가 발생했다.

이런 반정부 시위 가운데 튀니지, 이집트, 예멘의 반정부 시위는 정권 교체로 이어졌고 이는 혁명으로 불렸다. 이를 우리는 '아랍의 봄' '중동의 봄'이라고 불렀다. 그리고 6년이 지났다. 봄소식은 들렸지만 꽃소식은 아직 들리지 않는다. 대신 유럽난민(정확히 기후난민이라고 표현해야 한다) 소식이 매일 전해진다. 시리아에서는 정부군과 반정부군의 내전으로 많은 국민이 세계의 고아가 되고 있다. 내전은 왜 일어났는지 정확하게 알아야 한다. 내전은 난민을 만들고 국가는 위기에 처한다.

리처드 시거 미국 컬럼비아대 교수는 '비옥한 초승달 지대의 기후변화와 최근 시리아 가뭄의 시사점'이라는 논문을 『네이처』에 발표했다. 농업과 인류문명의 발상지인 시리아가 속한 '비옥한 초승달 지대'는 에덴동산이 있었던 지역이고 메소포타미아 문명의 발상지다. 이 논문에서 그는 시리아 내전 전인 2007~2010년 기상관측 사상 최악으로 기록된 가뭄이 있었음에 주목한다.

기후변화로 가뭄이 시작된다. 비옥한 농업의 발상지에 비가 오지 않아 흉작이 이어지고 먹을 것이 없는 농민이 도시 빈민 지역으로 몰려와 음식을 구걸하다가 분쟁이 일어난다. 이 분쟁의 심판관은 정부이고, 정부는 빈민 지역 주민이 아닌 농민에게 총을 겨누면서 내전이 시작된다.

국가가 존재하는 이유는 자국민을 보호하는 데 있다. 국가로부터 보호받지 못하는 농민이 스스로 살길을 찾아 조직한 단체가 Islamic States, 즉 IS라고 하는 집단이다. 살아남기 위한 몸부림으로 정부군을 대상으로 다투게 되고 이것이 내전이 됐다. 그 결과 전 국민 10명 중 1명은 사망했고, 5명은 고향을 떠나 떠돌고 있으며, 2명은 국제난민이 됐다.

인권Human Rights은 인간이 인간다운 생활을 영위할 수 있는 보편적이면서 절대적 권리다. 기후변화가 인권을 침해하는 범주는 다음과 같다. 첫째, 생명권을 침해한다. 기후난민들은 타국을 떠돌다가 원초적 권리인 생명이 침해당하고 있다. 둘째, 건강권을 침해한다. 우리는 2015년 낙타

병이라 불리는 '메르스^{급성호흡기증후군}'의 공포를 경험했다. **셋째,** 생계권을
침해한다. 가뭄, 사막화, 해수면 상승으로 식량 위기가 닥치고 있다. 여기
에 더해 문화와 공동체의 정체성도 해수면 상승과 함께 익사하고 있다.

그림1_ 위험-트렌드 상관관계 지도

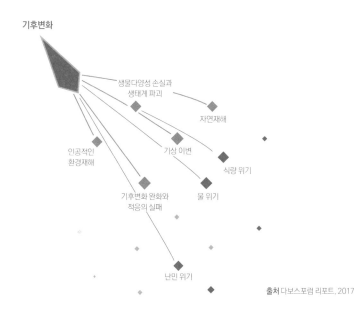

출처 다보스포럼 리포트, 2017

　　2017년 초 세계경제포럼^{다보스포럼}은 글로벌 리스크로 기후변화를 지
목했다. 기후변화는 극한기후, 생물다양성과 에코 시스템의 몰락, 자연
재해, 인간에 의한 환경재해, 적응과 완화 실패 등 환경적 요소와 식량
위기, 물 위기, 대규모 난민 등의 문제와 긴밀하게 연결돼 있음을 지적했
다.〈그림1〉

기후불평등 해소가 관건

　기후변화는 국가와 국민 그리고 인류의 생존을 위협한다. 하지만 기후변화 취약국 국민은 기후변화나 온실가스가 무엇인지 모른다고 한다. 선진국은 온실가스를 배출하고 취약국은 이유도 모른 채 위기에 몰리고 있다. 오늘날 기후변화는 그 발생의 책임이 거의 없는 국가가 도리어 높은 환경 위험에 빈번히 노출되는 현상, 즉 '기후불평등Climate Inequality'을 야기한다. 이런 개념이 바로 기후정의다.[1]

　다 같이 생각해야 한다. 전 세계인의 '지구공유지Global Commons'를 유지, 보수, 관리할 책임은 누구에게 있는가. 해양권, 생물권, 대기권, 수권, 지권, 설빙권 등 지구 시스템은 개별국가가 관리할 수 없는 영역이다. 그리고 어느 누구의 소유도 아니다. 하지만 선진 산업국이 편익과 발전을 위해 온실가스를 배출하고 그 결과에 따른 피해는 모든 지구인에게 돌아가고 있다.

　기후정의를 위한 국제적 운동의 흐름은 제6차 유엔기후변화협약 당사국총회가 열린 2000년 네덜란드 헤이그에서 출발했다. 그 자리에 모인 아프리카, 아시아, 라틴아메리카, 북아메리카 등에서 온 500여 명의 지역 풀뿌리 지도자가 제6차 유엔기후변화협약 당사국총회와 동시에 기후정의 1차 정상회의를 개최하면서 시작된 것이다. 이들이 주목한 것은 유엔기후변화협약 회의로부터 소외된 원주민과 환경토착민, 그리고

---

[1] 박병도, 기후변화 취약성과 기후정의, 한국환경법학회 제35권 2호, 2013

기후변화로 고통을 받지만 정치·경제적으로 주목받지 못하는 세계 곳곳의 사람들이다.

기후정의 운동에 대한 전 세계인의 열망은 해가 갈수록 조직화되고 있다. 2007년 인도네시아 발리에서 개최된 제13차 유엔기후변화협약 당사국총회에서는 '기후정의 네트워크Climate Justice Networks·CJN'를 결성했다. 이들은 첫째, 선진국은 선진국이 배출한 온실가스에 대해 역사적 책임을 져야 한다, 둘째, 기후변화로 고통을 받는 취약국을 위한 기후적응과 완화를 위한 기금이나 펀드를 마련해야 한다, 셋째, 개도국에 기술이전이나 적응을 위한 직접적인 피해보상이 필요하다는 의견을 유엔에 공식 제출했다.

나랜드라 모디 인도 총리는 파리기후변화협약에서 "신기후체제는 보편적인 원칙과 함께 차별화된 책임을 기반으로 해야 한다"고 주장한다. 기후변화의 원인은 선진국이 제공하고 결과는 후진국이 받는다는 의견을 '외부효과' '기후양극화' 또는 '기후불평등'으로 표현하고 있다. 원인을 제공한 사람은 특권에 대한 비용을 지불하지 않고, 해를 입은 사람에 대한 보상도 이루어지지 않는 상황에 대한 우려다.

실제 개발도상국은 기후변화로 인한 적응 정책에 적극적일 수 없다. 그들은 지금 당장 자국 국민이 기후변화로 피해를 받고 있는 상황에서도 적응기술이 없거나 재정 능력이 없어 아무런 대책도 세우지 못하는 경우가 많다. 이들을 위해 우리가 고민해야 할 점은 그들을 어떻게 지원할 것인가이다. 우리나라도 기후정의의 관점에서 자유로울 수 없다. 기후변화로 직접적 고통을 받는 나라의 국민을 위해 정부나 기관, 단체 등에서 기후변화 적응기금 조성을 위한 다양한 방법을 고민해야 할 시점이다.

기후변화로 인한 재해 예방법

'기후기술[2]'이란 온실가스 및 오염물질의 배출을 최소화하는 기술과 기후변화에 감시, 완화, 적응하는 기술을 말한다. 구체적으로 온실가스 감축기술, 청정에너지기술, 에너지 이용 효율화기술, 청정생산기술, 자원순환 및 친환경기술 등이다. 이러한 기술을 통해 경제·사회 활동 전 과정에서 고부가가치를 창출해 미래 저탄소 성장동력 확보에 기여할 수 있다. 기후변화로 인한 재해를 예방하려면 기후변화에 대한 정확한 진단과 예측 그리고 이에 따른 대비가 최선의 방법이다. 이것이 기후변화 감시기술이다. 기후변화협약에 적극 참여하면서 기후변화 감시 및 분석, 기후변화 예측기술 개발은 기후변화를 과학적으로 이해하고 기술개발과 기후에 관한 세계정세를 파악, 협상하는 데 기초자료가 된다.

탄소저감기술은 탄소활용기술과 기후적응기술이 있다. 저감기술은 화석연료를 대체하는 기술과 에너지 효율화 분야로 나눌 때 화석연료 대체는 재생에너지, 신에너지, 미래형 원자력 및 핵융합이 있다. 에너지 효율화 분야는 건물, 가정·상업부문, 발전기, 고효율 공조 시스템, 열펌

---

2) 녹색기후기술백서 2017, 미래창조과학부의 자료를 바탕으로 재구성함.

프, 반응 및 분리공정, 에너지 재료로 나뉜다.

탄소활용기술은 산업 활동에서 생긴 온실가스를 대기로 방출하는 대신 원료, 화학소재로 재활용하거나 재이용하는 기술을 의미한다. 이산화탄소 포집, 전환, 이용 등의 활용기술과 저장 및 흡수원 등의 처리기술이 있다. 기후적응기술은 기후변화에 '지역사회와 생태계가 적응할 수 있도록 취하는 행동'을 잘할 수 있도록 지원하는 기술이다. 기후변화에 관한 정부 간 패널IPCC은 '실제로 일어나 있거나, 일어날 것으로 예상되는 기후자극과, 기후자극 효과에 대응하는 자연, 인간 시스템의 조절 작용'으로 정의하고 있다. 적응 분야는 자연·환경 부문, 산업·경제 부문, 사회·문화 부문으로 나뉜다.

기후적응기술은 탄소저감기술과 탄소자원화기술이 중요한 이슈다. 아직 세계의 기술 수준은 특정 국가가 선도하는 정도는 아니고 각국이 강점과 약점을 동시에 가지고 있다. 이러한 새로운 기술의 태동기에 신기술에 대한 선도적 지위를 확보하는 것은 세계시장에서 경쟁력 확보는 물론 신시장의 개척이라고 할 수 있다. 국가의 자원을 집중해 기술헤게모니의 선점이 중요한 시기다.

기후에 대한 주도권을 확보해야 하는 이유

헤게모니 확보는 주도권을 가진다는 뜻이다. 기후헤게모니란 기후에 대한 주도적 국가가 된다는 의미다. 이미 우리나라는 녹색기후기금 Green Climate Fund을 2013년 유치해 기후에 대한 국제적 지위를 어느 정도 확보하고 있다.

2015년 11월 파리기후변화협약은 최종 합의문을 채택했다. 협약이 발효되려면 55개국이 비준해야 하고, 이들 국가의 온실가스 배출량이 전체의 55% 이상이어야 한다. 그리고 11개월이 지난 2016년 10월 그 조건을 만족하고 11월 발효했다. 이는 국제기구의 업무상 거의 불가능한 속도로 진행된 것이다. 이와 비슷한 교토의정서는 1997년 12월 채택돼 2005년 2월 발효했다.

왜 이렇게 파리기후변화협약이 짧은 시간에 발효하게 된 것일까. 첫째, 기후변화에 대한 세계적 합의가 도출됐기 때문이다. 기후변화의 심각성은 전 세계가 인정하는 지구적 문제임이 분명하다. 둘째, 미국, 중국, 인도 등 온실가스 배출량이 많은 국가가 전격적으로 합의했기 때문이다. 미국과 중국은 상호이익을 위해 참여에 동의하고 동시에 비준했다. 셋째, 합의 도출을 위한 파리기후변화협약 담당자들의 노력을 들 수 있다. 그런데 입장이 바뀌었다. 미국 대통령으로 당선된 도널드 트럼프는 기후변화가 사기라고 일축했다. 그리고 국제사회에 중국이 등장했다. 제22차 당사국총회에서, 그리고 2017년 세계경제포럼에서 시진핑 중국 국가주석을 포함한 장관과 기업체 CEO는 한 목소리를 냈다. "우리는 어떤 일이 있어도 지구온난화 대책을 적극 추진할 것이다." 이것은 국제사회에서 주도권, 즉 기후헤게모니를 확보하겠다는 선언이다.

전통적으로 유럽이 국제사회에서 기후변화에 대한 선도적 역할을 수행했고 지금도 하고 있는 것은 사실이다. 하지만 2008년 금융위기 이후로 유럽 위기가 지속되면서 탄소배출권 거래제 등이 후퇴하는 모습을 보이고 있다. 파리기후변화협약에 동의한 것은 글로벌 정치·경제·기후 헤게모니를 확보하기 위한 수순으로 보인다.

　세계시장의 입장은 서로 다르다. 세계은행과 유엔은 탄소 가격을 매기는 서명을 했다. 세계적 선도기업인인 빌 게이츠 마이크로소프트 창업자, 손정의 소프트뱅크 회장, 마윈 알리바바그룹 회장 등은 1조 원 규모의 청정에너지 펀드를 구성해 '브레이크스루에너지벤처'를 설립하고 신기후체제에 기술적인 리딩을 하기 위한 투자를 아끼지 않고 있다. 중국도 마찬가지다. 신재생에너지, 탄소시장 출범, 녹색기후기술에 대한 투자가 상상을 초월한다.

　지구를 지킨다는 대의명분을 앞세워 환경상품의 무관세화, 온실가스 다배출 상품에 대한 무역규제는 앞으로 국제시장의 가장 두드러진 변화가 될 것이다. 우리나라는 기후기술이라는 신시장에 좀 더 적극적으로 뛰어들어 신기술에 대한 헤게모니를 확보해야 한다. 왜냐하면 앞으로 우리나라의 가장 심각한 문제 중 하나인 미세먼지는 기후변화에서 기인하기 때문이다. 심각한 문제를 풀어나가면서 경제, 사회, 건강까지 같이 해결하는 지혜가 요구되는 시기다.

기후문제, 누구의 책임인가

　기후변화가 자연에서 사회의 울타리 안으로 들어오는 순간, 그것은 '인권'의 문제이고 '불평등'의 문제다. 동시에 정치적 문제이고 경제·사회적 문제이며 문화적 문제다. 기후변화는 가난한 사람들이 이미 겪고 있는 박탈, 배제, 차별 같은 '사회적 부정의'를 증폭시킨다. 기후에 대한 책임은 누가 져야 하는 것일까. 이것이 기후정의의 과제다.

여기서 기후기술은 인권과 사회정의를 추구하는 기술이다. 또한 기후변화에 대한 정책은 끊임없이 변화해갈 것이고 국제사회에서 목소리를 가지고 대응하는 것이 필요한 시점이다. 세계에서 선도적 역할을 수행해 기후헤게모니를 확보하는 것은 전 세계 지도자의 관심사다. 우리나라의 유리한 입장을 적극 활용해 지도자적 국가 입지를 굳힐 필요가 있다.

기후와 관련해 전 세계는 혼란의 시대를 맞고 있다. 위력이 크지 않은 태풍이 다른 자연현상과 동시에 발생하면서 엄청난 파괴력을 갖게 된다는 뜻의 '퍼펙트 스톰Perfect Storm'이란 기상용어가 이제는 경제용어가 됐다. 지금은 국내외의 복합적 위기로 인식되는 퍼펙트 스톰 시대. 저출산, 고령화, 저고용, 저성장, 경제 위기와 사회 문제는 경제, 사회, 문화, 기술 등 사회 전반의 사안이 복합적으로 작용한 결과다. 이러한 시기에 우리는 기후변화에 대해 좀 더 깊게 살펴보고 대비해야 한다.

이일수

공군사관학교를 졸업하고 영국 맨체스터대에서 과학기술정책학 석사, 건국대에서 기술경영학 박사과정을 수료했다. 과학기술부와 프랑스 파리 소재 OECD 대표부에서 과학참사관으로 근무했다. 부산지방기상청장, 기상청 차장, 제10대 기상청장을 역임했고, 세계기상기구WMO 집행이사로 선출돼 활동했다. 기후변화에 대해 서울과학기술대와 을지대에서 강의하고 있다. 기후변화를 이해, 적응, 활용하고 싶다는 요청이 있으면 어디든 달려가는, 자칭 기후변화 전도사이기도 하다. 한국기후변화학회 등 기후변화에 대한 활동과 국가생존기술연구회 회장으로 국가의 미래에 대해 늘 고민하고 있다.

Epilogue

국가 과학기술 정책의 이정표가 되기를 희망한다

박영일 국가생존기술연구회 초대회장

오랜 기간 과학기술 정책에 관심을 가져오면서 항상 질문 받고 또 생각하게 되는 주제가 있다. 바로 '과학기술에서 정부의 역할'이다. 정부가 바뀔 때뿐 아니라 시대적 구분이나 우리 경제·사회적 환경의 변화로 변혁이 있을 때마다 묻고 생각하게 되는 주제다.

쟁점은 경제성장을 지원하는 과학기술과 정부의 관여 범위다. 즉 어떤 상황이든 어떤 환경이든 또 어떤 정부든, 정부가 항상 관여해야 할 과학기술의 범주는 없는가라는 질문 앞에서 멈췄다.

그 답을 찾고자 했던 과학기술인들이 '국가생존기술연구회'라는 이름으로 모여 머리를 맞대왔다. 여기서 우리는 물, 식량, 에너지, 자원, 국방과 안보, 인구와 질병, 재해 대응과 안전 등 7대 분야에 주목했다. 그동안 우리의 과학기술은 산업진흥과 국가 위상 제고에 집중하느라 상대적으로 주목을 덜 받아온 분야였다. 우리 모임의 목표를 이러한 과학기술 분야의 가치 재조명과 국가적인 대응 방향 논의로 정했다.

얼마 전 종강을 앞두고 한 학부생이 강의에 대한 소감을 밝혔다. 그 학생은 미래 문제라면 기후변화, 인구구조 문제, 사회 변혁과 과학기술의 발전 등 거대 담론 위주로 생각했는데 물, 식량, 재해, 자원 등 구체적이고 절박한 세부 문제를 따로 생각해야 한다는 것을 새삼 깨달았다고 했다. 그 말을 들으면서 '국가생존기술연구회'의 취지를 되새기고 그동안의 활동을 반추하면서 혼자 흐뭇해하기도 했다.

우리가 '국가생존기술'이라는 주제로 발전 방향을 논의하는 이유는 분명하다. 미래에 우리의 생존을 대비하기 위해서다. 나아가 미래에 대한민국이 세계 제일의 경쟁력을 가진 국가가 되도록 힘을 보태기 위한 것이다.

이러한 논의 과정에서 깨달은 것은 '국가생존기술'이야말로 어떠한 상황에서도 국가가 책임져야 할 최소한의, 그리고 필요불가결한 간여 영역이라는 점이다. 우리는 그것이 바로 '최소한Minimal'이라는 인식에 이르렀다.

국가생존기술=글로벌한 지속성장

세계적으로 새천년 개발 목표Millenium Development Goal·MDG에 이어 지속가능 발전 목표Sustainable Development Goal·SDG라는 범지구적 공통 목표가 설정되고 그를 위한 이행 노력이 전개되고 있는 상황과도 궤를 같이하는 국가적 중대사라는 점을 감안하면, '국가생존기술'의 연구개발 가치는 단순한 과학기술 정책 영역이 아닌 글로벌한 지속성장과 연관된 문제다.

우리나라가 연구개발 투자에 쏟는 정부 부담 예산만 해도 2018년 예산(안) 기준 약 19조6338억 원에 이른다. 민간투자를 포함한 국가 총 연구개발 투자비의 24%를 정부가 부담한다. 하지만 이 가운데 '국가생존기술'에 대한 투자는 핵심 산업기술이나 다른 공공기술 분야에 비해 우선순위에서 한참 밀려 있을 뿐 아니라 분류조차 안 돼 있어 정확한 통계를 낼 수 없는 실정이다.

따라서 '국가생존기술'이 국가가 관여해야 할 '최소한'의 분야라는 인식을 공유하는 것이 급선무이며, 곧 '국가생존기술연구회' 회원들이 해야 할 일이라고 생각한다. 다수 회원이 이 책의 집필에 기꺼이 참여한 것도 이러한 책무에 대한 인식에서 출발했음을 밝힌다. 또한 우리는 '국가생존기술'에 대한 건설적 논의를 함께 해나갈 새로운 회원을 언제든 환영한다.

아무쪼록 이 책이 국가 과학기술 정책의 갈림길에서 중요한 이정표 역할을 할 수 있기를 기대하며, '국가생존기술연구회'는 앞으로도 심도 깊고 폭넓은 의견이 교환되는 장으로서 책무를 다할 것이다.

국가
생존
기술

1판 1쇄 인쇄 2017년 10월 20일 · 1판 2쇄 발행 2017년 11월 20일

지은이 국가생존기술연구회

펴낸곳 동아일보사 · **사장** 김재호 · **발행인** 임채청 · **출판편집인** 허엽 · **출판국장** 박성원 · **콘텐츠비즈팀장** 정위용
편집장 박혜경 · **디자인** 에브리리틀씽 · **교정** 고연주

등록 1968.11.9(1-75) · **주소** 서울시 서대문구 충정로 29(03737)
마케팅 02.361.1030 · **팩스** 02.361.1041 · **편집** 02.361.0967
홈페이지 http://books.donga.com · **인쇄** 중앙문화인쇄

ISBN 979-11-87194-45-3 03300 · **값** 18,000원